海运业发展动力
和历史性转变

Driving Forces and Historical Evolution of the Shipping Industry

海运业发展动力和历史性转变

贾大山　武嘉璐　著

人民交通出版社股份有限公司

北　京

内 容 提 要

本书剖析了改革开放以来我国海运业在不同发展阶段面临的外部机遇和主要矛盾，以及我国在制度动力、科技动力、需求和事件驱动与促进下演变为世界上重要的海运大国的历程。新时期我国通过发挥制度优势和完整的产业链优势，也必将实现由海运大国向海运强国的新一轮历史性转变。

本书可使关心海运业发展的各界人士对海运业发展动因有更全面的认识。

图书在版编目(CIP)数据

海运业发展动力和历史性转变 / 贾大山，武嘉璐著. — 北京：人民交通出版社股份有限公司，2021.7

ISBN 978-7-114-17158-1

Ⅰ.①海… Ⅱ.①贾… ②武… Ⅲ.①海上运输—交通运输发展—研究—中国 Ⅳ.①F552.3

中国版本图书馆 CIP 数据核字(2021)第 045896 号

Haiyunye Fazhan Dongli he Lishixing Zhuanbian
书　　　名：海运业发展动力和历史性转变
著　作　者：贾大山　武嘉璐
责任编辑：丁　遥
责任校对：刘　芹
责任印制：张　凯
出版发行：人民交通出版社股份有限公司
地　　　址：(100011)北京市朝阳区安定门外外馆斜街 3 号
网　　　址：http://www.ccpcl.com.cn
销售电话：(010)59757973
总　经　销：人民交通出版社股份有限公司发行部
经　　　销：各地新华书店
印　　　刷：北京市密东印刷有限公司
开　　　本：787×980　1/16
印　　　张：17
字　　　数：240 千
版　　　次：2021 年 7 月　第 1 版
印　　　次：2021 年 7 月　第 1 次印刷
书　　　号：ISBN 978-7-114-17158-1
定　　　价：120.00 元

(有印刷、装订质量问题的图书由本公司负责调换)

前　言

在约71%被海水覆盖的地球上,海运业一直扮演着支持国家安全和促进经济贸易发展的双重角色,大国必在海洋上崛起,世界海运强国的历史几乎就是全球性大国演变的历史。

我国90%以上的外贸进出口货物通过海上完成运输,作为融入经济全球化的战略通道、应对国际突发事件的有效力量,海运业在发挥我国比较优势、有效利用国际与国内两个市场和两种资源、促进经济贸易发展中起着支持保障作用。蛇口打响了改革开放的第一炮,不仅成为海运业率先改革开放的窗口和"样板",也向人们展示了海运业不仅是基础性、服务性产业,而且是先导性、战略性产业。

40多年来,海运业抓住改革开放政策、邓小平南方谈话、加入世界贸易组织(WTO)和建设社会主义现代化强国的历史机遇,率先进行了一系列对内与对外开放政策实施、体制改革、法规和技术标准建设等。40多年来,海运业通过引进、消化、吸收、再创新和集成创新,实现了技术装备的全面追赶,并通过在自身优势领域的创新,实现了在基础设施、技术装备方面对世界先进水平的局部超越。我国的改革和创新成就,为世界海运业发展贡献了"中国智慧",也推动了我国成为世界重要的海运大国。

近年来,笔者应邀撰写了我国海运业发展历史性转变的有关文章,广大读者、业内领导和专家对文章中遗漏的重要改革、政策、技术、事件等,提出了诸多完善建议。2017—2019 年,笔者参与了《中国水运史》编写的相关工作,有机会阅读了大量资料,并与改革开放亲历者进行交流。笔者希望通过重大事件或故事体现海运业发展的历程,因而下决心写作本书,力图对 40 多年来海运业的发展动力、成就、历程有更为全面的阐述。

本书力求让关心海运业发展的各界人士对我国海运业发展动因有更全面的认识,对建设海运强国更加充满信心。笔者 30 多年持续从事海运业相关研究,查阅了大量资料,曾就相关问题向原交通部部长钱永昌、黄镇东及交通运输部原部长李盛霖、原副部长徐祖远讨教,得到了他们的悉心说明、指导,受益匪浅。他们认真负责的精神,更是令笔者感动。笔者也曾与中国远洋运输(集团)总公司原董事长魏家福、中国海运(集团)总公司原总裁李克麟、中国海运(集团)总公司原董事长李绍德、上海国际港务(集团)股份有限公司原董事长陈戌源、盐田国际集装箱码头有限公司原总经理谢锦添和中国船级社原总裁李科浚等多次进行长时间面对面的交流和访谈,并承蒙国务院发展研究中心研究员李泊溪给予悉心指导和帮助,收获颇多。大连海事大学、上海海事大学的研究生在交通运输部水运科学研究院实习期间,曾帮助收集、整理相关资料。在这里对他们以及其他对本书写作给予过帮助的朋友们一并表示感谢。

尽管笔者为本书写作付出了长时间的艰苦努力,但由于海运业发展涉及诸多时间跨度大、影响范围广的复杂因素,受到相关历史资料和研究要素的限制,加之本人水平有限,书中可能存在值得商榷的观点,也可能有重大成就、政策等方面的遗漏,敬请广大读者提出宝贵意见。

目　录

第一章　改革开放——我国海运业历史性转变的制度动因 ………… 001
第一节　改革开放——深远意义的伟大转折 ………………………… 001
第二节　邓小平南方谈话——全面深化改革开放 …………………… 015
第三节　加入WTO——融入全球化发展 ……………………………… 031
第四节　党的十八大——开启海运高质量发展与海运强国
　　　　　建设新时代 …………………………………………………… 046

第二章　海运业历史性转变的科技动力 …………………………………… 063
第一节　科技发展背景 …………………………………………………… 064
第二节　基础设施 ………………………………………………………… 079
第三节　运输装备 ………………………………………………………… 087
第四节　运输组织 ………………………………………………………… 104
第五节　信息化及数字化 ………………………………………………… 111

第三章　海运需求与事件推动 ……………………………………………… 124
第一节　市场与政策机制推动海运供给与需求调节 ………………… 125
第二节　海难事故与海运安全发展 ……………………………………… 161
第三节　突发事件与海运通道安全 ……………………………………… 172

第四节　市场冲击与海运可持续发展……………………………… 182
第四章　海运业历史性转变的巨大成就………………………………… 198
　　第一节　海运业历史性转变的基础……………………………… 199
　　第二节　规模居世界前列的现代化船队………………………… 202
　　第三节　吞吐能力适度超前的现代化沿海港口………………… 220
　　第四节　上海国际航运中心基本建成…………………………… 229
　　第五节　基本适应经济社会发展………………………………… 231
　　第六节　由海运大国向海运强国新的历史性转变展望………… 252
参考文献……………………………………………………………………… 257
索引…………………………………………………………………………… 263

第一章
改革开放——我国海运业历史性转变的制度动因

1978年12月18日,党的十一届三中全会召开,实现了新中国成立以来党的历史上具有深远意义的伟大转折,开启了改革开放和社会主义现代化的伟大征程。我国及时利用人类社会发展最好的实践成果,抓住全球化新一轮分工和转移的机遇,以及世界地缘格局调整、世界经济快速发展和科技进步日新月异的机遇,经济社会发展取得了历史性辉煌成就,世界也因中国的发展获取了巨大利益。我国海运业作为经济社会基础性、服务性、先导性和战略性产业,融入全球化发展的战略通道,率先贯彻国家一系列改革开放战略举措,取得历史性转变,使我国成为世界重要海运大国。

第一节 改革开放——深远意义的伟大转折

海运业按照党中央、国务院的战略决策和部署,结合国家成立4个经济特区,并进一步扩大到14个沿海城市的部署❶,解放思想,抓住改革开放这一伟大转折历史机遇,推动制度变革,率先、创造性贯彻国家一系列改革开放战略举措,推动基础设施和运输服务能力大幅度提升。

一、解放思想,放开搞活,打响改革开放第一炮

1. 蛇口打响改革开放第一炮

为加快建设"四个现代化"的速度,1978年7—9月国务院召开务虚会。根据会议精神,1978年10月9日,交通部党组向党中央、国务院报送了《关于充分利用香港招商局问题的请示》,提出招商局"冲破束缚,放手大干,争取时间,加快速度"和"立足港澳、背靠国内、面向海外、多种经营、买卖结合、工商结合"的经营方针。仅仅三日后,此方针就获得党中央和国务院的批准,这极大地鼓舞了交通部寻求新的发展道路、探索新的发展模式的积极性和责任感。

结合全球新一轮产业转移、香港地价昂贵和劳动力不足的状况,为充分利用内地丰富而廉价的土地与劳动力资源,同时又能适当利用香港的资金与技术,使两地的优势得以互相结合、取长补短,经精心考察、反复比较研究,招商局决定在毗邻香港的宝安县蛇口公社内投资开发工业区。蛇口位于珠江出海口东岸,靠近香港,港湾条件良好,气候宜人,具有潜在的开发价值。此外,工业区占用农田少,前期所需的安置补偿费不多,生活供应问题可依托蛇口镇,淡水、电力供应可依托就近的水库与发电厂。蛇口工业区打响炸山填海的"第一炮",宣告全国第一个外向型工业区的诞生。此后,该工业区按照国际惯例率先引入外商和引进外资,打破计划经济体制下的"大锅饭",实行全新的社会经济管理体制,喊出了"时间就是金钱,效率就是生命"这一传遍中国大地的著名口号,蛇口工业区作为我国改革开放的伟大"样本",开始了它的

---

❶ 4个经济特区:深圳、珠海、汕头和厦门;14个沿海城市:大连、秦皇岛、天津、烟台、青岛、连云港、南通、上海、宁波、温州、福州、广州、湛江和北海。

崛起之路。

从1978年提出创意到招商局创办蛇口工业区考察选址,从拟写报告到广东省、交通部会签,继而国务院批准,然后贯彻落实,再到1979年的"第一炮",充分彰显了中国特色社会主义制度的优越性。国际贸易的85%依靠海运完成运输,海运业全球化特征决定了要在改革开放中发挥先导作用,率先做出试点示范,这是顺应世界发展趋势的必然选择。对区域经贸发展而言,"要开放,先建港"成为20世纪80年代的共识,蛇口"第一炮"创造出的效率与速度折射出海运人突破重重阻力、"杀出一条血路"的精神。结合港口和港城融合发展趋势,招商局创立了港口与城市、与工业融合发展的"前港—中区—后城"的开发模式——蛇口模式1.0版,如今已发展为"走出去"的4.0版❶。

2. 解放和发展海运生产力

面对改革开放后经济贸易发展对海运需求的快速增长,1978—1990年沿海规模以上港口货物吞吐量年均增长8.9%,外贸货物吞吐量年均增长11.1%,其中上海港货物吞吐量1984年首次突破1亿吨,成为我国第一个亿吨级大港。需求的快速增长,使海运供给能力不足这一长期积累的突出矛盾进一步凸显。解决这一制约国民经济发展的"瓶颈",既牵扯经济实力问题,也涉及管理体制存在的很多弊端,主要表现为:所有制形式单一,政企职责不分,政府直接管理企业的具体生产事务等。为解放和发展海运生产力,交通部解放思想,在积极推进蛇口工业区建设的同时,围绕行业管理体制,先后提出了一系列放宽搞活的政策。1983年,交通部明确提出"有河大家走船"。1984年11月,国务院发布《关于改革我国国际海洋运输管理工作的通知》(国发〔1984〕152号),明确"中远、外代可承揽部分货物和少量租船,与货主建立直接的承托关系,外运可以经营部分船队和少量船舶代理业务",打破了外代公

---

❶ 随着经济社会的发展和改革开放的不断深化,招商局的蛇口模式已经进化到4.0版,并走向世界,是海运先导性、战略性作用的缩影。

司独家代理船舶的格局,标志着船舶代理业国内引入竞争机制。1985年,进一步提出"各部门、各行业、各地区一起干,国营、集体、个人以及各种运输工具一起上",坚决破除对水路交通进行地区封锁,制止控制货源行为,大力扶植多种所有制发展海运,提倡多家经营,鼓励竞争。这一放开搞活政策极大调动了行业发展海运船队的积极性,地方政府分别采取自营、联营等方式建立海运企业。由于计划经济体制下的人才、管理等集中于交通部直属企业,全国海运业形成了直属企业与地方政府、与企业间的合资企业并存的多层次发展、多家经营的局面。

中国远洋运输总公司先后与江苏省、浙江省、河北省、安徽省、湖南省和江西省交通厅以及南京市成立合资海运企业。在运力发展上,继续发挥香港国际航运中心和招商局作用,通过造、买结合的方式,逐步形成了一支以散货船、杂货船、沿海石油运输船为代表的初具规模的海运船队,专业化发展初见成效。针对客观环境变化,中国租船公司的业务转向单程租船或单航次期租为主,改变了过去长期期租船舶的局面,除完善一般租船的任务外,努力拓展滚装船、重吊船、冷藏船、集装箱船及多种用途船的租进业务,接受国内外客户的委托,开展了代租船和代管船业务。1990年我国机动海运船队规模达到2 240万载重吨,比1977年增长160%。沿海和远洋运量比1978年分别增长93%和157%,远洋运量占港口外贸吞吐量的57%。直属企业所占船舶吨位比重由1977年的98.7%下降为1990年的92%❶。

二、"双重领导,地方为主",推进港口体制改革

虽曾经过三年大建港的发展,港口能力不足的矛盾暂时有所缓解,但在经济贸易发展推动港口需求快速增长的背景下,吞吐能力总量供给不足、大型深水专业化码头短缺、装备技术水平不高和作业效率低的矛盾再次凸显。20世纪80年代初期沿海港口吞吐能力适应性约为0.8(参见图4-14),加之计划经

---

❶所占艘数比重下降为75%。

济调度与市场需求的不适应性,压船、压车、压货("三压")局面在全国普遍存在。1977年6月10日,交通部在北京召开沿海港口疏运工作会议,要求贯彻国务院领导对港口疏运工作的指示精神,研究决定针对"三压"问题的具体举措。1985年沿海港口外贸船舶平均停时高达11.1天(参见图4-15)。为解决港口"瓶颈制约"状况,加快码头基础设施建设,提高大型化、专业化码头供给能力,提升装备现代化水平,提高资金保障能力,推进发展模式转变,进行体制改革势在必行。

1. 港口建设投融资体制改革

针对港口基础设施瓶颈制约的矛盾,基于"谁建、谁用、谁受益"政策,通过体制改革形成多元化新格局。1983年,开始引入外国政府贷款和世界银行贷款等外资用于港口建设;1985年10月,国务院批准发布《港口建设费征收办法》(国发〔1985〕124号);1986年,交通部决定对进出26个沿海港口的货物征收港口建设费,由交通部负责港口建设费管理工作,委托各港务局代征,开始实行"以收抵支,以港养港"的政策,并出台政策措施,鼓励内地省市在沿海港口集资建设码头,货主单位自建专用码头。

2. 港口管理体制改革

在大连港改革试点特别是天津港管理体制改革成功的基础上,实行交通部和所在地政府"双重领导,地方为主"的港口管理体制。至1989年,除煤炭装船第一大港秦皇岛港仍由交通部直接管理外,直属的14个沿海港口、26个长江干线重点港口全部下放到所在城市。

3. 工程管理制度改革

20世纪80年代,为适应港口基础设施建设、满足引进外资的需要,在工程管理制度上进行改革。一是建立工程监理制。在借鉴使用菲迪克(FIDIC)合同条款等国外先进的工程管理经验基础上,为加强工程质量、安全、进度、环境保护等,1988年7月建设部印发《关于开展建设监理工作的通知》(〔88〕建字第142号),将天津港东突堤工程纳入水运建设项目国际招标和工程监理试点,把工程监理制引入水运工程建设中。1989年12月交通部工程建设监理总站成立,为交通建设工程监理制的推行提供了组织保证,这一制度推进了政府在工程建设中的职能转变。二是建立工程招标投标制。为打破以行政手段来分配建设任务的计划管理模式,城乡建设环境保护部于1983年6月发布《建筑安装工程招标投标试行办法》(〔1983〕城建字第401号),建立起不分部门和地区,通过投标竞争实现优胜劣汰的制度。1985年,天津港、上海港、广州港向世界银行首期贷款,投资建设集装箱码头,水运工程建设项目开始采用施工招投标方式。

4. 安全监督体制改革

在14个沿海港口下放的同时,交通部为更好履行政府职能、强化安全管理,整合原沿海各港港务监督、海上无线电通信机构和原航道局的航标测量处,组建14个直属海上安全监督局,行使国家海上安全监督管理职能,实行以交通部为主、港口所在城市为辅的双重领导体制。

这些改革举措,加强了港口所在地城市政府对港口工作的领导,扩大了港口经营自主权,有利于港口与经济贸易、与城市发展的协调,增强了港口自我发展能力。体制改革以及对外开放极大地拓宽了港口建设资金来源,调动了地方政府、货主投资港口建设的积极性,使利用外国政府贷款、国际金融机构贷款和外商直接投资等迅速增长,缓解了港口建设融资的资金压力。沿海港口投资由"六五"的约55亿元,迅速上升到"七五"的110多亿元,翻了一番,而交通部统一安排建设投资占港口投资的比重由1985年的84%降为1990年的68%。在码头建设上,重点围绕14个对外开放城市,开发建设了新的深水港区和码头泊位,重点建设外贸码头和煤炭码头,包括北仑10万吨级矿石接卸码头,秦皇岛、青岛、日照、连云港等煤炭装船码头和上海、宁波、厦门、广州等煤炭卸船码头。沿海规模以上港口万吨级以上深水泊位达到284个,其中"六五"期间净增34个,"七五"期间净增111个。20世纪80年代后期,港口吞吐能力适应性上升到1.0水平,能力不足的矛盾得到缓解。吞吐能力适应性的改善、供给结构的调整,使沿海港口外贸船舶平均停时由1985年的11.1

天大幅度下降至 20 世纪 80 年代后期的不到 2 天的水平。1990 年,由于经济贸易波动吞吐量出现负增长,吞吐能力适应性一度突破 1.2,但这是在吞吐量出现负增长的背景下短暂被动出现的。

天津港 1984 年港口体制改革

需求的快速增长暴露出的港口"三压"问题同样出现在天津港。一方面,港口泊位太少了,根本不够用。最严重时,天津港锚地压船 100 多艘,有的船进港卸货要等上两个多月。最直接的"土办法"就是派出部队官兵支援港口,帮助突击装卸。另一方面,国家还在实行计划经济,进出口外贸计划早在一年前就已制定好,装卸货物都是按照计划指标工作,卸到港口的货物大多不是货主急需使用的,很多货物就在港口长期堆放着无人问津,而港口存放场地有限,一些急需的货物却又滞留在船上卸不下来,在港口锚地停泊的各类货船都进不了港。每逢压船、压港严重时,国务院领导就要求天津市政府协调解决,而当时外贸、铁路、港口均属国家有关部委直接管理,天津市政府也协调不了,因此,天津市政府开始酝酿港口体制改革、天津港权力下放。如果港口权力下放,只是隶属关系的转移,根据以往的经验是不成功的,必须改革机制,扩大港口自主权。市政府原则上采纳了要给天津港自主权的建议,形成"双重领导,地方为主,以收抵支,以港养港"为标志的天津港口体制改革,并于 1984 年 6 月得到国务院批准。

在落实天津港体制改革会议上,市政府明确将国家赋予天津市的港口管理权原则上都交给港务局来管理,市政府下发文件,对资金使用和管理权限等给天津港从来没有过的"自主权",也是其他港口没有的自主权。这一模式使天津港发展取得显著成效,并以不同形式延续下来,直至 2015 年。

> 天津港面对"三压"问题和给予的自主权,不惜动用港口建设资金"赌"上一把,引进设备、提高效率,原来上百号人干几天的活,几个职工两三天就干完了,装卸效率提高几十倍,工人们的劳动强度减少、收入提高,港口的装卸安全事故也比以往减少很多,严重的压船局面初步有所缓解。正是这一制度变革的动力,使天津港的诸多创新发展走在全国前列,包括大批量采购国际先进设备应用在港口;天津港储运公司成为全国港口第一个上市企业;第一批利用世界银行贷款;与荷兰渣华集团合资兴建了我国第一家商业保税库;与挪威吉与宝码头公司共同投资成立了我国首家中外合资合营码头公司;创建我国北方第一个保税区——天津港保税区等。

三、全面推进法治建设,转变政府职能

为适应改革开放和海运融入全球化发展需要,20世纪80年代从构建、缔结我国海运法律法规体系和加入国际条约两个方向加强推进海运法治化,不断研究、制定、完善具有行业管理职能的专业法律,以实施《中华人民共和国海上交通安全法》(以下简称《海上交通安全法》)、《中华人民共和国防止船舶污染海域管理条例》(以下简称《防止船舶污染海域管理条例》)、《中华人民共和国水路运输管理条例》(以下简称《水路运输管理条例》)和《中华人民共和国航道管理条例》(以下简称《航道管理条例》)等为标志,全面推进法治建设。由于计划经济体制下海运业所有制形式单一,政企职责不分,政府直接管理企业的具体生产事务等,难以适应放开搞活和海运生产力的需要。为此,在党的路线和方针、政策指引下,交通部下放了部分企业建设项目的审批权、贷款船舶建造的审批权,17项指令性货物运输计划中15项改为指导性计划,对直属企业实行行政首长任期目标责任制和船长负责制。交通部在机构设置上不断进行调整,为海运业实现"政企分开、简政放权、转变职能、加强行业管

理"的一系列重大改革创造了条件。

1.《海上交通安全法》与三部条例实施及海运法律体系框架谋划

《海上交通安全法》于1983年9月2日第六届全国人民代表大会常务委员会第二次会议通过,主要规范了海上交通安全和应急保障涉及的问题,是新中国成立后海上交通管理的第一部法律,是依法推进海运业治理的标志,具有非常重要的意义。为实施《中华人民共和国海洋环境保护法》(简称《海洋环境保护法》),防止船舶污染海域,维护海域生态环境,1983年12月国务院颁布《防止船舶污染海域管理条例》,明确港务监督是防止船舶污染海域环境的主管机关。1987年5月国务院颁布《水路运输管理条例》,1987年9月交通部发布《中华人民共和国水路运输管理实施细则》,明确未经交通部准许,外资企业、中外合资经营企业、中外合作经营企业不得经营我国沿海、江河、湖泊及其他通航水域的水路运输等,初步确定内河、沿海与远洋运输、港口生产、市场管理及经济纠纷处理等法律关系。1987年8月国务院颁布《航道管理条例》,1991年8月交通部发布《中华人民共和国航道管理条例实施细则》,对航道管理机构及其职责、国家航道与地方航道的划分、航道的规划与建设、航道的养护与养护经费及行政处罚等作出了具体的规定,成为航道建设和养护工作的基本法规。20世纪80年代,陆续发布了《船舶装载危险货物监督管理规则》《关于中外合资建设港口码头优惠待遇的暂行规定》《港口建设费征收办法》《水路货物运输合同实施细则》《水运工程施工招投标管理办法》和《港口危险货物管理暂行规定》等法规和配套管理规章。1990年,交通部第10号部令发布《国际船舶代理管理规定》,明确适用范围、船舶代理业务的主管机关以及船舶代理公司的设立条件和经营范围等;1990年6月,交通部第15号部令发布《国际班轮运输管理规定》,鼓励、促进国际班轮运输的发展,保障供货、运输有计划地进行,适应国家发展对外经济贸易的需要;1990年,国务院68号令颁布《中华人民共和国海上国际集装箱运输管理规定》(1998年进行了修订),明确交通部主管全国海上国际集装箱运输事业,这是我国颁发的第一个有关集装箱运输的国家法规。这些法规为推动海运业对外开放、融入全球化发展和市场化改革提供了法治基础。同时为适应全面深化改革开放的法治环境，成立了《中华人民共和国海商法》《中华人民共和国港口法》和《中华人民共和国航道法》等起草小组❶，基本搭起全面推进海运业发展的法规体系建设框架。

2. 政企分开与直属单位改革

一是1982年7月新设海洋运输管理局，撤销交通部远洋运输局，中国远洋运输总公司（以下简称"中远总公司"）成为相对独立经营的经济实体企业，不兼行政职能，从事国际海洋运输的船舶由交通部实行归口管理。

二是对直属单位管理体制进行改革。1981年原由交通部科学研究院领导的水运科学研究所改为交通部直属单位，加强水路交通领域科研力量；1986年中国船级社成立，与中国船舶检验局实行两块牌子、一套机构的管理模式；1989年中国交通通信中心成立，统一管理交通系统通信和导航工作。

3. 企业改革与重组

一是招商局管理体制改革。招商局在改革开放中起到了开路先锋的作用。其开辟的"前港—中区—后城"的开发模式和港口、地产、金融和工业等新业务，在发展模式、融合发展上具有良好的示范作用，使招商局从一个以海运为主的企业发展成为一家综合性企业集团。1985年11月，国务院正式批准成立招商局集团有限公司，由交通部直接领导，统管交通部所属驻港企业。

二是组建中国港湾建设总公司。1988年由交通部4个航务工程局、4个航务勘察设计院、水运规划设计院、3个航道局、2个港机厂、1个航标厂和中国港湾工程公司共同组建中国港湾建设总公司。

---

❶《中华人民共和国海商法》起草小组最早成立于1951年，于1992年11月7日七届全国人大常委会第二十八次会议通过，自1993年7月1日起施行。《中华人民共和国港口法》起草工作始于1981年，在大量调查研究基础上多次易稿，2003年6月28日十届全国人大常委会通过，2004年1月1日起施行。《中华人民共和国航道法》起草小组成立于1981年，涉及部门多，意见一时难以统一。1987年出台《航道管理条例》，由于法律地位难以适应发展需要，也和《中华人民共和国防洪法》《中华人民共和国水法》不对等，1995年重新启动《中华人民共和国航道法》起草工作。经过长期努力，于2014年12月28日第十二届全国人大常委会第十二次会议通过，2015年3月1日起施行。

四、实施对外开放，全面开展国际海运合作与交流

1. 推进海运市场开放

我国于1984年批准第一家外商航运公司的班轮挂靠我国港口，1986年批准第一家外商航运公司在我国设立代表处，同年批准第一家中外合资国际船舶运输公司和第一家中外合资国内船舶运输公司成立。更为重要的是，国务院口岸领导小组颁布《关于改革我国国际海洋运输管理工作的补充通知》（国发〔1984〕152号），规定自1988年起，我国取消货载保留政策，不再用行政手段规定国内船舶的承运份额，也不再规定承运外贸进出口货物的我方派船比例，并且鼓励承托双方按正常的商业做法直接商定运输合同。此后在《关于答复欧共体在关贸总协定乌拉圭回合服务贸易谈判中对我具体要价的函》及《中国和欧共体海运会谈纪要》中，我国政府对外公开承诺，在新签各种双边海运协定中将不再有货载保留方面的内容。放弃货载保留是国际海运对外开放迈出的一大步，标志着我国海上运输企业向自负盈亏、自主经营、全球竞争和自我发展的历史性转变。放弃货载保留为我国海运企业承揽第三国货源提供了政策支持。面对这一重大改革，海运企业全面制定经营策略，巩固货源。中远总公司转变思想观念，克服独家经营、等货上门的官商作风，货运部与国内外代理、航运代表、合营公司密切配合，定期走访货主，与一批货主单位建立较为稳定的业务合作关系。广大揽货人员改等货上门为登门揽货，为货主取送单证，积极开展多式联运、"门到门"运输和代运、空运业务，强化为货主提供优质服务的意识，提升国际竞争力。

2. 积极利用外资发展港口

针对港口面临的能力不足的瓶颈制约状况，引入外国政府贷款和世界银行贷款等缓解港口建设资金不足的矛盾，如1983年秦皇岛、连云港等港口首先利用日本海外经济协力基金，进行煤炭码头建设；天津港、上海港、广州港和大连港、宁波港、厦门港分别于1985年和1988—1989年利用世界银行贷款建设集装箱码头。在利用外国政府、世界银行等贷款的同时，为鼓励外商直接投

资,1985年9月,国务院出台了《关于中外合资建设港口码头优惠待遇的暂行规定》(国发〔1985〕118号),明确合作期可超过30年,所得税在建成后第一个5年免交,第二个5年减半,以后有困难的经批准还可以延长;允许合资企业经营投资少、利润高的项目,互相补偿。1987年,南京港务局与美国英雪纳公司(ENCINAL TERMINALS)合资,成为我国第一家中外合资经营的集装箱码头公司,拉开了中外合资经营码头的序幕。

3. 积极探索引进人才与先进管理理念

为迅速改变海运发展的落后状况,我国在引进装备、技术和资金的同时,积极探索引进人才和先进管理理念。经国务院批准,1978年9月中远总公司与丹麦宝隆洋行签订《丹麦宝隆洋行向中国远洋运输总公司提供技术帮助的协议》,专家组分货流业务、组织机构设置、船舶业务3个小组开展工作,就中远总公司建立集装箱运输管理体制提出了一些建议,对中国—澳大利亚航线集装箱运输业务进行了具体指导和帮助。经国务院批准,1984年4月神户市港湾局局长鸟居幸雄应天津市人民政府的邀请,担任天津港最高顾问,第一届聘期两年,每年来港两次,每次1~2个月。第二届续聘两年,仍每年来港两次,每次十几天,鸟居幸雄于1987年11月结束全部工作。经国务院批准,上海港于1987年7月11日聘请日本大阪港湾局局长佐佐木伸担任上海港特邀顾问,帮助上海港依靠日元贷款,从日本引进一大批装卸机械,提高了港口的机械化水平和作业效率。

4. 全面开展国际海运合作

通过参与相关国际海事组织活动,加强双边、多边国际海运事务,全面推进对外交流与国际合作。我国于1973年3月正式加入国际海事组织(IMO),并于1989年在国际海事组织(IMO)第16届大会当选为A类理事国,之后一直作为国际海事组织A类理事国。为加强与IMO的经常联系,交通部派出工作人员在秘书处任职,并通过IMO加强与各海运国家互利合作,不断寻求海运安全、保安、环保和高效的平衡,实现各国海运业的共同发展,在驻英国大使馆设立海事小组,并派1名参赞级外交官常驻使馆主持海事小组的工作;1979

年起参加联合国亚太经社会(ESCAP)的活动,派技术干部到该组织航运司工作;1979年加入国际航道测量组织(IHO),积极参与其活动,接待该组织总干事等人员来访,积极承办有关国际会议,我国的航道测量部门采用了该组织统一的航道测量方法,统一了海图和航海文件,促进了我国航道测量技术的发展;1982年加入国际航运会议常设协会(INC);1983年6月我国正式恢复了在国际劳工组织(ILO)的活动,每年均派代表团出席各种会议,并积极参与该组织在国际劳工立法和技术合作方面的活动,开展了包括人员互访、考察、劳工组织派专家来华举办研讨会和讲习班、制定实施技术合作计划以及建立职业技术培训中心等各类活动;1988年中国船级社(CCS)加入国际船级社协会(IACS)。这一时期,各国政府间交通部门领导人频繁互访与交流,密切开展多双边的合作。1979年9月我国最大的港口上海港与美国西雅图港结为第一对友好港,这一方式为我国港口主动走出去、请进来,扩大与外国港口的国际交流与合作、促进友好往来、引进国外的先进技术和港口管理经验作出了积极的贡献。1980年9月中美签订政府间海运协定,有效推进了双边海运合作与交流。改革开放40多年来,世界上主要海运国家和地区交通部门的领导人都访问过我国,同时我国交通部门领导人也访问了世界上主要的海运国家和地区。

对1988年放弃货载保留的若干认识

改革开放初期,我国实行计划经济体制和货载保留政策,约一半的外贸海运物资由我国海运企业承运,1988年我国放弃货载保留政策,通过双边政策维持货载份额至1996年,之后全面放弃货载保留政策。

(1) 放弃货载保留的时间与海运市场进入一轮长周期繁荣时期的转折点重合。海运市场竞争激烈,长期统计表明,海运市场总是"苦日子长、好日子短",两者之比为1.7∶1,1958—1987年这一比例更是达到4∶1,

海运市场处于一轮长周期低谷。1988—2010年海运市场反转,进入一轮"苦日子短、好日子长"的长周期繁荣,两者比例为0.6∶1,为我国海运企业进入国际海运市场并发展壮大提供了难得的机遇。恰巧在1988年放弃货载保留政策。对这一时间点的选择,笔者曾专门求教时任交通部部长钱永昌。钱部长解释说,1988年放弃货载保留的主要原因有两点,一是开放的大势所趋,二是适应当时加入WTO谈判的需要。

(2)海运企业真正进入国际市场竞争,在竞争中发展。1988年我国从事国际海运的企业已发展到60多家,虽然经过改革开放市场和竞争的洗礼,服务质量得到明显提高,但在发展规模、服务质量、市场决策和管理上与世界一流水平公司尚存在一定差距,在海运服务创新上存在较大差距。放弃货载保留,标志着我国海上运输企业向自负盈亏、自主经营、全球竞争和自我发展的历史性转变。将企业真正推向市场,倒逼我国海运企业推进精细化管理、提高创新服务水平,客观上这一开放政策也为海运企业进入第三国市场奠定了政策基础。我国海运企业抓住新一轮长周期繁荣和"中国因素"的双重历史机遇,在竞争中不断发展壮大。2018年底海运运力规模跃居世界第二位,形成了以中远海运集团、招商局集团为代表、规模居世界前列、具有相当国际竞争力和国际影响力的大型综合国有企业,以海丰国际控股有限公司为代表的大型民营企业,全国共有220多家国际海运企业。但也应清醒地看到,我国海运外贸进出口承运份额占比已由二分之一降至四分之一,海运服务贸易长期存在巨额逆差,海运企业服务质量、市场决策和管理与世界一流公司尚存在一定差距,竞争力有待提高。

五、"三主一支持"与长远战略谋划

交通部在发展以综合运输体系为主轴的总方针指导下,从现状出发,按照

"统筹规划、条块结合、分层负责、联合建网"的方针,在深入调查研究的基础上,于1990年2月全国交通工作会议上提出"交通建设'八五'计划要以'三主一支持'(公路主骨架、水运主通道、港站主枢纽及支持保障系统)的长远发展设想为目标"。"三主一支持"是从"八五"开始,用几个五年计划实施的交通基础设施建设长远规划。

(1)公路主骨架。重点建设"五纵七横"12条国道主干线。

(2)水运主通道。水运主通道是由沿海及内河"两纵三横"组成。包括海上南北主通道、京杭运河—淮河主通道、黑龙江—松花江主通道、长江水系主通道和珠江水系主通道。其中内河航道网由20条通航三级和三级以上航道以及部分运输需求较大的通航500吨级船舶的四级航道组成,总长1.5万公里。

(3)港站主枢纽。重点建设与水运主通道、公路主骨架相连接的沿海、内河港口和公路交通枢纽,形成多功能的对内、对外辐射扇面。继续发展18个沿海枢纽港,开发建设大连大窑湾、宁波北仑湾、福建湄洲湾、深圳大鹏湾4个国际深水中转港。建设重庆、武汉、南京等23个内河枢纽港,分层次发展中小港口。

(4)支持保障系统。为了快速发展和有效发挥公路主骨架、水运主通道、港站主枢纽的作用,使之成为我国实现交通运输现代化的基础,必须着力发展相关配套服务系统和体系,主要包括现代化通信导航系统、安全保障系统、行业行政管理系统、交通科研教育体系和海上救助体系等。

第二节 邓小平南方谈话——全面深化改革开放

20世纪90年代,从国际上看,面临着以东欧剧变、苏联解体为标志的世界地缘政治大变局,经济全球化进程加快,高新技术迅猛发展,推动世界开始由冷战走向多极化,亚洲金融危机也引发世界经济贸易发展和经济格局新一轮调整;从国内看,在积极应对国际复杂局面、维护国内政治和社会稳定、抗击各类自然灾害的同时,为迈向整体小康第二步战略目标而奋斗之际,邓小平发表了重要的南方谈话,提出了"三个有利于"的判断标准。

海运业按照建立社会主义市场经济体制的目标和国家战略部署,围绕解放和发展海运生产力这个根本任务,进一步解放思想,以全面深化改革和体制改革推动海运市场化发展、政府职能调整;进一步扩大对外开放、深化国际合作与交流,海运服务能力瓶颈实现整体缓解。2000年,船队规模达到3 987万载重吨,进入世界前五位,形成上海港、宁波港两个亿吨级大港,上海港和深圳港集装箱吞吐量分别列世界第6位和第11位,形成了以中远集团、招商局集团、中海集团和中港集团等为代表的大型企业集团,国际影响力大幅度提高,这些成就标志着我国已经成为世界海运大国。

一、深化体制改革,强化市场导向

在20世纪80年代以政企分开为核心的改革取得显著成果的基础上,按照建立社会主义市场经济体制的改革目标,依据1993年3月八届全国人大一次会议审议通过的《关于国务院机构改革方案的决定》、1994年2月国务院办公厅印发的《交通部职能配置、内设机构和人员编制方案》(国办发〔1994〕29号)和1996年国务院审查并批准交通部提交的《深化水运管理体制改革方案》,进一步深化海运业体制改革。在政企分开、理顺职责、转变职能方面取得了实质性进展,在简政放权、规范运输与建设市场、利用国内国外两种资源方面收到明显成效。在管理体制上,转变职能、精简机构、减少人员的改革取得进展,明确了交通部行业管理的主要职责,省(区、市)逐步建立完善"交通厅(局、委)+专业管理局"的行业管理体制架构,部分直辖市和中心城市实现建设与运输管理一体化,进一步完善海事管理体制,积极为保障水运事业的健康发展创造良好的环境。

1. 全面深化体制改革

(1)港口管理体制改革。在港口完成一轮"双重领导,地方为主"的阶段性改革任务背景下,进一步按政企分开原则,设立港口行政管理机构,作为当地政府的职能部门,负责当地政府辖区内港口的规划和岸线管理,港埠企业、货主码头的归口管理,归口规费的征收,港口和陆域环境保护管理等。将政企合一的港务局改组为港埠企业,成为自主经营、自负盈亏、自我发展、自我约束的经济实体,依法从事装卸、仓储、堆存等经营活动及港口的归口改造、维护。各港的客货代理、船舶代理、船舶供应、理货❶引航等服务水路运输的机构,从港埠装卸企业中分离,组建独立公司或社团法人从事经营活动。

（2）工程管理制度改革。1994年8月交通部发布《水运工程施工监理规定（试行）》（交基发〔1994〕840号）,对需要进行监理的工程项目、监理机构资质、监理从业人员资格等作出明确要求;依据2000年1月《中华人民共和国招标投标法》,交通部制定《水运工程施工招标投标管理办法》（交通部令2000年第4号）,招标投标制度在水运工程建设中全面实施。在进一步完善、推进实施工程监理制和工程招标投标制的同时,一是以国家计划委员会于1996年发布《关于实行建设项目法人责任制的暂行规定》（计建设〔1996〕673号）为标志,项目法人责任制成为项目建设与生产经营全过程中运用现代企业制度进行管理的一项重要制度;二是以交通部1996年发布《港口工程施工合同范本（试行）》（交函基〔1996〕507号）、《水运工程施工监理合同范本》等为标志,水运工程合同制得到全面推广和应用。至20世纪90年代末,基本形成了以项目法人制、工程监理制、招标投标制、合同管理制等为标志的水运工程建设管理制度。

（3）水上交通安全管理体制改革。1998年交通部组建海事局,1999年国务院办公厅印发《交通部直属海事机构设置方案》（国办发〔1999〕90号）,明确交通部在沿海省（区、市）和主要跨省内河干线及重要港口城市设立直属海事机构,根据工作需要设立直属海事机构的分支机构。在我国沿海海域和港口、对外开放水域及主要内河长江、珠江、黑龙江干线及港口,成立部直属海事局,形成由20个交通部直属海事局和28个省级地方海事局共同组成的全国

---

❶ 实行"双重领导,以总公司为主"的管理体制,中国外轮理货总公司向各港分公司收取收入的3%的管理费。

水上安全监督管理系统,实现了"一水一监,一港一监"和政令、布局、监督管理三统一,进一步稳定了水上安全形势,加大了水运执法力度,强化了市场监管。

(4)船舶检验管理体制改革。国家船检局与中国船级社政事分开,国家船检局作为交通部职能部门履行行政管理职能,中国船级社作为交通部一级事业单位,按照市场经济原则和国际通行做法,有偿承接船舶检验等业务。理顺中央与地方船检管理体制,解决同一水域船检机构重复设置、重复检验和重复收费等问题。

(5)水路交通科研体制改革。按照国家提出的"稳住一头,放开一片"的改革措施,交通部对直属水运科研单位进行了重组,引导水运科研单位将主要力量转向水运生产主战场,着力解决科研和生产"两张皮"问题。交通部继续保留水运科学研究所和天津水运工程科学研究所直属管理单位❶,科研经费实行差额拨款。其他水运科研单位经调整、归并后,分别划转中央企业或地方管理。

(6)教育管理体制改革。1999年,根据《国务院关于进一步调整国务院部门(单位)所属学校管理体制和布局结构的决定》(国发〔1999〕26号),交通部进一步改革水运院校管理体制,除保留大连海事大学继续由交通部管理外,其他院校分别划转教育部,或实行中央与地方共建、以地方管理为主的管理方式。

(7)理顺海事法院管理体制。1998年7月,中共中央办公厅、国务院办公厅批转《最高人民法院、中央机构编制委员会办公室、交通部关于理顺大连等6个海事法院管理体制的意见》,确定将大连、天津、青岛、上海、广州、武汉海事法院纳入国家司法行政体系。1999年6月,海事法院交接工作全部完成,实现与交通部完全脱钩。

2. 推动企业开展股份制改革

按照国家股份化改革,港航企业相继实行股份化改革,并实现上市融资,使市场直接融资逐步成为企业发展解决资金问题的重要手段,其中1993年5月深赤湾成为第一家上市码头公司(现更名为招商局港口),天津港于1996

---

❶ 同时保留的还有交通部科学研究院、交通部公路科学研究所,以及交通部规划研究院。

年上市。从直属企业看,1992年交通部批准直属上海港机厂、上海海运局、上海长江轮船公司、南京长江油运公司、深圳远洋股份公司等企业作为股份制试点单位,1993年批准海南海盛船务实业有限公司为向社会公开发行股票试点企业。这些试点企业的完善方案经国家有关部门或地方政府批准后正式实施。1994年6月,国务院证券委员会批复上海海运(集团)所属上海海兴轮船股份有限公司H股发行额度。1994年3月,国家经贸委发布《关于转换国有企业经营机制建立现代企业制度若干意见》(国经贸〔1994〕95号),明确转换企业经营机制、落实14项经营自主权,成为水路交通企业改革重点。1996年,交通部制定部属企业资产经营责任制的考核指标体系和考核办法,结合企业股份制改革、重组,推动建立现代企业制度,加强经营责任审计和监督力度,大力推行资产经营责任制。

3. 强化海运市场化

按照形成统一、开放、竞争、有序的市场化改革目标,交通部于20世纪90年代推行了一系列改革。

(1)全面开放国内水路货运市场。1995年3月,交通部修订并发布了新的《水路货物运输规则》(交水发〔1995〕221号)和《水路货物运输管理规则》(交水发〔1995〕221号),遵循"公开、公平、公正"的原则,进一步打破远洋运输、国内沿海运输和内河运输中的市场分割,推动建立与国际接轨的市场体系,全面开放国内水路货运市场。

(2)整顿水运市场,加强行业调控。为规范水运市场管理,1994年9月,在全国范围内完成了水运企业《水路运输许可证》和船舶《船舶营业运输证》新证换领。按照"控制总量、优化调整结构、加强管理、提高效益、促进水运行业健康发展"的方针,1996年7月和1998年7月,交通部两次暂停新筹建船公司、新增运力和扩大经营范围的审批工作,以加强水运市场治理整顿和宏观调控的力度。

(3)全面开放渤海湾海上客运市场试点。1993年10月,交通部发布《全面开放渤海湾海上客运市场方案》,并全面开展试点工作。经过改革试点,渤海湾客运整体技术水平有所提高,港航企业市场竞争意识普遍增强,初步形成渤海湾海上客运的市场机制。

二、加快海运法治建设,深化政府职能转变

在20世纪80年代法治建设基础上,以发布实施《中华人民共和国海商法》(以下简称《海商法》)、《中华人民共和国船舶和海上设施检验条例》(以下简称《船舶和海上设施检验条例》)、《中华人民共和国船舶登记条例》(以下简称《船舶登记条例》)、《中华人民共和国航标条例》(以下简称《航标条例》)及一系列部门规章为标志,全面加快海运法治建设。按照建立社会主义市场经济体制的目标和国家战略部署,深化政府职能转变。

1. 以《海商法》和三个条例实施为标志,加快海运法治建设

1992年11月7日,全国人大常委会审议通过《海商法》,自1993年7月1日起施行。《海商法》对船舶的取得、登记、管理,船员的调度、职责、权利和义务,客货的运送,船舶的租赁、碰撞与拖带,海上救助,共同海损,海上保险等的法律规定,成为指导我国海运法治建设的基本准则。1993年2月,国务院颁布《船舶和海上设施检验条例》,规范船舶、海上设施及船运货物集装箱安全航行、安全作业所需技术条件涉及的问题;1994年6月,国务院颁布《船舶登记条例》,规范船舶登记过程中组织程序、各方权利与义务等涉及的问题;1995年12月,国务院颁布《航标条例》,加强航标管理和保护,保证航标处于良好使用状态。20世纪90年代,相继发布实施一系列规范水路运输管理、水运工程建设、水路运输服务的规章,包括《水上安全监督行政处罚规定》《关于加强承运进口废物管理的规定》《油船、油码头防油气中毒规定》《船舶最低安全配员规则》《老旧船舶管理规定》《港口消防规划建设管理规定》《运输船舶消防管理规定》和《交通行政执法监督规定》等。交通部发布了《水路旅客运输规则》《水路货物运输规则》《水路货物运输管理规则》《水路危险货物运输规则》《水运工程建设市场管理办法》《港口建设项目(工程)竣工验收办法》《水路运输服务业管理规定》和《外国籍船舶航行长江水域管理规定》等。按

照立法与执法并重、执法与监督并举的方针全面加快法治建设,为建立海运市场体制提供了重要的法制保障。

2. 深化政企分开,完善企业结构

(1)"抓大放小",推动企业战略重组。20世纪80年代,我国海运企业发展取得了显著成就,进一步的发展面临着转换国有企业经营机制、建立现代企业制度等国有企业制度的共性问题。基于海运业全球化、规模化竞争这一特性,我国企业组织结构分散,专业化、社会化水平低,"大而全,小而全"等问题显得尤为突出;海运"苦日子长、好日子短"的市场波动规律,要求企业做精、做强主业的同时,需要适度多元化经营,平抑市场波动的冲击。1985年成立招商局集团有限公司;1992年以中国远洋运输总公司为核心企业组建中国远洋运输(集团)总公司;1993年广州海运管理局改组为广州海运(集团)公司,上海海运管理局改组为上海海运(集团)公司。为应对市场新形势变化,组建中国海运(集团)总公司、中国港湾建设(集团)总公司。以上涉及海上运输、港口建设与运营的大型集团均实行以资产为纽带的母子公司管理体制。在推进重组"抓大"的同时,认真做好"放小"的工作,加快放开搞活国有中小型水路交通企业,从实际出发,采取股份合作制以及职工持股、租赁、承包或产权转让等多种多样的形式进行改革。到2000年,我国国际海运形成以中国远洋运输(集团)总公司(运力约占我国国际海运总运力的65%)为代表的约300家航运公司,国内沿海运输形成以中国海运(集团)总公司(运力约占我国沿海总运力的40%)为代表的1 299家航运公司,内河形成以中国长江航运(集团)总公司(运力约占我国内河总运力的18%)为代表的4 476家航运公司,以及8万户个体经营者;从事国内水路运输的中外合资企业达到64家;水上客运企业发展到200多家,客运个体经营者5 000多户,托运人对承运人的选择机会大幅增加。

(2)实施政企分开改革。按照国务院1991年5月《关于进一步增强国营大中型企业活力的通知》(国发〔1991〕25号)和1992年7月国务院令第103号《全民所有制工业企业转换经营机制条例》的部署,交通部分别于1991年印发《关于进一步搞活部属及双重领导大中型交通企业的若干意见》(〔91〕交体字471号)、1993年印发《全民所有制交通企业转换经营机制实施办法》(交体发〔1993〕18号),指导海运企业深化改革、增强活力、提高素质,引导海运企业通过实施股份制、组建企业集团和建立现代企业制度等进行结构调整,以市场为导向,相继推动国有海运企业进行一系列改革,大大增强了企业活力。按照1998年11月《中共中央办公厅、国务院办公厅关于中央党政机关与所办经济实体和管理的直属企业脱钩有关问题的通知》的要求,1999年交通部实现与海运企业、港航建设企业、沿海和长江主要港口港务局脱钩,其中共有31个水路交通企业,涉及总资产1 727亿元、职工总数32.5万人。至此,交通部与直属水路交通企业政企分开的改革画上了历史性句号,这是海运企业融入全球化发展的关键一步。

3. 强化政府宏观调控职能

1998年3月第九届全国人民代表大会一次会议审议通过了《关于国务院机构改革方案的决定》。按照国务院部署,在航运管理方面,交通部将水运管理司和基本建设管理司合并,组建水运司,推进实行政企职责分开,把按规定属于企业的自主权放给企业,不再干预其生产经营活动。运输企业可根据市场需求,在批准的规模内自行决定运力增减和班期调整。对部属企业下放部分计划、财务、设备、价格和人事劳资等管理职权;减少直属水运计划比重,取消非重点物资运输计划,进一步放开运输价格;下放部分运输线路、运力额度、边境口岸的运输审批权等。新成立的水运司负责水路运输行业管理和运输组织管理;制定行业管理规章;参与制定水运行业规划、中长期计划和年度计划;负责水路国际、国内运输,船舶代理,外轮理货和水运设备等行业管理工作;协调和审批国际、跨省航线;组织实施国家重点、紧急物资的运输;培育和管理水运市场;管理水运价格;拟定、实施国际运输合作协议和运输协定。

4. 完善港口等公共基础设施融资政策

在港口建设费征收试运行8年后,面对日益增长的港口建设以及海运公共设施建设资金需求,1993年4月经国务院批准,由交通部、国家计委、财政部、国家物价局联合发布《关于扩大港口建设费征收范围、提高征收标准及开征水运客货附加费的通知》,要求自1993年7月1日起实施,征收范围由26个主要港口扩大到全部对外开放港口,提高征收标准,所收费用用于水运基础设施建设。交通部、财政部根据文件精神制定了实施细则,明确11个省(市)交通厅、2个港航管理局和26个港口管理局为代征单位。港口建设费在1997年作为专项纳入财政预算,实行收支两条线管理。

三、扩大对外开放,深化国际合作与交流

20世纪90年代,在经济贸易发展特别是邓小平南方谈话精神推动下,港口需求出现新一轮高速增长,1990—2000年沿海港口吞吐量和外贸吞吐量分别实现年均9.7%和11.8%的增长,2000年宁波港成为我国第二个吞吐量突破亿吨的港口。港口集装箱运输更是保持了年均31.1%的高速增长,全国港口集装箱吞吐量1997年突破1 000万TEU,2000年达到2 348万TEU,后者是1990年的15倍,其中上海港集装箱吞吐量1995年以153万TEU列世界第19位,2000年上海港和深圳港集装箱吞吐量分别以561万TEU、399万TEU列世界第6位和第11位,国际影响力显著提高。为适应经济社会发展对海运快速增长的需要,提高服务效率、服务质量,完善能力供给结构,缓解港口建设融资资金压力,提高码头运营技术和管理水平,贯彻国家战略部署和要求,以更大的力度推进海运改革开放,形成了"政府投资、社会融资、引进外资"的格局,实现了投资主体多元化,市场化取得显著进展,基本解决了港口基础设施资金不足的问题。

1. 扩大对外开放

(1)海上运输对外开放方面。①1994年批准第一家外商航运公司在我国设立独资集装箱运输服务公司,从事订舱、拆装箱、仓储、收取运费和其他允许的签发货物收据、集装箱维修和签订载货汽车运输服务合同等业务;②到2000年初,有67家境外航运公司在我国境内港口开辟集装箱班轮航线,每月共1 108个航班,占总量的44%,其中远洋航线占71%,近洋航线占40%;③批

准美国、日本、韩国、德国、法国、丹麦、荷兰和新加坡等国家的航运公司在我国设立独资船务公司及其分公司79家,从事国际运输的中外合资企业50多家,独资集运公司及其分公司27家;④批准境外航商、港口经营人、船舶代理公司等海运辅助业经营人在我国境内设立代表处(办事处)450个。国际船舶代理企业由改革开放初期的16家,发展到280多家。

(2)港口对外开放方面。①不断扩大开放口岸,到2000年我国已开放了沿海和内河水运口岸130个,其中一类口岸111个,二类口岸19个;②加大外资参股码头力度,2000年中外合资码头企业59家,在码头经营特别是集装箱经营中,中外合资经营的集装箱码头19个,完成吞吐量占我国港口集装箱总吞吐量40%以上;③形成外轮理货企业73家。

2. 鼓励外商直接投资

1991年国务院令第85号发布《中华人民共和国外商投资企业和外国企业所得税法实施细则》;1992年交通部发布《关于深化改革、扩大开放、加快交通发展的若干意见》(交办发〔1992〕596号),鼓励中外合资建设并经营公用码头泊位;1995年国家计委、经贸委、外经贸部首次联合发布《外商投资产业指导目录》。这些政策极大调动了各方面投资港口的积极性,资金来源比例发生根本变化,到2000年中央资金占比已不到5%,企业占比达到57.9%,成为市场投资主体,如图1-1所示。中远海运港口(原中远太平洋)、招商局港口也不断加大投资国内码头力度。为进一步吸引外资,在国务院、交通部和上海市领导的指导下,上海港务局与香港和记黄埔公司合资经营上海港集装箱码头。1993年3月国务院批准上海港务局与香港和记黄埔集团合资经营上海集装箱码头有限公司(SCT),投资总额56亿元,注册资本20亿元,合资双方各出资50%,是当时交通行业最大的合资项目。1993年和记黄埔盐田港口投资有限公司与深圳市盐田港集团(原深圳东鹏实业有限公司)签订"成立盐田国际集装箱码头有限公司"合资合同,其中盐田国际集装箱码头有限公司仅持股27%,而和记黄埔持股73%。

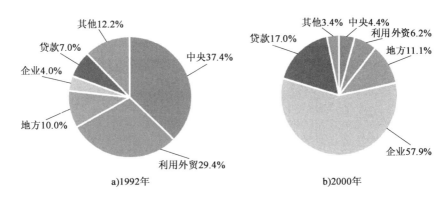

图 1-1 港口投资结构变化

3. 全面深化国际合作与交流

我国于 1991 年加入亚太经合组织(APEC),一直积极参与有关问题的磋商,并积极推动 APEC 进程的"两个轮子",即贸易投资自由化和便利化及经济技术合作的不断深化。1994 年 APEC 通过了发达经济体于 2010 年、发展中经济体于 2020 年实现贸易投资自由化目标的时间框架,交通运输被列入其中的"服务领域"。我国的单边行动计划在"服务领域"的"交通运输"部分,提出了与加入 WTO 的承诺相一致的近期和中远期目标。我国于 1996 年加入亚太地区海事机构首脑论坛(AHMSAF)。截至 2000 年前,加入的与海运相关的国际组织包括:国际海事组织(IMO)、联合国亚太经社会(ESCAP)、亚太经合组织(APEC)、国际航道测量组织(IHO)、国际劳工组织(ILO)、国际海事卫星组织(IMSO)、国际航标协会(IALA)、国际航运会议常设协会(INC)、国际船级社协会(IACS),交通部还参与了与海运高度相关的联合国开发计划署、联合国贸易与发展会议航运专业委员会、国际贸易法委员会、国际电信联盟水上无线电委员会、世界粮食计划署和世界银行等国际组织机构的活动。积极参与 IMO 活动,连续当选为 IMO A 类理事国,1979—1999 年参加国际海事公约达 15 项,转化为国内海事法规与实施细则 200 余件。1994 年当选为 IALA 理事会理事,中国船级社(CCS)总裁于 1996 年 1 月至 1997 年 6 月 30 日担任 IACS 主席。

新的改革开放举措,进一步推进了海运市场化,使供给结构得到优化,拓宽了资金来源,特别是企业股份化改革、上市直接融资和外商直接投资等迅速增长,缓解了海运业发展的资金压力。港口在引进资金的同时,引进了先进的设备、工艺、管理和服务理念,为全面实施"三主一支持"建设规划创造了条件,沿海港口投资"八五""九五"上升到570亿元,是"六五""七五"的3倍多,而国家投资和部专项资金所占比重逐年下降(20世纪90年代平均不足20%),到2000年已降至不足5%,资金来源实现了多元化和市场化。针对我国大量进口铁矿石、原油和集装箱运输快速发展的需要,沿海建成了一批10万~20万吨级的专业化铁矿石、原油码头和具有国际先进水平的大型集装箱码头。2000年全国沿海港口万吨级以上深水泊位达到651个,其中3万吨级以上泊位占深水泊位的比重由1990年的17%上升到2000年的33%,5万吨级、10万吨级以上泊位分别达到109个和19个,码头专业化、大型化水平明显提高,初步形成了以主枢纽港大型专业化泊位和专业化船队为基础的煤炭、石油、铁矿石、粮食和集装箱运输系统。集装箱多式联运工业性试验和电子数据交换(EDI)示范工程成果的推广应用使我国集装箱运输在技术上迈了两个台阶,基本实现了海运与国际接轨。港口吞吐能力适应性20世纪90年代平均达到1.1水平,瓶颈制约状况得到缓解,在港船舶平均吨位增长45%的背景下,2000年沿海港口外贸船舶平均停时降至1.6天。

外资在港口发展中的作用

随着改革开放的深入,港口利用外资大体经历了三个阶段。20世纪80年代以利用外国政府贷款、国际金融机构贷款为主;20世纪90年代以中外合资、直接利用外资为主;进入21世纪,全球码头运营商、班轮公司等纷纷投资我国码头,利用外资有了更多的选择。外商直接投资主要集中于集装箱码头。

外资在我国港口发展中的作用概括为以下几个方面：

(1) 缓解码头建设资金的不足。为了缓解码头供给能力和调整供给结构的矛盾，针对当时国内资金短缺、企业经济实力不强的背景，外资的进入部分地弥补了国内建设资金的不足，对加快码头建设、缓解港口吞吐能力不足起到了一定作用。亚洲金融危机爆发时，国际资本供给紧张，外商投资出现大幅度下降，占沿海港口投资比重降至6%。随着21世纪世界经济贸易的恢复，外商投资再次活跃，国内企业的经济实力也已明显加强，外商投资码头水平虽然大幅度提升，但占投资比重最高只恢复到9%，在美国次贷危机引发全球金融危机冲击下，外商投资再次大规模下降，2010年降至不足1%。2010年后，码头供给能力适应性进入适度超前状态，资金需求也出现持续下降，国内企业经济实力进一步加强，至此，外资投资码头弥补资金不足的作用减弱。

(2) 促进港口技术进步。利用外资引进了先进技术、工艺、管理和服务理念。如秦皇岛港和石臼港煤码头的装卸设备，分别引进了日本、英国和美国的取料机、翻斗机和制取样机，码头工艺、自动化程度和作业效率明显提升。石臼港引进了日本制造的3 000吨级浮吊运载大型沉箱，加快了港口建设速度及施工技术的改进。外资贷款项目促进了国外厂商与我国厂家的合作，通过联合投标促进了技术交流，为我国的港机产品技术进步并逐步打入、占领国际市场提供了支持。合资经营码头提高了码头运营管理信息化水平，通过技术考察、技术培训和技术交流，提高了我方人员的技术水平和管理能力，特别体现在集装箱码头运营管理上。

(3) 促进港口产业升级。全球码头运营商、大型班轮公司拥有丰富的管理经验、先进的技术和管理理念、全球营销网络等各种资源，促进港口由单一功能向现代综合物流发展。通过提供更全面的物流服务提高港口竞争力，对促进港口产业升级起到了重要的推动作用。

四、三个阶段发展战略与上海国际航运中心建设谋划

1. 面向 21 世纪的三个阶段发展战略谋划

（1）三阶段发展。在全面持续推进实施"三主一支持"建设规划的同时，根据1997年党的十五大提出的"新三步走"战略，1998年交通部提出实现交通现代化的三阶段发展目标：第一阶段，从"瓶颈"制约、全面紧张走向"两个明显"（交通运输的紧张状况有明显改善、对国民经济的制约状况有明显改善），这个目标到21世纪初实现；第二阶段，从"两个明显"到基本适应，即在总体上交通运输能够适应国民经济和社会发展需要，这个目标到2020年实现；第三阶段，从基本适应到基本实现现代化，进入中等发达国家行列，这个目标到21世纪中叶即新中国成立100周年时实现。

（2）"科教兴交"与西部大开发战略。根据国家战略部署，1995年11月交通部召开了全国交通系统科技工作会议，提出并开始实施"科教兴交"战略，紧密结合水运基础设施建设和运输生产中的关键技术问题，加强领导，增加投入，采取重点攻关、重大技术装备开发、行业联合科技攻关等多种形式，在众多领域取得了重大突破；制定了《加快西部地区公路交通发展规划纲要》和《西部地区内河航运发展规划纲要》。

（3）强化全面发展谋划。在明确交通现代化三阶段发展目标的同时，结合行业发展趋势和国家战略要求，交通部组织对交通发展战略进行了系统研究，直接涉及海运的包括"面向21世纪水运发展战略研究""公路水路交通发展战略"和"沿海港口发展战略"等课题，为海运业长远发展进行了系统谋划。

2. 上海国际航运中心建设

1990年4月，党中央、国务院作出了开发开放浦东的重大决策。1992年10月，党的十四大作出了"以上海浦东开发开放为龙头，进一步开放长江沿岸城市，尽快把上海建成国际经济、金融、贸易中心之一，带动长江三角洲和整个长江流域地区经济的新飞跃"的战略部署。1995年，进一步作出建设上海国际航运中心的决策，这是进一步促进中国海运发展的一项重要举措。我国对

外贸易 90% 以上通过海运完成运输,海运在国际贸易运输中具有不可替代性,港口是连接海陆运输的重要枢纽。要实现国家战略部署,就必须大力发展国际航运,这对我国对外开放和长江经济带的经济发展意义重大。从周边环境看,1995 年前后,韩国提出了把釜山建成"21 世纪环太平洋中心港"的规划目标,日本在阪神大地震之后提出把神户建成"亚洲母港"的战略目标等。虽然提法各有不同,但均以转运中国集装箱海运巨大的需求为目标。为促进区域经济社会发展,更加安全、便捷、高效融入经济全球化,要求上海加快形成国际集装箱枢纽港,提升海运服务层级,为区域经贸和海运发展乃至世界海运发展作出更大贡献。1996 年 1 月,李鹏总理在上海主持召开了由上海、江苏、浙江一市两省和国务院有关部门主要负责人参加的会议,就建设上海国际航运中心问题进行了研究,会议明确了需要抓紧落实的六项工作:

(1) 成立上海航运交易所。1996 年 10 月 3 日,经国务院批准,交通部颁布了《上海航运交易所管理规定》(交通部令 1996 年第 8 号)。1996 年 11 月 8 日,经国务院批准,交通部和上海市人民政府共同组建了我国第一个国家级水运交易市场——上海航运交易所。

(2) 建立上海组合港。1997 年 9 月,经国务院批准,交通部与沪、苏、浙一市两省在浦东正式成立上海组合港管理委员会及其办公室,对上海市吴淞口至江苏省南京长江大桥的长江水域以及浙江省宁波、舟山地区水域内已建集装箱泊位和规划建设集装箱泊位的深水岸线实施统一管理与协调,积极推动区域港口信息沟通交流、港口合作发展和相关问题调查研究等。

(3) 外高桥港区集装箱码头改造与建设。1997 年 7 月,外高桥港区一期集装箱化改造工程开工,将原 4 个泊位改建为 3 个大型集装箱泊位,提高第三、第四代集装箱船舶适应性,项目于 1999 年 6 月完工。1997 年 10 月开工建设外高桥港区二期工程,二期与一期同为 3 个顺岸式集装箱专用码头,岸线总长度为 900 米,设计年吞吐能力为 60 万 TEU,1999 年 9 月建成投入试运行。此后,又持续开展了外高桥三期至六期工程建设。

(4) 开通宁波至美国东海岸航线。1997 年宁波港集装箱吞吐量仅

25.7万TEU,中国远洋运输(集团)总公司积极采取措施,在各方支持下,1996年6月2日开通宁波至美国东海岸集装箱班轮航线,标志着宁波港向集装箱干线港的迈进。2018年宁波舟山港集装箱吞吐量达到2 635万TEU,跃居世界第3位,集装箱航线数近250条,其中远洋干线120余条,月航班数约1 500班,在上海国际航运中心港口集装箱运输中的南翼作用十分突出。

(5)实施长江口深水航道治理工程。长江口深水航道治理是水运人的百年梦想,经过长期技术攻关积累,突破了治理关键技术,在充分论证的基础上,国家决策长江口深水航道治理工程按照"一次规划、分期建设、分期见效"的原则,自1998年起分三期实施。1997年11月,国家计委批复原则同意《长江口深水航道治理工程(一期)工程可行性研究报告》,一期工程采用南港北槽建设双导堤和丁坝并结合疏浚的工程方案,使航道水深增至8.5米,由交通部、上海市和江苏省按已协商好的比例承担出资。同月,长江口航道建设有限公司成立。1998年1月长江口深水航道治理工程(一期)开工,2000年7月长江口深水航道治理一期工程竣工,进入8.5米水深试通航期;2002年4月二期工程开工,2005年3月二期工程竣工,6月进入10米水深试通航期;2006年9月三期工程开工,2010年3月14日三期工程全面建成,12.5米水深航道试通航。长江口可以满足第三、第四代集装箱船全天候进出港以及第五、第六代集装箱船和10万吨级散货船乘潮进出港。长江口深水航道治理工程极大提高了通过能力和对船舶大型化的适应性,具有显著的社会经济效益,仅2018年航运和港口直接经济效益就达132亿元,作为我国历史上规模最大、技术最复杂的水运工程,成为世界上巨型复杂河口航道治理的成功典范。

(6)组织开展上海国际航运中心新港址论证。1996年8月,交通部根据国务院《关于研究建设上海国际航运中心专题会议纪要》精神,要求浙江省、江苏省和上海市对各自提出的上海国际航运中心新港址,按照《关于印发上海国际航运中心新港址论证工作大纲的函》(交计发〔1996〕752号)确定的工作原则、工作内容、工作分工、深度和进度要求进行论证。在两省一市艰苦而卓有成效的各项前期工作基础上,组织专家持续进行了6年前所未有的反复论证,不同意见充分得到反映。2002年3月13日,国务院第56次总理办公会议审议通过洋山深水港区一期工程可行性研究报告和开工报告❶。2002年6月洋山深水港区一期工程开工建设,2005年12月洋山深水港区一期工程建成完工投入试运行。2006年12月洋山深水港区二期工程建成完工投入试运行。2007年12月洋山深水港区三期(一阶段)工程建成完工,2008年11月洋山深水港区三期(二阶段)工程建成完工,洋山深水港北港区主体工程全面建成,形成集装箱专用泊位16个、岸线全长5.6公里。2014年12月洋山港四期工程正式开工,2017年12月工程建设完工,成为世界上最先进的第四代自动化码头。

长江口深水航道整治和洋山深水集装箱码头两个工程,解决了长期困扰上海港发展的深水化问题,适应了船舶大型化和城市功能升级的需要。2010年上海港集装箱吞吐量以2 907万TEU居世界首位,2018年以4 201万TEU连续第9年位居世界首位。

第三节 加入WTO——融入全球化发展

进入21世纪,从国际看,经济全球化和高新技术迅猛发展推动经济贸易发展出现一轮持续高速增长。而世界性的投资狂热,终由2007年美国次贷危

---

❶ 1992年12月中共上海市第六次党代会明确将深水港建设列为上海新一轮城市基础设施建设十大工程之首,专家们先后对北上(罗泾)、东进(外高桥)、南下(金山咀)等建港方案进行过论证,但都因航道水深不够、岸线不足等原因而作罢。1995年9月,提出跳出长江口,在距上海南汇芦潮港约30公里的大小洋山岛建深水港的设想,共组织6 000多人次的科研人员参加论证和前期工作,完成专题研究200多项,参加各种专题成果评审和咨询的国内外知名专家、学者达1 000人次,两院院士达100多人次,委托美国路易斯·伯杰工程咨询公司对国内公司编制的洋山深水港区建设方案和前期工作进行了评估。笔者应邀作为船型分析、运量预测和经济评估的专家,参加了1999年3月、5月和2001年12月中国国际工程咨询公司组织的评估论证,以及1999年10月国家发展计划委员会组织召开的上海国际航运中心洋山深水港区宏观经济和技术经济论证会。支持该项目主要基于三点:一是集装箱运输的快速增长,笔者持乐观态度,未来枢纽港集装箱吞吐量将达到3 000万~4 000万TEU,特别是中国加入WTO后仍将有一轮高速增长。从发展阶段上,提出2004年上海港集装箱吞吐量2004年超越釜山港、2010年超越新加坡港,这些得以如期实现。二是集装箱船舶大型化快速推进。20世纪90年代后期,集装箱干线船型为6 000~8 000TEU,从新增船舶订单呈现明显大型化趋势可以判断,将出现14.5米吃水、载箱量15 000TEU的船舶,形成15米水深码头是必要的和紧迫的。三是长江口深水航道整治和洋山深水港建设是相互支撑的,且都是必要而紧迫的。

机引发演变为世界范围内的一场金融危机,对世界信用体系、资金链、各种市场价格、国际经贸关系形成持续冲击。同时,打击恐怖主义以及频发地区争端推动新一轮地缘政治格局调整。从国内看,在积极应对国际复杂局面、抗击各类自然灾害的同时,我国在2001年12月11日正式加入WTO,体现了将进一步深化改革、扩大开放的坚定信心,展示了主动参与经济全球化和国际竞争的积极姿态,标志着中国经济社会发展进入一个全新的阶段。

海运业全面落实党中央、国务院战略部署,切实履行加入WTO的承诺,通过一系列面向法治化、市场化的改革,有效抓住"中国因素"和海运市场百年不遇的兴旺发展的历史机遇,海运船队综合运输能力、大型化和专业化水平显著提高,一批港口吞吐量进入世界前列,吞吐能力适应性实现基本适应,海运保障性显著改善❶;形成了一批有国际竞争力和影响力的品牌,更加积极地参与国际海运事务,"中国声音"有了突破性进展。

一、全面推进海运体制改革,加快市场化发展

1978年以来的海运业体制尤其是港口管理体制的改革,对于解放生产力、调动发展海运业积极性发挥了巨大作用。加入WTO的历史性机遇对海运业新一轮高速发展提出了诸多新的要求,海运业管理体制进行新一轮改革势在必行。

1. 全面深化港口管理体制改革

(1)全面推进以"下放地方、一城一港和政企分开"为标志的新一轮港口体制改革。2001年11月,按照国务院《关于深化中央直属和双重领导港口管

---

❶2010年,中国海运运力以1.06亿载重吨居世界第4位(年底数)。上海港、天津港、宁波港、广州港、青岛港、大连港和香港港货物吞吐量列世界第1、4、5、6、7、8位和第9位,上海港、香港港、深圳港、宁波港、广州港、青岛港、天津港和厦门港集装箱吞吐量列世界第1、3、4、6、7、8、11位和第20位。2009年、2010年和2011年沿海港口吞吐能力适应性平均达到1.2水平。海上运输中远集团运力规模居世界第2位,连续4年入选世界500强,中远集团、中海集团和河北远洋散货船队规模分别居世界第1、第6和第10位,中远集团、中海集团经营的集装箱船队规模分别居世界第8位和第10位(2012年初分别列第5位和第8位),中海集团、中运集团、中外运长航和招商局集团经营的液体船队规模分别居世界第10、17、24位和第27位。

理体制改革意见的通知》(国办发〔2001〕91号)要求,将由中央管理的秦皇岛港以及中央与地方政府双重领导的港口全部下放地方管理港口。下放后,原则上由港口所在城市人民政府管理,实行政企分开,港口企业不再承担行政管理职能,并按照建立现代企业制度的要求,进一步深化企业内部改革,成为自主经营、自负盈亏的法人实体。《中华人民共和国港口法》的颁布和新一轮港口体制改革,为码头企业跨地区经营创造了条件。

(2)深化港口财务体制改革。港口下放涉及的中央投资资产无偿划转地方管理,成为港口企业集团发展的优质资产,提高了企业融资能力。财务管理由"以收抵支,以港养港"改为"收支两条线",取消港口企业定额上缴、以收抵支的办法,在保证中央必要的港口建设费支出的前提下,适当提高各港港口建设费的留成比例。地方人民政府应多方筹措港口建设资金,制定有利于港口发展的政策,为港口发展创造良好条件。

(3)港口装卸费价格改革。2004年全面放开港口内贸货物装卸作业价格。

(4)深化港口理货体制改革。2002年进一步规范理货业务,将中国外轮理货总公司向各港外轮理货公司收取管理费的方式,改为持有各港外轮理货公司一定的股份,形成以资本为纽带的现代企业制度。2003年,交通部批准成立第二家全国性理货总公司,沿海主要港口设立两家以上理货企业,通过引入竞争机制,促进服务质量不断提高。

2. 推动港口资源整合

经过1984年启动的"双重领导,地方为主""以收抵支,以港养港"和进入21世纪以"下放地方、一城一港和政企分开"为标志的两轮港口体制改革,极大调动了各方面发展港口的积极性。经过20多年的发展,港口吞吐能力建设取得显著成就,大型化、专业化水平明显提高,但面对新一轮需求加速增长,也暴露出部分地区港口自然资源供给不足与资源利用效率难以继续提高并存,港口之间缺乏有效协调机制,港城共荣发展面临诸多矛盾(港城争夺自然岸线资源、环境资源和城市交通资源的矛盾)。为实现港城共荣发展,各个城市普遍通过老港区功能调整、新港区开发,使港城均获得发展所需资源。对于跨市域甚至省域的资源开发矛盾显现地区,先行推动港口资源整合、调整布局、提升网络化服务。如在长三角,1997年国务院批准组建"上海组合港管理委员会及其办公室",专门协调长三角港口发展问题,2002年开工建设洋山深水港区成为省市合作开发大型深水港区示范,2002年上海国际港务(集团)股份有限公司(简称"上港集团")启动"长江战略"拓展服务网络化水平,2003年太仓、常熟、张家港三港整合为苏州港,2005年底宁波、舟山两港整合为宁波舟山港;在东南沿海,2006年1月厦门和漳州两市所管辖的8个港区成立了新的厦门港口管理局,2008年10月福建省委明确整合湄洲湾内港口岸线资源和行政管理资源;在北部湾,2007年,广西壮族自治区把原防城港、钦州和北海三港的国有资产重组,成立了广西北部湾国际港务集团,对北部湾港口进行统一经营;在环渤海湾地区,2008年推动大连港集团有限公司参与锦州港的开发、经营,2009年成立河北港口集团有限公司,以发挥秦皇岛、唐山、沧州三地港口综合优势。这一时期,招商局港口、中远港口和中海港口全面进行沿海地区港口投资,以资本为手段,提升网络化服务水平,成为港口经营资源整合的另一重要标志。

我国港口发展模式设想与实践

1. 港口发展早期设想与实践

2000年,笔者也曾经设想我国分两步完成港口体制改革目标。第一步到2004年,结合国务院港口体制改革规定和《中华人民共和国港口法》的颁布,根据各个地区经济发展状况和港口作用,成立港务局(或其他名称)和港口企业集团,实现政企分开,完成港口体制改革第一步目标。推进形成以"地主型"管理模式为主体、不同特色管理模式并存的新型港口管理体制。结合国家自由贸易区试点的推进,完成"自由港"相关问题的研究,适应我国自由贸易区发展的需要。第二步就是结合法规体系的完善,进一步推进港口体制改革,在政企分开、法规体系完善的基础上,对港务局(或其他名称)进一步实现商业化,实现港口集群化发展和自由贸易港管理体制的突破,完成港口体制改革第二步目标,也是最终目标,形成新的、在世界上具有特色的港口管理体制。从发展实践看,我国港口体制第一步改革,正处于码头吞吐能力不足、吞吐量加快增长的关键阶段,加之缺乏相关深入研究,实际各地选择了不同的发展模式和管理体制,没有走上以"地主港"为主的发展模式。重新回到"地主港"模式政府面临土地、岸线资源的短缺,回购资源力不从心。从港口群发展看,各地全面推进港口行政资源、自然资源和经营资源整合,推进区域集群化发展。从自由贸易区建设看,2013年8月22日经国务院正式批准设立上海自由贸易试验区。2017年党的十九大明确提出"赋予自由贸易试验区更大改革自主权,探索建设自由贸易港"。

2. 我国港口企业的发展设想与实践

2000年,笔者也曾经设想结合港口体制改革和现代企业制度的推进,按照中央、地方和港口各自事权划分,清理国有水运资产,保障国家、投资者和经营者的合理权宜。这一资产处置方式延续了原资产属性,形成大型央企码头集团,有利于保持全国市场综合协调力量。实际在以政企分开和下放地方为标志的改革中,中央资产、债务直接划拨地方企业,没有像其他行业那样直接组建码头央企。这部分资产也是码头企业发展长期积累的优质资产。从走向国际发展看,最后仍然是央企实现了"走出去",成为全球码头运营商发展的目标。2017年后招商局港口、中远海运码头集装箱名义吞吐量已居世界前两位,在国内也实现了跨地区经营。

3. 海上救助打捞体制改革

1978年,交通部正式成立国家专业救助主管机构——交通部海上救助打捞局,加强对海上救捞工作的统一领导,按照交通部改革统一部署,积极稳妥地推进内部管理体制改革,首先划小内部核算单位,进行责任承包,然后发展到全面实行任期目标制,使以指令性任务为主的救捞管理体制发生深刻变化。为弥补救捞事业经费的不足,利用自身优势和特有的技术力量开展拖航运输、水利工程、海洋工程服务等业务,走"以经营养救助"的发展之路。1982年交通部对救捞提出了"保证救助,广开门路,多种经营"的12字工作方针,采取一系列措施,保证救助和多种经营取得明显成效。针对进入21世纪发展面临的新问题,在原改革的基础上,2002年交通部就进一步改革我国海上救助打捞体制向国务院请示❶。根据8月国务院领导的批示精神和国务院办公厅的安排,2003年2月交通部、国家发展计划委员会、国家经济贸易委员会、财政部、劳动和社会保障部和中央机构编制委员会办公室联合制定《救助打捞体制改革方案》(交人劳发〔2003〕60号),明确提出对救捞合一的管理体制进行改革,实行救助与打捞分开管理,建立一支"政令畅通、行动迅速、装备精良、人员精干、技术过硬、作风顽强"的国家专业海上救助队伍,建立一支"装备先进、技术精湛、吃苦耐劳、不畏艰险"的国家专业海上打捞队伍。根据国务院领导的批示和六部委的文件,交通部救捞系统体制改革领导小组研究制定了《救捞系统体制改革人员资产划分实施方案》,交通部及交通部救捞局又发布文件明确了救助打捞单位职责、机构设置和人员编制,积极稳妥地推进改革的实施。到2003年6月,形成由交通部救捞局统一领导和管理的北海、东海、南海3个救助局和东海第一救助飞行队(之后逐步发展为北海第一救助飞行队、东海第一救助飞行队、东海第二救助飞行队、南海第一救助飞行队共4个救助飞行队),主要承担人民救助、财产救助、环境救助三大职责,经费来源由国家财政统一划拨;上海、烟台、广州3个打捞局主要承担国家赋予的

---

❶《关于征求对〈关于我国海上救助打捞体制改革实施方案〉的意见的函》(交函人劳〔2001〕50号)。

环境财产救助和抢险打捞等职责,经费来源实行自收自支。2003年的改革使救捞管理体制取得历史性突破,坚定不移地走"三个三位一体"中国特色的救捞发展之路❶,以"建立一支人员精干、装备精良、技术精湛、在关键时刻能发挥关键作用的专业救助队伍"("三精两关键")作为救捞事业发展的长期发展目标和任务,以"把生的希望送给别人,把死的危险留给自己"的救捞精神建立一支人员精干、技术过硬、作风顽强的救助队伍,推动救捞事业全面发展。

4. 引航管理体制改革

引航机构原是港务局机关的一个内设处室,港务局政企合一,引航机构所有生产业务、行政管理、人事管理、财务管理等都由港务局负责。引航员的薪酬也由港务局统一管理,利润上缴港务局,由港务局作为企业统一向国家上缴利税。下放地方、政企分开的港口体制改革中,形成不同的引航管理体制,大部分港口将引航机构隶属于港口企业,所有生产业务、行政管理、人事管理、财务管理等都由港口企业负责;部分港口将引航机构隶属于政企分开的港口管理局和省交通主管部门,由省交通主管部门统一管理。2001年国务院《关于深化中央直属和双重领导港口管理体制改革意见的通知》(国办发〔2001〕91号)明确:"沿海港口的引航机构作为向各码头靠泊船舶提供引航服务的单位,应从港口企业中分离出来。鉴于目前引航机构与港口企业分离的条件尚未成熟,为平稳过渡,引航机构尚未与港口企业分离的港口可暂时维持现状,过渡期为三年,在业务上接受港口管理机构的指导,为全港所有码头提供服务。"三年后,交通部发布《关于我国港口引航管理体制改革实施意见的通知》(交水发〔2005〕483号),调整和理顺港口引航相关关系,按照"一个港口一个引航机构",将沿海港口的引航机构从港口企业中分离出来,成立具有独立法人资格的事业单位,隶属于所在地港口行政管理部门,为进出港口船舶提供引航服务。引航机构原则上实行"自收自支"事业单位财务体制。除保证引航

---

❶ 三个三位一体指:救助队伍、打捞队伍和飞行队伍三位一体的队伍建制,人命救助、财产救助、环境救助三位一体的岗位职责,空中立体救助、水面快速反应、水下抢险打捞三位一体的综合功能。

机构人员费用、设备购置、教育培训、运营管理等开支外,引航收入结余部分仍用于港口航道、防波堤、锚地等公用基础设施建设和维护补贴资金,不得挪作他用。

5. 公安体制改革

为贯彻落实党中央、国务院的重要批示和有关文件精神,按照政企分开和精简、统一、效能的原则,交通部向国务院报送《长江港航公安机关体制改革方案》,2002年1月,国务院下发《关于长江港航公安管理体制改革有关问题的批复》(国函〔2002〕1号),明确长江港航公安机构作为国家治安行政力量和刑事司法力量的重要组成部分,行使跨区域的中央管理水域的公安理事权,长江航运公安局由交通部公安局领导,其党政关系由交通部委托长江航务管理局管理,所需经费由中央财政负担,列入交通部部门预算,基本建设投资纳入交通部计划渠道解决。2002年2月,交通部、公安部联合下发《关于在港口管理体制改革中加强公安工作的意见》,确定港口公安局领导班子成员和副处级以上(含副处级)领导干部任免调动以交通部公安局党组审批为主。按照国务院办公厅2005年1月下发的《关于第二批中央企业分离办社会职能工作有关问题的通知》(国办发〔2005〕4号),中国海运(集团)总公司、中国港湾建设(集团)总公司所属的大连、上海、广州海运公安局和天津、武汉、上海、广州航务公安处等7个交通公安机构,一次性全部分离,按属地原则移交所在地人民政府管理。

二、构建法规体系,完善政府职能

结合加入WTO承诺,进一步加快法规体系建设,初步建成以《海上交通安全法》《海商法》《中华人民共和国港口法》(以下简称《港口法》)和《中华人民共和国国际海运条例》(以下简称《国际海运条例》)以及《航标条例》《水路运输管理条例》《船舶和海上设施检验条例》《船舶登记条例》《防治船舶污染海洋环境管理条例》和《中华人民共和国船员条例》(以下简称《船员条例》)为基础的我国海上交通法规体系,以法律形式将海运业改革开放成果、成功经验固定下来,并依法推进海运业进一步发展,完善政府职能。

1.《港口法》

经过20余年的持续努力,2003年6月发布《港口法》,明确各级政府交通(港口)行政管理部门的权力和责任,对从事港口规划、建设、维护、经营和管理等事项加以规定,加强港口管理,促进港口建设与发展,共6章61条,自2004年1月1日起施行。《港口法》深刻总结新中国成立后我国港口管理特别是20多年改革开放的实践和经验,借鉴吸收了国际上港口管理和立法的有益做法,标志着我国港口事业发展真正步入了法治化的轨道。为落实《港口法》在港口规划、建设、维护、经营和管理等方面的要求,2003年12月交通部发布《港口经营管理规定》(交通部令2004年第4号),规范港口经营行为,维护港口经营秩序;2007年4月交通部发布《港口建设管理规定》(交通部令2007年第5号),规范港口建设市场秩序,保证港口工程质量,并对港口建设管理过程各环节作出明确要求;2007年12月交通部颁布《港口规划管理规定》(交通部令2007年第11号),规范港口规划工作,科学利用、有效保护港口资源,促进港口健康、持续发展。

2.《国际海运条例》《船员条例》和《防治船舶污染海洋环境管理条例》❶

参照、借鉴国际航运惯例以及其他国家的航运立法实践,为促进中国国际海运管理走向规范化、法治化,适应加入WTO参与国际航运市场的发展需要,2001年12月国务院颁布《国际海运条例》❷(2003年交通部发布《国际海运条例实施细则》),全面兑现中国加入WTO海运服务承诺,维护国际海运市场秩序,保障国际海上运输各方当事人的合法权益,促进我国海运业进一步改革开放。从规范国际海上运输行业管理与国际接轨、扩大国际船舶代理市场开放、强化国际海运市场监督管理、简政放权等多方面,实现了较部分海运发达国家和地区更高的开放水平,为促进海运市场的改革与开放,形成开放、透明、有序

---

❶《防治船舶污染海洋环境管理条例》颁布,废止《防止船舶污染海域管理条例》。
❷废止1990年发布、1998年修订的《中华人民共和国海上国际集装箱运输管理规定》。

和规范的市场环境提供了法规保障。2004年2月交通部、商务部联合发布1号部令《外商投资国际海运业管理规定》，明确交通主管部门和外资主管部门的管理职责，包括外商投资六类国际海运业务的申办条件、申请手续及其审批程序等，规范外商在中国境内从事国际海上运输业务或相关的辅助性经营业务活动。

为加强船员管理，提高船员素质，维护船员的合法权益，保障水上交通安全，保护水域环境，2007年4月国务院颁布《船员条例》。

我国作为国际海事组织的A类理事国，积极推动并加入了《国际防止船舶造成污染公约》《国际油污损害民事责任公约》《国际油污防备、反应和合作公约》等多个防治船舶污染海洋环境的国际公约。《海洋环境保护法》进行了修订，增加了国家建立船舶油污保险、油污损害赔偿基金制度，以及对船舶载运油类、危险化学品等污染危害性货物的作业进行监管等内容。为了应对国际海运业快速发展对海洋环境带来的威胁，适应加入的防治船舶污染海洋环境的国际公约和《海洋环境保护法》要求，对《防止船舶污染海域管理条例》进行全面修订，2009年9月国务院颁布《防治船舶污染海洋环境管理条例》。

3. 依法推进保安长效机制

打击和防范恐怖活动是世界各国政府和人民共同的责任，2001年"9·11"事件及以后一系列恐怖事件的发生，加速了IMO在《1974年国际海上人命安全公约》（SOLAS公约）中增加船舶和港口设施保安的内容，通过了公约修正案和《国际船舶和港口设施保安规则》（ISPS规则），初步建立了海上反恐的国际合作框架。为履行经修订的SOLAS公约和ISPS规则，2003年11月交通部发布《港口设施保安规则》（交水发〔2003〕500号），保证了在2004年7月1日前如期完成履约的各项准备工作，较好地实施了港口设施保安的履约工作。交通部、国家发改委联合发布《关于收取港口设施保安费的通知》（交水发〔2006〕156号），决定自2006年6月1日起收取港口设施保安费，形成完整的法治化保安机制。2007年发布《中华人民共和国国际船舶保安规则》（交通部令2007年第2号），承担了我国在海上保安方面的国际义务，维护了我国国际形象。

4. 依法强化市场和标准建设

结合进入21世纪后海运业发展实际,为规范海运运输管理、工程建设、运输服务,相继颁布、修订实施一系列的法律规章。2001年2月交通部1号部令发布《国内船舶运输经营资质管理规定》,2001年4月交通部2号部令发布《老旧运输船舶管理规定》,2008年5月交通运输部2号部令发布《国内水路运输经营资质管理规定》,2010年3月交通运输部印发《船舶交易管理规定》(交水发〔2010〕120号)等。通过发布实施一系列管理规定以及技术规范和行业标准,严格基本建设程序,规范招标投标行为,加强了水运建设工程质量管理,促进了水运建设市场健康发展。

三、履行加入WTO作出的承诺,全面参与国际海运事务

我国政府严格履行加入WTO作出的承诺,完善海运业相关法规和规章,依法清理行政审批项目,扩大对外开放,规范国际海上运输活动,维护国际海运市场秩序,保障国际海上运输各方当事人的合法权益,切实履行我国加入WTO作出的承诺。作为世界海运大国,全面履行国际公约,积极参与国际海运事务,全面深化双边和多边国际海运合作,全面积极参与相关国际组织活动,主动参与推动海运业全球化发展。这些成就标志着我国海运业实现了融入全球化发展,为世界海运发展作出了积极贡献,"中国因素"和"中国声音"影响力显著提高。

1. 履行"入世"承诺,对外开放提高到新水平

在改革开放20多年不断扩大对外开放的基础上,通过海运法规和规章,履行加入WTO在海运业的承诺,将对外开放提高到新水平,包括:取消外国船公司在我国设立常驻代表机构的审批,国际海运市场进一步开放;允许外商在我国设立外资股权比例最高为49%的合资船公司,从事挂靠我国港口的国际运输业务;允许外商设立控股的合资企业,从事海运货物装卸、国际集装箱场站业务;允许外商设立独资企业,从事仓储业务;允许外商设立外资股权比例

最高为49%的合资企业,从事国际船舶代理业务;鼓励外国资本投资、建设和经营我国的港口业,基于合理和无歧视原则,向国际海运经营者提供服务。这些注册条件标志着国际海运业已成为与国际接轨、充分竞争的行业,实现了较发展中国家、部分海运发达国家和地区更高的开放水平,是我国海运业对外开放提高到一个新水平的重要标志。

2. 积极参与国际海运事务

随着综合国力和海运大国地位的提高,我国从过去的一般性参与国际海运活动,转变为全面参与国际海运事务,积极、主动、熟练地协调国际海事界各方的利益,推动国际事务向有利于国家、行业的利益转化,主要表现为三个方面:

(1)履行国际责任和义务。强化国内法规建设,保证履行国际公约可操作性。2010年底,加入和制定国际公约或议定书、修正案等以及国际海事公约和议定书共42个,基本上转化为国内有关法规。作为《1990年国际油污防备、反应和合作公约》(OPRC1990公约)的缔约国之一,积极加强以"应急预案的颁布实施、组织管理机构的建立、溢油监控监测体系的建立、应急队伍和力量的建设、培训和演练工作的开展"为主要内容的船舶溢油应急反应体系建设,以确保随时有效应对船舶溢油污染。颁布《港口设施保安规则》和《中华人民共和国国际船舶保安规则》,积极履行《1974年国际海上人命安全公约》(SOLAS公约)以及《国际船舶和港口设施保安规则》(ISPS规则)的要求。

(2)积极参与国际海事救援。作为负责任的海运大国,在保障国内海事安全、救助的同时,在国际海事救援、保障海运安全活动等方面作出积极贡献。如2006年5月19日,我国对22艘越南籍渔船、330名越南渔民实施了国际人道主义救援,充分体现了我国的国际人道主义精神。

(3)积极参与维护国际海运安全事宜。为打击日益猖獗的海盗活动,2008年12月16日我国第一批海军护航舰队起航,于2009年1月6日抵达亚丁湾索马里海域,正式开始为航经该海域的中国远洋船舶护航,至2010年底,海军护航舰队共完成护航3 168艘次,涉及84家海运企业。其中,护航外籍船舶1 347艘次,接护被释放船舶7艘,保护遭海盗袭击船舶1艘,营救1艘,实施解救遭海盗追击的船舶29艘次,成功避免了80余艘次船舶遭海盗劫持,为维护世界海运安全作出了积极贡献。

3. 全面深化双边和区域国际海运合作

(1) 深化双边与多边合作。经历了3年多谈判,我国与美国于2003年12月8日签署《中华人民共和国政府和美利坚合众国政府海运协定》(简称《中美海运协定》),自2004年4月21日起正式生效。美商独资船务公司在原有四项业务的基础上,经营范围进一步扩大,包括"自船自代"、集装箱多式联运和物流服务等,而且在我国设立分支机构没有数量和地域的限制。同时,美方承诺给予我国国有航运企业"受控承运人"豁免权,享有在美国所有外贸航线上,在制定和实施运价方向与其他承运人相同的待遇。《中美海运协定》正式签订和生效,以及中美交通合作谅解备忘录的正式启动,确立了我国与美国在海运业合作互惠的框架,解决了多年来强加于我国航运企业的"受控制承运人"的不公正待遇,为我国海运企业在美国开拓市场创造了公平的竞争环境。此后,我国与欧盟成员国、新加坡达成新的协议,给予同等的市场开放待遇。

(2) 强化区域海运合作。在以往合作机制基础上,东盟—中国("10+1")交通部长会议机制(2002年建立)、"中国—东盟海事定期磋商机制"和"中国—东盟港口发展与合作论坛"机制等,推动了双边交通领域的合作与发展。其中,2010年我国与东盟10国代表签署了《中国—东盟海事磋商机制谅解备忘》,并与老挝、缅甸、泰国三国签署了《中老缅泰四国澜沧江—湄公河航运突发事件应急预案》。2000年建立东北亚港湾局长会议机制和东北亚港口论坛机制。2002年建立上海合作组织交通部长会议机制,2006年建立中日韩海上运输及物流部长会议机制。这些双边协议和双边多边合作机制,标志着长期、稳定、全方位的海运业对外交流与合作的格局已基本形成,为我国海运业走出国门、参与国际市场的竞争和全球化发展创造了良好的条件。

4. 全面参与国际海运组织活动

我国自1989年在IMO第16届大会当选为A类理事国后,连续当选A类理事国,全面参与各类国际海运相关组织等。CCS作为IACS成员中最为年轻、增长速度最快的船级社之一,先后三次出任国际船级社协会主席,是港口国检查中表现最好的船级社之一,持续被巴黎备忘录组织、东京备忘录组织和美国海岸警卫队三大港口国检查组织列入优异表现清单;检验船队达到1.1亿总吨,平均船龄在国际船级社协会成员中最小。结合海运业的发展和综合技术实力的提高,我国更加积极参与相关技术标准、有关国际公约的研究、制定、修订工作,实现与国际公约的良性互动,在技术标准制定中提案数量进入第二集团。在2006年11月第四届亚太经合组织领导人非正式会议上,我国首倡建立了"APEC PORT SERVICES NETWORK"(APSN,亚太港口服务组织),秘书处设在北京,为亚太地区港口合作与交流、推进安全发展与绿色发展发挥了积极作用。

四、海运强国与国际航运中心建设

1. 海运强国行业战略部署

结合国家战略部署、海运发展趋势,交通部组织对交通发展战略进行了系统研究,相继发布一系列文件,为海运业长远发展进行了系统谋划,在《公路水路交通发展战略》(交规划发〔2002〕355号)中提出海运强国❶战略,2003年在《全国海洋经济发展规划纲要》(国发〔2003〕13号)中明确"逐步建设海运强国",实现由海运大国向海运强国转变成为业内共识。

2. 海运转型发展

为了贯彻落实科学发展观,落实党的十六届六中全会精神,结合海运供给能力基本适应以及经济社会发展对海运服务的要求,2006年底交通部明确提

---

❶ 这一时期作为行业战略部署的海运强国,重点是指海运强国内部要素实力。笔者持续跟踪海运强国战略研究,将海运强国战略分为四个阶段:2001—2004年战略准备阶段,2005—2010年战略框架阶段,2011—2020年形成海运强国实力,2040年成为世界公认海运强国。

出:交通工作要进一步强化服务意识,增强服务能力,提高服务水平,努力做好"三个服务"❶;2007年12月交通部发布实施《关于加快发展现代交通业的若干意见》(交科教发〔2007〕761号),推进公路水路交通由传统产业向现代服务业转型,加快发展现代交通业;2009年2月交通运输部印发《资源节约型、环境友好型公路水路交通发展政策》(交科教发〔2009〕80号),明确到2020年拥有基本达到世界先进水平的水运基础设施、装备和服务体系,海运综合实力强,内河航运优势明显,与其他运输方式相互协调,适应经济社会发展和国家经济安全的要求。

3. 全面布局航运中心建设

随着世界经济贸易增长中心的转移,海运需求增长中心经历了由欧洲转向美洲,再转向亚洲的演变历程。特别是2000年以来,全球海运需求增长的三分之二来自我国的对外贸易,"中国因素"已经成为世界海运需求增长的核心。结合国际航运中心发展趋势和我国作为世界重要海运大国的特点,为进一步促进区域经济发展,在全面推进上海国际航运中心建设的同时,2003年10月,党中央、国务院提出把大连建成东北亚重要的国际航运中心;2006年,国务院《关于推进天津滨海新区开发开放有关问题的意见》(国发〔2006〕20号)提出将天津滨海新区努力建设成为我国北方对外开放的门户和北方国际航运中心;2011年国务院以国函〔2011〕157号文件批复实施《厦门市深化两岸交流合作综合配套改革试验总体方案》,明确要求厦门加快东南国际航运中心建设,为落实国家战略部署,中央和地方政府均采取措施,积极推进国际航运中心建设,其中上海国际航运中心建设成就最为突出❷。国务院发布《推进上海加快发展现代服务业和先进制造业建设国际金融中心和国际航运中心的意见》(国发〔2009〕9号),在已取得重大成就的基础上,作出新一轮全面部

---

❶ 2006年12月28日,在北京召开全国交通工作会议,李盛霖部长在会上作题为《努力做好"三个服务"推进交通事业又好又快发展》的讲话。
❷ 基础设施:东海大桥、洋山深水港区和外高桥集装箱码头相继投入使用,长江口深水航道整治三期工程顺利完成,主航道水深达到12.5米;国际船舶流中心地位确立,2004年集装箱吞吐量如期超越釜山港,2010年如期超越新加坡港;港航装备制造业世界领先;航运服务要素集聚全面推进。

署,明确到2020年基本建成航运资源高度集聚、航运服务功能健全、航运市场环境优良、现代物流服务高效、具有全球航运资源配置能力的国际航运中心。

第四节 党的十八大——开启海运高质量发展与海运强国建设新时代

海运业全面贯彻国家关于海运发展的重要指示,努力构建系统完备、科学规范、运行有效的制度体系,按照国务院《关于促进海运可持续健康发展的若干意见》(国发〔2014〕32号)的部署,完善海运治理体系,并从7个方面全面推进海运强国建设,在海运船队发展、现代化港口建设、全球海运网络建设、企业转型升级和国际航运中心建设等方面均取得了实质进展,具备了海运强国的实力,在交通强国建设中发挥了先行作用,在海洋强国建设中发挥了先行和基础支撑作用❶。

一、推进大部门制改革,强化资源重组与融合发展

1. 推进大部门制改革

(1)推进建立"一部三局"综合运输管理体制

在各种运输方式发展取得巨大成就、产业呈现集群和融合发展新态势以及2008年组建交通运输部的基础上,根据党的十八届二中全会和十二届全国人大一次会议审议通过的《国务院机构改革和职能转变方案》,"高效统一、分级负责、权责一致、运行有序"的综合交通运输大部制改革进一步推进。取消铁道部,推进铁路政企分开改革❷;组建国家铁路局,由交通运输部管理。改革后的交通运输部职责为:管理国家铁路局、中国民用航空局、国家邮政局,负责推进综合交通运输体系建设,统筹规划铁路、公路、水路、民航以及邮政行

---

❶ 党的十九大明确提出建设交通强国。党的十八大提出"提高海洋资源开发能力,坚决维护国家海洋权益,建设海洋强国",党的十九大进一步强调"坚持陆海统筹,加快建设海洋强国。"
❷ 组建中国铁路总公司,承担原铁道部的企业职责,负责铁路运输统一调度指挥,经营铁路客货运输业务,承担专运、特运任务,负责铁路建设,承担铁路安全生产主体责任等。

业发展;负责组织拟定综合交通运输发展战略和政策,组织编制综合交通运输体系规划,拟定铁路、公路、水路发展战略、政策和规划,统筹衔接平衡铁路、公路、水路、民航等规划,指导综合交通运输枢纽规划和管理;负责组织起草综合交通运输法律法规草案,统筹铁路、公路、水路、民航、邮政相关法律法规草案的起草工作;负责拟定综合交通运输标准,协调衔接各种交通运输方式标准。在规划层面,基本形成了以"十三五"现代综合交通运输体系发展规划为统领,由铁路、民航、邮政3个子规划和公路、水运等16个专项规划等组成的综合交通运输规划体系。

(2)推进地方综合运输体制改革

在国家层面推动"一部三局"架构建立的同时,2013年国务院印发了《关于地方政府职能转变和机构改革的意见》(中发〔2013〕9号),进一步推动地方政府职能转变和机构改革,要求地方政府机构改革要着力转变政府职能,理顺权责关系,调整优化组织结构,规范机构设置,着力搞好"控、调、改"工作,推动省级层面基本建立综合交通管理体制或运行协调机制。

2. 深化管理体制改革

(1)海事公务员改革。按照《交通运输部直属海事系统人员编制和机构设置方案》(中央编办发〔2010〕52号),核定直属海事系统人员编制,完善机构设置,实现政事分开,2011年实现直属海事系统主体纳入公务员管理。2015年交通运输部办公厅印发《关于全面推行直属海事系统权力清单制度的通知》(交办海〔2015〕78号),直属海事系统全面建立并推行权力清单制度。2015年底,交通运输部海事局和交通运输部水运科学研究院在北京签订交接协议,将部海事局所属中国海事服务中心、部环境保护中心和交通安全质量管理体系审核中心成建制划转部水运科学研究院。

(2)深化港口体制改革。推动港口建设费征管体制改革,交通运输部印发《关于在部直属海事系统设立港口建设费征稽机构有关事宜的通知》(交人劳发〔2011〕454号),决定在部海事局、各直属海事局和部分分支海事机构设立规费征稽机构。

(3)港航公安等体制机制改革。交通运输部公安局所属长江航运公安局垂直管理所属公安机关,由公安部统一管理。其他港口公安局、海事公安局等下属单位划归地方公安机关管理。

(4)推进船舶检验体制改革。2018年4月,原农业部的渔业船舶检验和监督管理职能划入交通运输部,归交通运输部海事局管理。

(5)其他体制改革。这一时期,根据统一部署,完成了人民交通出版社和中国交通报社转企改革,有序推进事业单位分类改革。对于港口建设费,2011年进行了降低征收标准及调整使用方向等的改革。

3. 深化港口资源整合,推动区域一体化发展

2010年后,我国经济已由高速增长阶段转向高质量发展阶段,区域上呈现产业集群发展、协调发展,动力上呈现创新发展、绿色发展,港口量的需求增速明显减缓,吞吐能力适应性整体进入适度超前状态,地区港口自然资源供需不平衡、资源利用效率难以持续提高、港口之间缺乏有效协调机制、港口服务功能和质量亟待提高、港城共荣发展面临诸多矛盾等进一步显现。在21世纪前10年港口资源整合的基础上,发挥政府"看得见"和市场"看不见"的"两只手"作用,进一步深化港口资源整合,推进区域港口一体化发展,成为促进港口提质增效升级、化解过剩产能、优化资源配置的重要举措,特别是浙江省2015年深化以宁波舟山港一体化为标志的一体化发展取得显著成效。2017年交通运输部发布《关于学习借鉴浙江经验推进区域港口一体化改革的通知》(交水函〔2017〕633号),进一步加快港口区域一体化发展,其中:招商局集团在进一步整合自身港口资源基础上,不断通过资本纽带加强对国内港口的投资,特别是2018年辽宁省政府成立辽宁港口集团,并与招商局集团正式签订相关协议,以招商局(辽宁)港口发展有限公司推动港口一体化发展;中远集团与中海集团港口资源实现整合,扩大在国内港口的投资,全面推进海南港口资源一体化;天津港集团分别于2015年、2016年与河北港口集团合作建设运营高沙岭港区建材码头、黄骅综合港区多用途码头,与唐山港集团组建唐山集装箱码头公司,2017年交通运输部办公厅与天津市人民政府办公厅、河北省人民政府办公厅联合印发《加快推进津冀港口协同发展工作方案(2017—2020年)》(交办水〔2017〕101号),共同推动津冀港口跨省级行政区域资源整合先行先试;2018年山东省以山东高速集团为出资人整合滨州港、潍坊港和东营港,组建山东渤海湾港口集团有限公司,青岛港整合威海港,与烟台、日照形成四大港口集团格局,2019年进一步由7港运营商组建山东省港口集团有限公司(山东港口集团);2016年江苏省对长江下游港口航线资源、锚地资源和岸线资源进行整合,2018年组建江苏省港口集团有限公司(江苏港口集团)。

二、完善法规体系,强化政府职能

按照建设中国特色社会主义法治体系、加快建设社会主义法治国家的总目标,推进海运科学立法、严格执法、公正司法、全民守法,修订完善相关法规、条例,初步形成以《海上交通安全法》《海商法》《港口法》《航道法》和《国际海运条例》《国内水路运输管理条例》《船员条例》《航标条例》《船舶和海上设施检验条例》《船舶登记条例》和《防治船舶污染海洋环境管理条例》等法律法规为基础,以一系列部颁规章为配套、补充的完善的海上交通法规体系,依法推进海运业进一步发展,强化政府职能。

1.《航道法》

航道是重要的公益性基础设施。为依法规范和加强航道的规划、建设、养护、保护,保障航道畅通和通航安全,1981年交通部设立了《航道法》起草小组,推动航道管理法制化。1987年国务院颁布《航道管理条例》,但由于层次低、一些规定过于原则、约束力不强,对一些新问题、新情况缺乏规范,无法适应航道规划、建设和保护的要求。在2006年9月交通部向国务院报送《中华人民共和国航道法(送审稿)》、2011年1月国务院印发《关于加快长江等内河水运发展的意见》(国发〔2011〕2号)的推动下,在《航道管理条例》颁布后27年,《航道法》由第十二届全国人民代表大会常务委员会第十二次会议于2014年12月28日通过,自2015年3月1日起施行。《航道法》共7章、48条,其中航道规划是航道保护、利用的具体依据。《航道法》明确航道规划分为全国航道规划、流域航道规划、区域航道规划和省、自治区、直辖市航道规划。全国航道规划由国务院交通运输主管部门会同国务院发展改革部门、国务院水行政主管部门等部门编制,报国务院批准公布。流域航道规划、区域航道规划由国务院交通运输主管部门编制并公布。省、自治区、直辖市航道规划由省、自治区、直辖市人民政府交通运输主管部门会同同级发展改革部门、水行政主管部门等部门编制,报省、自治区、直辖市人民政府会同国务院交通运输主管部门批准公布。关于航道建设与养护,要求航道工程建设应当遵守法律、行政法规中关于建设工程质量管理、安全管理和环境保护的规定,符合航道规划,执行有关国家标准、行业标准和技术规范;明确了航道建设各参与方的质量安全责任和交通运输主管部门的安全监管责任。从强化政府和航道管理部门责任着手充实了航道养护的相关规定,要求国务院交通运输主管部门应当制定航道养护技术规范,负责航道管理的部门应当按照航道养护技术规范进行航道养护,保证航道处于良好技术状态,并对航道的巡查、维修、抢修等主要养护制度以及疏浚、清障等养护作业的相关要求作了明确规定。关于航道保护,《航道法》明确建设跨越、穿越航道的建(构)筑物,应当符合该航道发展规划技术等级对通航净高、净宽、埋设深度等通航条件的要求。在通航河流上建设永久性拦河闸坝,建设单位应当按照航道发展规划技术等级建设通航建筑物,并实现同步规划、同步设计、同步建设、同步验收、同步投入使用。在航道保护范围内建设临河、临湖建(构)筑物,应当符合该航道通航条件的要求。对在航道内和航道保护范围内破坏航道通航条件的一些行为作了明确的禁止性规定。

2. 部颁规章

经过改革开放40多年的发展,作为法律法规的进一步配套与补充,交通运输部一系列规章相继出台,为海运依法行政提供依据。其中,与基础设施有关的规章主要有《港口工程建设管理规定》《航道建设管理规定》《公路水运工程监理企业资质管理规定》《公路水运工程质量监督管理规定》《公路水运工程试验检测管理办法》《水运建设市场监督管理办法》《水运工程施工监理规定(试行)》《水运工程建设项目招标投标管理办法》和《航道管理条例实施细则》等;与海上运输有关的规章主要有《国内水路运输管理规定》《水路旅客运输实名制管理规定》《水路旅客运输规则》《国内水路运输辅助业管理规定》和《老旧运输船舶管理规定》等;与安全和防污染有关的规章主要有《水上交通事故统计办法》《船舶最低安全配员规则》《引航员管理办法》《船舶油污损害民事责任保险实施办法》《海船船员值班规则》《船舶载运危险货物安全监督管理规定》和《游艇安全管理规定》等。

3. 强化政府职能

(1) 推动综合运输发展。结合各种运输方式发展的成就,发挥大部门制职能,先后制定发布《"十二五"综合交通运输体系规划》《"十三五"现代综合交通运输体系发展规划》和《推进物流大通道建设行动计划(2016—2020年)》等,推动从单方式基础设施建设逐步转向全面、协调、可持续的综合运输体系建设,加快构建横贯东西、纵贯南北、内畅外通的"十纵十横"综合运输大通道。

(2) 启动新一轮多式联运发展。结合现代信息化技术发展,为提高运输效率、降低物流成本,2011年9月交通运输部发布了《关于加快铁水联运发展的指导意见》(交水发〔2011〕544号),并和铁道部联合下发《关于开展集装箱铁水联运示范项目的通知》(交水发〔2011〕527号),2016年交通运输部与国家发展改革委联合发布《关于开展多式联运示范工程的通知》(交运发〔2015〕107号),2016年12月交通运输部等十八个部门联合发布《关于进一步鼓励开展多式联运工作的通知》(交运发〔2016〕232号),明确了多式联运发展的顶层设计,推动港口集疏运系统打通"最后一公里",2010—2018年集装箱海铁联运量呈现年均17.5%的持续快速增长。

(3) 全面强化安全发展。海运始终坚持"生命至上、安全第一"的理念,把安全放在首要位置。形成了《中华人民共和国安全生产法》《港口法》《海上交通安全法》和《危险化学品安全管理条例》等为主体的安全法律法规和标准规范,不断强化设施设备完备性、安全可靠性和风险分级管控、隐患排查治理双重预防体系,全面落实企业主体责任、政府监管责任,依据相关的国际公约、国内法律法规、标准规范,形成了涵盖船舶运输和港口装卸储运各个环节的海运安全管理体系,特别强化对"四类重点船舶"等领域的安全监管。高度重视支持保障体系建设,提升应急处置和运输安保能力。通过天津港"8·12"事故的调查、教训总结和处理,落实企业主体责任和政府监管责任得到空前重视,推动海运业安全生产管理跨上新台阶。政府从加强制度建设、落实管理责任、严格依法行政、强化监督检查等方面开展一系列的工作,编制修订了《港口危险货物安全管理规定》(交通运输部令2017年第27号)、《港口危险货物安全监督检查工作指南》(交办水〔2016〕122号)等部门规章。企业深入开展隐患排查治理标准化、数字化建设和本质安全体系建设,深入推行全员安全责任制度,健全责任考核机制,严格责任追究制度,全面加强建设施工、生产过程、设备设施、交通消防、港口安保以及应急处置等各方面的安全管理,压紧压实企业安全生产主体责任,构建长效机制,从制度、技术和管理上切实提升危险化学品储存场所的本质安全水平和安全保障能力。

4. 推动绿色发展

针对大气污染,特别是2012年后雾霾天气,2013年9月国务院发布《大气污染防治行动计划》(国发〔2013〕37号)。2016年交通运输部发布《交通运输节能环保"十三五"发展规划》(交规划发〔2016〕94号),明确提出:港口生产单位吞吐量综合能耗和CO_2排放年均下降2%,京津冀、长三角、珠三角等区域船舶硫氧化物(SO_x)、氮氧化物(NO_x)、颗粒物(PM)年排放总量比2015年分别下降65%、20%和30%。

为了实现绿色发展目标,在海运业采取了以下措施:

(1)调整运输结构,优化港口集疏运体系。2017年环境保护部等4部委及6省市联合发布《京津冀及周边地区2017年大气污染防治工作方案》,明确天津港不再接收公路运输煤炭❶;国务院办公厅关于印发《推进运输结构调整三年行动计划(2018—2020年)》(国办发〔2018〕91号),明确推动大宗货物集疏港运输向铁路和水路转移,大力发展内河和沿海集疏运、多式联运和甩挂运输。

---

❶ 这些政策对港口大宗散货运输布局产生很大影响,2016年天津港和唐山港煤炭装船量分别为1.32亿吨和1.29亿吨,2018年分别为0.83亿吨和2.47亿吨,唐山港一跃成为煤炭最大装船港。

（2）有序推动排放控制区建设。2016年开始实施《珠三角、长三角、环渤海(京津冀)水域船舶排放控制区实施方案》(交海发〔2015〕177号)，分阶段推进排放控制区建设❶，不断提升船舶大气污染物排放监管能力，控制船舶硫氧化物(SO_x)、氮氧化物(NO_x)和颗粒物(PM)排放。在排放控制区政策实施取得预期效果的基础上，2018年交通运输部发布了《船舶大气污染物排放控制区实施方案》(交海发〔2018〕168号)，从2019年1月1日起，将排放控制区范围扩大到全国沿海港口领海范围内，并加严了船舶排放控制要求。不断提高船舶生活污水、含油污水、洗舱水的接收、处理能力，推进港口污水处理和循环利用。

（3）优化用能结构，强化粉尘控制。推动港口装卸机械"油改电"，2017年交通运输部发布《港口岸电布局方案》(交办水〔2017〕105号)❷，积极应用低硫油、液化天然气、风能、太阳能等清洁能源，加强干散货粉尘控制。采取密闭作业、喷洒水、干式除尘、防风网、苫盖、路面硬化、港区绿化等多种措施，尤其是推广应用高效节能的喷雾抑尘系统等高新技术，改善煤炭、矿石等干散货的粉尘污染对所在城市的空气质量影响。

5. 深化"放管服"改革

按照国家"放管服"工作要求，海运业进一步理清执法边界，取消或下放审批事项，减少企业费税负担，简化政务办理手续，缩短各类证件的办理时限，减少对市场的干预，激发了市场活力。

---

❶ 自2016年1月1日起，有条件的港口可以实施船舶靠岸停泊期间使用硫含量≤0.5%(质量百分比，下同)的燃油等高于现行排放控制要求的措施；自2017年1月1日起，核心港口区域的船舶在靠岸停泊期间应使用硫含量≤0.5%的燃油；自2018年1月1日起，船舶在排放控制区内所有港口靠岸停泊期间都要使用硫含量≤0.5%的燃油；自2019年1月1日起，船舶进入排放控制区后，必须使用硫含量≤0.5%的燃油。在排放控制区作业的船舶可采取连接岸电、使用清洁能源、尾气后处理等与排放控制要求等效的替代措施。2019年12月31日前，我国将在评估船舶排放控制区实施效果的基础上，进一步确定更为严格的控制措施，包括船舶进入排放控制区使用硫含量≤0.1%的燃油和扩大排放控制区地理范围等。

❷ 2020年底前，实现全国主要港口和船舶排放控制区内港口50%以上已建的集装箱、客滚、邮轮、3 000吨级以上客运和5万吨级以上干散货专业化泊位具备向船舶供应岸电的能力。基于《船舶与港口污染防治专项行动实施方案(2015—2020年)》(交水发〔2015〕133号)设定的推广港船舶使用岸电要求，经财政部和交通运输部报请国务院同意，安排车辆购置税资金以奖励方式支持加快港口岸电设备设施建设和船舶受电设施设备改造，共奖励港航企业200多个岸电项目，累计利用奖励资金7.43亿元。截至2018年底，我国已经建成2 400余套码头岸电供电设备设施，为切实减少靠港船舶排放奠定了基础。

(1)规范水运建设市场。推进现代工程管理,完善招投标等建设市场管理机制,建立健全职业资格制度,加强基本建设程序监督、市场监管抽查和信用管理,规范从业行为。

(2)完善水路运输市场管理。深化市场准入管理及市场监管,取消国际船舶代理业务、国际船舶运输经营者之间兼并收购、外商与中方打捞人合作打捞、经营国际船舶管理业务许可(中资)、无船承运业务、国际集装箱船与普通货船运输业务、从事内地与港澳间集装箱船、国际船舶保安证书核发、港口设施保安证书核发和外商投资国际海运业等审批,下放省际普通货物水路运输许可、水运工程监理乙级企业资质认定、国家重点水运建设项目竣工验收、经营港口理货业务许可。完善市场准入与退出制度和价格形成机制,推进竞争性领域环节价格改革,2015年开始执行交通运输部、国家发展改革委联合下发的《关于放开港口竞争性服务收费有关问题的通知》(交水发〔2014〕253号),明确港口劳务性收费和船舶供应服务收费均由政府指导价、政府定价统一改为市场调节❶。

(3)海事推进"放管服"改革。截至2018年6月,海事取消42项行政许可事项中的25项,减少申请材料43项,优化申请材料21项,并对79项申请材料裁量基准进行了进一步的修订,特别是取消了包括船舶证明签证费在内的16项海事收费项目。2014年,《国内航行海船电子签证办法》(海船舶〔2013〕855号)正式生效,国内海船开始实施电子签证。2016年11月,为便利船舶进出港口,依据《海上交通安全法》的修改决议,取消航行船舶进出港签证,国内航行船舶全面实施进出港报告制度。推行海事诚信管理,制定《海事信用信息管理办法》(海政法〔2017〕202号),推进"一处不守信,处处受影响"的辐射放大效应,增强了海事监管的强制力。推行海事"双随机、一公开",做好行政审批取消事项的后续监管工作,推进现场监管配套制度创新,实现了事前监管向事中、事后监管的平稳过渡。

---

❶劳务性收费主要涉及集装箱、外贸散杂货装卸作业及国际客运码头作业等方面;船舶供应服务收费主要涉及供水、供油、供电服务费,垃圾接收处理服务费,污油水接收处理服务费等。

三、推动海运全球化发展,积极参与国际海运治理

经过加入WTO十余年的发展积累,依托综合国力提升、"一带一路"倡议和国家资本、产业"走出去"宏观战略机遇,推动海运要素国际化布局、全面提升全球网络化服务水平。我国作为负责任的海运大国,切实履行国际公约,为构建安全、便捷、高效的海运通道贡献"中国力量",为世界海运绿色发展、智能发展贡献"中国方案"。

1. 海运"走出去"与全球化布局

(1)"走出去"战略和"一带一路"倡议为海运"走出去"形成巨大需求

随着经济、技术实力提升,"走出去"战略的实施和加入WTO,在良好国际投资贸易环境下,我国对外投资迅猛增长(图1-2、图1-3),到2018年底存量累计接近2万亿美元。对外投资流量与利用外资之比由2002年的1∶20.4上升到2018年的1∶0.94,实现了以利用外资为主向利用外资与对外投资并重的转变,对外投资流量和存量均进入世界前3位。我国产业特别是资源和制造业等"走出去"发展,对全球运输网络提出了更高要求,使海运需求由以中国为核心的放射型需求向全球网络化需求转变。

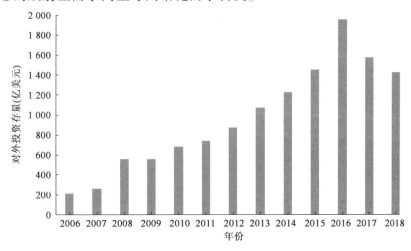

图1-2 我国对外投资流量

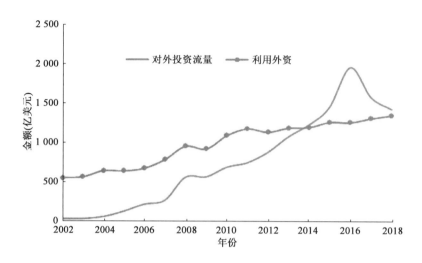

图 1-3　我国利用外资和对外投资

(2)海运业全面"走出去"发展

海运业具有显著的全球化特征,只有在全球范围配置资本、运输装备、网点和人力资源,才能最大限度实现服务水平和成本的平衡,我国海运业大规模"走出去"是海运对外开放和要素实力提高到一个新水平的重要标志。从海外网点数量、长期外派人员数量、外籍员工数量、海外资产比重和第三国业务比重等指标看,海运业是我国最早"走出去"发展和海外网点最密集的行业,形成了庞大的海外投资存量❶,其中 2017 年末对外直接投资存量排序我国非金融类跨国公司 100 强中,招商局集团有限公司(简称招商局集团)、中国远洋海运集团有限公司(简称中远海运集团)、中国交通建设集团有限公司(简称中交建集团)、上海国际港务(集团)股份有限公司(简称上港集团)和中国国际海运集装箱(集团)股份有限公司分别列第 6 位、第 13 位、第 20 位、第 45 位和第 46 位❷。中国标准、规范不断走向海外,实现技术输出和经济效益双赢,企业持续开拓境外港口、航运物流、船舶检验、船员外派和沉船打捞等市

---

❶ 源自国家统计局网站。截至 2018 年底,交通运输、仓储和邮政业对外直接投资 51.6 亿美元,累计存量 665 亿美元。
❷ 源自商务部网站,《2017 年度中国对外直接投资统计公报》。

场,"走出去"成效持续显现。

(3) 形成一批具有国际影响力、全球网络化发展的企业

在基础设施建设和装备制造上,形成了以中交建集团为代表的一批具有国际影响力的企业,港口集装箱机械市场占有率连续十多年位居世界第一;在船队经营商方面,形成了以中远海运集团(综合运力规模、干散货船队规模、液体散货船队规模、杂货特种船队规模均居世界首位,集装箱班轮规模居世界第3位)为代表的一批具有国际影响力和竞争力的企业;在码头经营商方面,形成了以名义集装箱吞吐量超亿标准箱的中远海运港口和招商局港口为代表的全球码头运营商,以上港集团为代表的一批国际和区域码头运营商;CCS 服务网络遍布主要港口 114 个网点,入级船舶吨位达到 1.21 亿总吨,列世界第 5 位;外派海员规模维持在 14 万人次/年,居全球第 2 位。

2. 积极参与国际海运治理,国际影响力不断提高

(1) 在国际海运相关组织中积极发挥作用

截至 2019 年 11 月 29 日,我国已连续 16 次当选国际海事组织(IMO)A 类理事国,在 IMO 秘书处工作的中国籍人员一共 8 人,担任 IMO 分委会主席 1 人,2015 年交通运输部原副部长徐祖远当选首届国际海事组织(IMO)海事大使,2016 年交通运输部国际合作司张晓杰当选 IMO 理事会副主席,在 IMO 年提案达到 50 份,进入世界前列。

我国积极参与 WTO、IMO、APEC、ESCAP、东北亚港湾局长会议、中国—东盟交通合作机制等与海运相关的国际合作组织活动,在诸多国际事务中发挥了重要作用。APSN 在亚太地区港口合作与交流、港口安全发展与绿色发展中的作用日益显现,2016 年正式启动亚太绿色港口奖励计划(GPAS 项目),积极推动了亚太港口的绿色可持续发展,受到 APEC 交通运输部长级会议的高度评价,表明这一地区性国际合作组织得到了亚太经济体的高度认可,国际化程度和影响力与日俱增。

(2) 全面推进《MLC 2006》(《海事劳动公约(2006 年)》)履约工作

2018 年英国认可我国签发的海船船员健康证明与英国签发的海员健康

证书(ENG 1)等效。我国与 25 个国家(地区)签署互相承认或单方承认中国海员适任证书协议,连续多年保持 STCW(《海员培训、发证和值班标准国际公约》)履约"白名单"国家地位。

(3)为维护国际海运安全贡献"中国力量"

为切实履行国际义务、保障海运安全,我国不断加大海事搜寻和救助装备投入,2015 年起在南沙华阳、赤瓜、永暑、渚碧、美济等岛礁建设了灯塔设施,在西沙海域建成晋卿岛、羚羊礁、南沙洲、北礁东等 4 座灯桩,在永兴岛、东岛、琛航岛、中建岛设置了 4 座船舶自动识别系统基站,在永兴岛已建成海洋气象广播电台,实现对相关重点海域海上安全信号的覆盖,全天候、不间断地为海上生产作业、船舶航行、减灾救灾等提供良好的导航和助航服务。在保障国内海事安全、救助的同时,参与国际海事救援、保障海运安全活动显著增加。针对船舶大型化发展,积极评估 40 万吨船舶安全靠港,推进我国四港七泊位接卸 40 万吨散货船。

(4)积极维护市场公平竞争环境

为鼓励竞争、反对垄断行为,中国商务部依法否决航运巨头马士基集团、地中海航运公司和达飞海运集团结成"P3 联盟"。加强海运市场事中事后监管,严格查处违法违规行为,仅 2014 年以来,就对 60 家违规国际集装箱班轮公司进行了行政处罚。2017 年国家发展改革委会同交通运输部对国内沿海主要港口进行了反垄断调查,推动各港口迅速对港口装卸价格进行了调整。

(5)为世界海运智能发展、绿色发展贡献"中国方案"

2014 年在 IMO 海上安全委员会第 93 届会议上,我国制定的"船载北斗卫星导航系统接收机设备性能标准"正式通过,标志着北斗卫星导航系统获得国际认可。积极推动北斗报文服务系统加入全球海上遇险及安全系统,与马来西亚、泰国等开展了基于北斗的海上搜救示范工程的合作,北斗船载终端也将纳入欧洲相关国家船级社设备推荐名录,将为全球海运船舶导航、海运安全发展贡献"中国方案"。全面推动排放控制区建设,有序提升排放控制标准,通过港口岸电、清洁能源利用等一系列措施,向世界展示中国绿色发展方案。针对以互联网、人工智能、大数据和云计算为代表的新一轮技术变革及其与金融的融合,我国全面推动港航智能化发展,构筑海运发展新生态。上海港洋山深水港四期和青岛前湾全自动化码头、一系列老码头自动化改造,极大提升了码头智能化运营水平;黄骅港神华煤炭装船码头自动化改造、绿色化和资源循环利用等,为世界港口智能发展、绿色发展贡献了"中国方案"。

四、海运强国建设战略部署

进入21世纪,海运业抓住海运市场一轮空前繁荣的历史机遇,战略框架阶段(2005—2010年)在规模化发展和结构优化上取得巨大成就,2011—2020年是形成海运强国实力的时期,发展环境也发生了巨大变化。

为更好保障国家安全、服务国民经济和社会发展,2014年国务院发布《关于促进海运业健康发展的若干意见》(国发〔2014〕32号),明确从优化海运船队结构、完善全球海运网络、促进海运企业转型升级、大力发展现代航运服务业、深化海运业改革开放、提升海运业国际竞争力、推进安全绿色发展7个方面全面推进海运强国建设。2019年中共中央、国务院印发《交通强国建设纲要》,明确提出构建安全、便捷、高效、绿色、经济的现代化综合交通体系,打造一流设施、一流技术、一流管理、一流服务,建成人民满意、保障有力、世界前列的交通强国;从基础设施布局完善、立体互联,交通装备先进适用、完备可控,运输服务便捷舒适、经济高效,科技创新富有活力、智慧引领,安全保障完善可靠、反应快速,绿色发展节约集约、低碳环保,开放合作面向全球、互利共赢,人才队伍精良专业、创新奉献,完善治理体系、提升治理能力9个方面推进交通强国建设。

推进海运强国建设的重要举措如下:

(1)提升海上运输保障能力,推进海运高质量发展

随着我国海运船队的发展,以大型化、专业化为标志的结构调整持续推进。2010年后,结合海运市场新一轮漫长调整和地缘政治格局变化,进一步

提升进口资源运输保障能力,加大船舶更新和结构调整力度,特别是结合安全发展、绿色发展,交通运输部、财政部、国家发展改革委、工业和信息化部联合发布《老旧运输船舶和单壳油轮提前报废更新实施方案》(交水发〔2013〕729号),财政部、交通运输部、国家发展改革委、工业和信息化部联合发布《老旧运输船舶和单壳油轮报废更新中央财政补助专项资金管理办法》(财建〔2014〕24号),有效推动液体散货、干散货和集装箱三大专业化船队及总规模均跃居世界第2位,保障能力有效提升,实现了平均船龄比世界平均水平低2.9年、平均吨位比世界平均水平高11%的突破性转变。

落实"一带一路"倡议,以全球承运人、全球码头运营商等为抓手推进海运业"走出去"和网络化发展,积极利用北极东北航道,中远海运集团"永盛轮"于2013年成功首航北极东北航道,开辟了我国往返欧洲的新航线,推动了商业化利用北极东北航道和"冰上丝绸之路"的发展。

站在新的发展起点,为深入贯彻落实《交通强国建设纲要》,2020年2月交通运输部、国家发展改革委、工业和信息化部、财政部、商务部、海关总署和税务总局联合发布《关于大力推进海运业高质量发展的指导意见》(交水发〔2020〕18号),从装备先进适用、运输便捷高效,市场充满活力、服务功能完备,绿色低碳发展、智慧创新引领,安全保障可靠、应急迅速有效,开放创新发展、合作互利共赢,治理体系更加完善、治理能力显著提升6个方面,推动海运高质量发展。

(2)有序推进世界一流的智慧港口和绿色港口建设

为适应港口由吞吐量高速增长向服务高质量转变,交通运输部2011年发布《关于促进沿海港口健康持续发展的意见》(交规划发〔2011〕643号)、2014年发布《关于推进港口转型升级的指导意见》(交水发〔2014〕112号),对港口加快转型升级、提升质量效益和服务水平提出了具体任务和措施,沿海港口建设投资由持续高速增长逐步转向维持供需关系平衡、调整供给结构转变,吞吐能力适应性保持在适度超前水平,持续加大智能化、绿色化和高质化投资,大力发展多式联运❶,提升港口发展质量。2016年组织开展《全国沿海港口布局规划》修订工作,谋划新时代现代化港口体系的目标与路径。

2019年11月,交通运输部、国家发改委、财政部、自然资源部、生态环境部、应急管理部、海关总署、市场监督管理总局、中国国家铁路集团有限公司等9部门联合印发《关于建设世界一流港口的指导意见》(交水发〔2019〕141号),从着力提升港口综合服务能力,加快绿色港口、智慧港口和平安港口建设,加快推进开放融合发展和推进港口治理体系现代化等方面,着力把港口建设好、管理好、发展好,打造一流设施、一流技术、一流管理、一流服务,以枢纽港为重点,建设安全便捷、智慧绿色、经济高效、支撑有力、世界先进的世界一流港口,更好地服务人民群众、服务国家重大战略,为社会主义现代化强国建设提供重要支撑。

(3)推进海运集群发展,提升国际影响力和资源利用效率

①推动海运企业战略重组,加快形成世界一流国际海运企业。2015年底,国务院批准中国远洋运输(集团)总公司和中国海运(集团)总公司战略重组为中国远洋海运集团有限公司(简称中远海运集团),中国外运长航集团有限公司整体并入招商局集团有限公司,成为我国海运业代表性核心企业。中远海运集团经营船队总规模居全球首位,船队门类齐全、结构优化。招商局集团有限公司船队规模居全球前列,超大型矿砂船队、超大型原油船队规模领先。

②推动沿海港口资源整合和区域一体化发展,提升资源利用效率。在总结前一阶段港口资源整合经验基础上,2014年后调动政府和企业积极性,发挥政府作用,有效整合港口行政资源和自然资源,主要发挥招商局港口、中远海运港口和区域大型码头运营商优势重组经营资源,加速形成多个港口集群,各港口群内部分工、协同进一步增强,港口群之间既互相竞争也互相合作,港

---

❶2015年启动了新一轮多式联运战略推进,发布的文件主要有《物流业发展中长期规划(2014—2020年)》《"十三五"货运枢纽(物流园区)建设方案》《"十三五"港口集疏运系统建设方案》《"十三五"铁路集装箱多式联运发展规划》《关于进一步鼓励开展多式联运工作的通知》等,推动主要港口疏港公路和铁路集装箱中心站、六条集装箱铁水联运示范通道和200个甩挂运输试点项目,打通进港"最后一公里"。

口生产效率、规模继续保持领先地位,智能化发展、绿色发展快速推进。

(4)全面推进上海国际航运中心建设,提升支持保障能力

以洋山深水港建设、长江口深水航道整治和集装箱吞吐量跃居世界首位为标志,上海国际航运中心实现了船舶流集聚规模居世界前列的目标。依托上海市地理位置独特优势、上海金融业快速发展和城市综合优势,抓住港航新一轮调整机遇,2016年上海市人大常委会召开第三十次会议,审议通过《上海市推进国际航运中心建设条例》,有效推进上海国际航运资金流快速集聚,实现国际航运信息流"虹吸效应"的突破。为保障国家利益和海上人命、环境、财产安全,促进海运与造船技术进步,提高技术标准国际话语权,持续为海运发展提供所需人才,2016年、2017年和2019年交通运输部相继发布《关于建设国际一流中国船级社的意见》(交人教发〔2016〕242号)、《关于推进大连海事大学建设世界一流海事大学的实施意见》(交人教发〔2017〕77号)和《关于推进现代化专业救捞体系建设的意见》,全面推进支持保障体系建设。

第二章
海运业历史性转变的科技动力

1978年3月18日,全国科学大会召开,科学的春天降临祖国大地。1995年5月《中共中央国务院关于加速科学技术进步的决定》(中发〔1995〕8号)明确提出实施科教兴国战略,2003年全国人才工作会议明确提出实施人才强国战略,并相继制定国家科技规划,极大提升了科技实力,为我国综合国力的提升提供了重要支撑。2012年党的十八大明确提出实施创新驱动发展战略,"创新是引领发展的第一动力"标志着我国科技进入从量的积累向质的飞跃、从点的突破向系统能力提升的转变,即将跨入创新型国家行列。随着科技体制改革进一步深化和经济实力的提高,国际交流不断深入,科技体系建设逐步完善,研发投入迅速上升至世界第2位;同时国内庞大市场规模化应用,成为推动我国科技步入快速发展轨道的重要动力,创新活力竞相迸发,重大成果不断涌现。

改革开放40多年来,海运业全面与国际技术交流、合作,引进发达国家先进装备及技术与管理理念;全面落实国家科技体制改革,不断强化知识产权保护,激励企业持续完善创新机制,依靠技术进步提高市场竞争力;伴随着海运业实力的提升,科技创新投入不断加大;遥居世界首位的需求市场,为创新提供了广泛的市场应用基础,特别是规模化需求以及发展中面临的特殊难题,倒逼着科技的发展。我国科技实力全面提升和新一轮以大数据、云计算、人工智能、区块链技术为代表的智能化浪潮,见证并推动着海运业科技进步由经历了全面追赶、引进消化吸收再创新向整体追赶与优势领域超越并重的转变,在港口建造、航道治理、港机制造、大型工程船等领域实现了全球技术领先,提升了海运业安全、便捷、绿色、高效和经济发展的水平,使我国成为世界重要的海运大国。

第一节 科技发展背景

20世纪70年代,正值新一代信息技术蓬勃发展并且在各行各业加速应用。全国科学大会召开,"科教兴国"和"人才强国"战略提升了各行业的现代化水平,培养了大批高素质劳动者。依托广泛国际交流,通过引进、消化、再创新迅速追赶国外先进技术。同时,国内快速增长的海运需求与"863"计划、"973"计划研发投入以及行业主管部门、企业、大学和科研院所的研发投入相结合,推动我国水运行业技术水平得到显著提升,与世界先进水平的差距不断缩小,取得了一批国际领先的水运行业科技成果。

一、新一轮技术变革——信息技术迅猛发展

第二次世界大战后,世界总体形成以美国和苏联为代表的资本主义和社会主义两大阵营。一方面,西方发达国家迅速开展了战后重建和工业化革命,科学技术发展水平不断提升。另一方面,美国和苏联两个超级大国的军备竞赛也催生了在军事、航空航天等领域的众多科技成果诞生。比如手机所采用的无线通信技术最早就源于美国"阿波罗计划"中宇航员之间的通信技术。

到20世纪70年代,部分科技成果具备了民用的基础。

人类探索和改造大自然的过程始终伴随着科学技术的发展,从远古时代、农耕时代到工业化时代,人类对科学技术的认知和掌握水平持续提升。18世纪,瓦特改良蒸汽机掀起了第一次工业革命,以蒸汽机为标志,实现了大规模生产;19世纪末,随着人类能够利用电力,第二次工业革命为电气革命,实现了电气化生产;第三次工业革命伴随原子能、计算机的应用,实现了标准化和自动化生产;第四次工业革命体现为应用大数据、云计算、物联网、人工智能、区块链等信息技术,结合基因测序、纳米技术、可再生能源和量子计算机等较为尖端技术等的发展,进一步实现智能化和互联化,信息网络成为重要的基础设施,大数据成为全球重要的战略资源,云计算是处理大数据的有力武器,人工智能的广泛应用和物联网实现了万物智能互联,这些技术部分实现了信息技术和物理世界的融合,并将继续深刻改变全球的经济、生活、政治、文化形态。航运业和其他行业同样经历着加速到来的智能化浪潮。

1. 信息技术广泛应用

20世纪70年代,在"冷战"时期美国和苏联在军事领域研发的一些技术逐渐渗透到民用领域,信息技术得到较快发展,形成了一些新的广泛应用的设备。

(1)软盘

软盘最大的突破在于实现了将数据写进外部磁盘,便利了数据的传输。20世纪70年代初,IBM开始销售民间应用的软盘,开始仅能容纳70~100kB,在70年代后期软盘容量不断提升,80—90年代是软盘应用的黄金年代(当前软盘已经基本退出历史舞台),其价格继续下降,加快了计算机普及的进程。

(2)便携式盒式播放器

20世纪60年代,荷兰一家电子公司发明了盒式磁带,能够播放已录制内容或者向磁带中录制内容。随着技术的进步,磁带播放的降噪和立体声效果都持续增强。1979年,日本索尼公司开发出了"Walkman"(随身听),轻便易携、音质良好,同时可以通过耳机播放,成为风靡全球的音乐播放器,彻底改变了人们听音乐的方式。

(3) 个人计算机

1976年,史蒂夫·沃兹尼亚克开发出Apple Ⅰ,并与史蒂夫·乔布斯共同成立了苹果公司。Apple Ⅱ则引入了彩色图形界面,因此受到了高度欢迎。当然,当时的个人计算机操作系统应用性较差,直到20世纪80年代微软公司开发的Windows软件搭载在IBM的个人计算机上,才使得个人计算机的可用性得到进一步提升。个人计算机的应用彻底改变了人们工作、学习和娱乐的方式。"摩尔定律"❶的存在,为电子计算机以及后续移动互联等发展奠定了基础。

(4) 手机

摩托罗拉公司利用美国阿波罗登月计划中的宇航员无线通信技术,创造性地将电话号码与个人进行绑定(而不是一个地址)。1973年,摩托罗拉的工程师首次利用原型机进行了通话,1983年DynaTAC 8000X首次进入了美国的消费市场,尽管最初的手机十分笨重且不便使用,但仍旧具有跨时代的意义。

(5) 录像机

20世纪70年代,日本公司生产的录像机价格合理且性能可靠,从而得到普及。尽管电影协会强烈抗议,但消费者租借电影录像带广为流行,形成了几家市场份额较大的录像带租借公司,并推动了DVD(数字多功能光盘)技术的进步,在2000年后DVD成为家庭观看影片的主要形式。

2. 互联网技术的发展

1962年,美国麻省理工学院创造出了局域网;美国国防部高级研究计划署(Advanced Research Projects Agency, ARPA)资助了相关研究,并形成了最早的ARPA网络。当时的互联网仅局限于很小范围,计算机也不能移动,但计算机仍然得到了迅速发展。截至1992年,全球共有100万台计算机通过互联网相连。

20世纪90年代,在比尔·克林顿总统任期内,美国大力鼓励发展"信息高速公路"产业,诞生了大量的互联网公司。诸如雅虎等门户网站、谷歌等搜

---

❶ 由戈登·摩尔提出,每18～24个月,集成电路上的元器件数目会增加1倍,即电脑的性能会提升1倍,同等性能的电脑相当于价格减半。

索引擎、ebay 与 Amazon 等电子商务相关网站不断涌现,互联网公司成为美国股市上涨最为强劲的板块,吸引了大量投资者,直到 2001 年美国"9·11"事件后,美国股市暴跌,互联网泡沫退潮,大量互联网企业破产。但美国的居民开始通过台式计算机广泛地接入互联网,改变了原有的工作和生活方式。

3. 大数据、云计算、物联网、区块链和人工智能等成为各行业发展的新动力

新一代信息技术的应用进入加速期,已经深刻地改变了人们的生活、生产形态。以苹果公司生产的 iPhone 手机为代表的智能手机成为便携式计算机,3G(第三代移动通信技术)、4G(第四代移动通信技术)的支持使得智能手机上可以安装和应用各种功能的应用程序,真正实现了移动互联。基于机器学习推动人工智能技术的快速发展,2016 年谷歌公司的子公司打造的人工智能 Alphago(阿尔法围棋)打败了世界高水平的围棋选手李世石,人工智能技术应用更加普遍。

伴随着海量数据的诞生和存储、处理、应用数据能力的提升,人类产生、存储和处理数据的能力飞速提升,形成了真正的大数据,数据成为重要战略资源。对海量数据处理的云计算技术、边缘计算技术推动了能够实现万物互联的物联网应用,模糊了产业的边界。人工智能在大数据、云计算和物联网的基础上实现了在人类各行各业进一步的深度参与。

区块链技术是一种去中心化的、分布式记账技术,具有不可篡改、不可伪造的优点。应用区块链技术进行的交易全网低成本同步公开,账单交易信息被打包成一个个区块,再把这个区块链接到此前的交易记录,形成区块链。区块链技术的核心价值在于能够低成本建立信任机制,从而对国际贸易、物流、金融、供应链管理等方面带来深入影响。2019 年 10 月 24 日,中共中央政治局就区块链技术发展现状和趋势进行第十八次集体学习。依托我国国有企业经营网络、新一代信息技术的发展基础及央行数字货币的加快推广,未来区块链技术在交通港航领域的应用将更加广泛而深入。

此外,虚拟现实技术进一步消弭现实距离,实现远程培训、医疗、娱乐。5G(第五代移动通信技术)的应用使得物联网的发展更具有可操作性。增材技术(3D打印)能够实现个性化制造、满足备件应用需求,给全球制造业发展带来影响。

美国前沿技术领域见表2-1。

美国前沿技术领域　　　　表2-1

白宫科技政策办公室	国防部高级研究计划署	战略与国际研究中心	麦肯锡研究院	兰德公司	麻省理工学院
先进制造	太空机器人	量子计算机	移动互联网	太阳能利用	免疫工程
精确医疗	自主人工智能	人工智能	知识工作自动化	乡村无线通信	精确编辑植物基因
大脑计划	地外生命	增材技术	物联网	信息访问全覆盖	语音接口
先进汽车	神经科学	合成生物技术	云计算	转基因农作物	可回收火箭
智慧城市	航天	机器人智能技术	先进机器人	快速生物测定	知识分享机器人
节能技术	医疗与健康	纳米材料	自动驾驶汽车	水净化	DNA(脱氧核糖核酸)应用商店
教育技术	材料与机器人		下一代基因组学	靶向给药	SolarCity超级工厂
太空探索	网络与大数据		储能技术	绿色制药业	Slack通信软件
计算机领域			增材技术	射频识别(RFID)覆盖	特斯拉自动驾驶仪

注:数据来源于中国科学院《创新研究报告》。

二、中国科技实力迅速提升

1. 解放思想,科学技术是第一生产力

在改革开放前夕,老一辈国家领导人出国考察,深刻认识到我国在科学技术方面与世界先进水平的差距。1977年9月中共中央发出《关于召开全国科学大会的通知》,要求落实党的知识分子政策,迅速恢复被撤掉的科研机构,恢复科研人员的技术职称,建立考核制度,实行技术岗位责任制。11—12月,全国约570万人参加了由各省、自治区、直辖市分别组织的统一考试,27.3万人被录取。1978年3月全国科学大会顺利召开,指出为社会主义服务的脑力劳动者是劳动者的一部分,奖励了7 657项科技成果,在全国范围内统一了思想。会议上宣读了由郭沫若撰写的《科学的春天》,我国科学研究探索事业随后也迎来了新的春天。在改革开放过程中,我国始终高度重视通过技术发展提高劳动者的素质和效率,因此科技进步对于提升全要素生产率起到了重要作用。

2. 国家科技战略与规划

20世纪80年代,世界主要发达国家先后提出一些中长期科技发展计划。我国在《高技术研究发展计划("863"计划)纲要》中明确了中国要加大在高新技术领域的投入,主要以信息技术、生物和医药技术、新材料技术、先进制造技术、先进能源技术、资源环境技术、航天航空技术、先进防御技术、海洋技术、现代农业技术、现代交通技术、地球观测与导航技术等高技术领域作为发展重点,通过中央政府拨款资助科技研发,应用先进技术提升生产效率和促进社会进步。

为实施"科教兴国"战略,我国对原始性、自主性科学创新的重视程度进一步提升,1997年3月印发了《国家重点基础研究发展计划》("973"计划)。与"863"计划侧重于具体技术的研究不同,"973"计划以前沿性、基础性科学为研究,重点研发方向包括农业、能源、信息、资源环境、健康、材料、制造与工程、综合交叉科学和重大科学前沿领域,国家累计投入超310亿元。围绕这些重点领域,形成了一批基础性科学研究成果。

2006年我国发布《国家中长期科学和技术发展规划纲要(2006—2020年)》,对自主创新发挥的作用更趋重视。2016年,我国发布《国家创新驱动发展战略纲要》,希望以创新驱动打造发展新引擎,培育新的经济增长点,提出"三步走"目标,到2020年我国要进入创新型国家行列,2030年跻身创新型国家前列,2050年建成世界科技创新强国,2020年和2030年的研发经费占GDP比重分别达到2.5%和2.8%。2017年起,国家把原"863""973"等100多种科技计划整合成国家自然科学基金、国家科技重大专项、国家重点研发计划、技术创新引导专项(基金)、基地和人才专项五大类,以国家重点研发计划的形式解决国家发展的重大科技难题。

3. 研发投入持续增长

科技整体能力持续提升,科研布局总体完善,我国已跻身具有重要影响力的世界科技大国行列。我国研发经费总体保持持续增长,到2018年已经突破2万亿元,占GDP的比重也从1978年的1.46%上升至2018年末的2.19%。

其中1978年至20世纪90年代末研发经费占GDP比例总体下滑,科技对经济增长的贡献未完全体现。2000年后,研发经费占GDP比重持续攀升,经济增长依靠技术进步驱动的趋势更加明显(图2-1)。

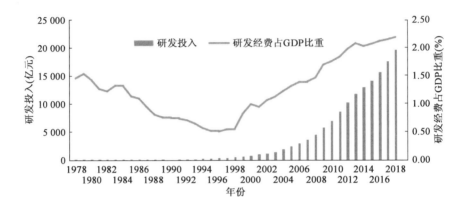

图 2-1 我国研发投入与占 GDP 比重

2017年,我国研发经费按照购买力平价计算,达到3720亿美元,规模居世界第二,投入强度为2.1%,在发展中国家中排名第一。美国研发经费总投入为4760亿美元,位列世界第一,研发强度均高于中国。此外,日本、德国、韩国和法国的研发强度均高于中国。依托完整的产业链,我国研发经费投入的主体是企业。2017年世界典型国家研发经费及研发强度排名见表2-2。

2017 年世界典型国家研发经费及研发强度排名　　　　表 2-2

排名	国　家	研发经费(10亿美元)	研发强度(%,研发经费/GDP)
1	美国	476	2.79
2	中国	372	2.13
3	日本	170	3.21
4	德国	110	2.90
5	韩国	73	4.31
6	法国	61	2.19
7	印度	48	0.60
8	英国	44	1.66
9	巴西	42	1.26
10	俄罗斯	40	1.11

注:数据来源于联合国教科文组织、世界银行。

经过持续的科研投入,2019 年发布的全球创新指数中,我国排名上升至全球第 14 位,在中高收入经济体中排名首位,专利数量占世界总量的 44%。

4. 国家人才队伍建设

2003 年,中共中央、国务院作出《关于进一步加强人才工作的决定》,在全国人才工作会议上强调要使我国从人口大国转化为人才资源强国,"人才强国"战略正式实施。2010 年,《国家中长期科技人才发展规划(2010—2020 年)》发布,提出到 2020 年我国 R&D(科学研究与试验发展)人员总量达到 380 万人年,每万劳动力中 R&D 人员和 R&D 研究人员达到 43 人年和 23 人年的目标。截至 2016 年,我国 R&D 人员共有 387.8 万人年,每万名就业人员中 R&D 人员达到 50 人年,已经提前完成了规划中到 2020 年的目标。我国"人口红利"正在向"工程师红利"转变,全国人口受教育水平持续提升。

水运领域人才培养

从水运领域来看,交通运输部高度重视人才培养,建立了全日制教育和继续教育"两个系列",高等教育和职业教育"两个层次",为我国海运业培养了大量人才。当前开设港口、航运、船员培训相关专业的大中专院校包括大连海事大学、上海海事大学、武汉理工大学、集美大学、重庆交通大学、宁波大学、浙江海洋大学、广东海洋大学、青岛远洋船员学院和天津船员学院等。其中大连海事大学跻身全国"211"院校和"双一流"院校,也面向"一带一路"沿线国家和地区开展了船员培训、管理人员培养等项目。水运领域的行业重点实验室、国家重点实验室和国家工程研究中心等共有 26 个。以大连海事大学为例,拥有 33 个省部级及以上研究中心、科技合作基地和科技基地,培养了十万余名专业人才。

我国重大科技成果突破

当前我国科技创新水平加速迈向国际第一方阵。我国高技术制造业、新兴产业、建筑业和服务业等领域科技能力持续增强,重大产品、重大技术装备和重大科学设备的自主开发能力以及系统成套水平明显提高,有力地支撑了三峡工程、青藏铁路、西气东输、南水北调、奥运会、世博会等重大工程建设和举国盛事,"中国制造"走遍世界。科技在解决"三农"问题、提供专业服务、促进社会发展和对外交往方面发挥了先导作用,在应对和处置传染病疫情、地质灾害、环境污染、国防安全等重大问题方面发挥了重要的支撑保障作用。

我国在量子科学、铁基超导、暗物质粒子探测卫星、化学诱导的多潜能干细胞(CIPS 干细胞)等基础研究领域取得重大突破。屠呦呦研究员获得诺贝尔生理学或医学奖,王贻芳研究员获得基础物理学突破奖,潘建伟团队的多自由度量子隐形传态研究位列 2015 年度国际物理学十大突破榜首。

我国科技创新正在由跟跑为主转向更多领域并跑、领跑。航空航天领域以神舟飞船和天宫空间实验室为代表,北斗导航卫星全球组网,"蛟龙"号载人潜水器、"海斗"号无人潜水器深海探测创造世界纪录,国产大飞机、高速铁路、三代核电、新能源汽车取得重大突破。新建中国散裂中子源、500 米口径球面射电望远镜(FAST)"天眼"、"科学"号海洋科考船、JF12 激波风洞等一批重大科技基础设施,建立国家重点实验室和国家技术创新中心,规范管理国家科技资源共享服务平台。截至 2018 年底,正在运行的国家重点实验室达 501 个,已累计建设国家工程研究中心 132 个,国家工程实验室 217 个。

中国与美国科技发展的差距——投入方面

麦肯锡《中国创新的全球效应》报告中,表明有四种创新,即科学创新、工程技术创新、客户中心创新和效率驱动创新,指出中国创新对于本国和全球发展都起到了积极推动作用,其中在科学创新方面原创性成果不足,在工程技术创新、客户中心创新和效率驱动创新方面表现更好。美国信息技术与创新基金会发布的《中国在创新方面是否要赶上美国》报告,分析了2007—2017年中国和美国在科技创新方面的36个指标,部分关键指标差距大致缩小为原先的2/3(以2007年和2017年美国表现为100%,分别计算中国的表现,可见差距总体缩小)。认为中国通过技术引进、改进和创新正在不断缩小与美国科技发展的差距,在高技术行业中国与发达国家之间差距正在不断缩小,如果任由该趋势发展,发达国家的平均工资水平将降低,同时国防和国家安全方面的优势也会减弱。

从科技研发投入来看,中国研发强度与美国差距正在缩小,但在基础研究投入领域差距仍然显著。得益于创新型企业的发展,我国研发投入的顶级公司数量已经达到美国的1/2,企业研发投入比例仅为美国的1/4。风险投资规模已经达到美国的一半,但研究人员数量仍然与美国差距明显。从人才培养来看,中国人均学士学位授予量为美国的42%,但在计算机科学与工程领域已经超过美国。从自然科学与数学研究等基础研究和博士培养以及研究型大学的质量和排名来看,与美国的差距仍然十分明显。

中国与美国科技发展在投入指标中的差距见表2-3。

中国与美国科技发展在投入指标中的差距　　　　表2-3

二级指标	三级指标	2007年	2017年
研发	研发强度	52%	76%
研发	基础研究	13%	26%
研发	政府研发所占比例	84%	119%
研发	商业研发比例	53%	81%
研发	大学研发比例	34%	42%
研发	研发投入的顶级企业——顶级公司数量	2%	56%
研发	研发投入的顶级企业——企业研发比例	1%	26%
研发	风险投资规模（2006年和2016年）	2%	50%
研发	研究人员数量	21%	24%
大学绩效	人均学士学位授予量（2004年和2014年）	19%	42%
大学绩效	人均计算机科学与工程学位授予量（2004年和2014年）	66%	146%
大学绩效	人均自然科学与数学学位授予量（2004年和2014年）	29%	34%
大学绩效	人均博士学位授予量（2004年和2014年）	11%	17%
大学绩效	研究型大学的质量与数量（排名前500大学）	9.50%	28%

中国与美国在科技产出方面的差距

科技产出比较包括论文和专利。

中国科学论文发表数量已经超过美国，但从人均论文发表数量来看，在生物学、医学和自然科学领域与美国都有很大差距。论文的质量在持续提升，顶级论文的数量已经超过美国的一半。

取得专利的比较采用了美国专利局授予的专利数据，中国在美国专利局取得的专利比例总体仍然远低于美国，在半导体领域表现稍好，而在生物、药品和清洁能源等领域均不超过10%，较10年前已经有了显著提升。依据国际专利条约所取得的专利数量，中国已经达到美国的80%，较10年前取得了大幅增长。

中国与美国科技发展在产出方面的差距见表2-4。

中国与美国科技发展在产出方面的差距　　　　表2-4

二级指标	三级指标	2007年	2017年
论文	科学论文发表	<50%	>100%
	自然科学论文人均发表数量		59%
	生物科学论文人均发表数量		19%
	医学论文人均发表数量		11%
	科学论文引文平均水平	44%	68%
	科学论文引文中顶级引用量	27%	53%
专利	USPTO（美国专利局）授予专利	1.2%	8%
	ICT（信息通信技术）专利——半导体	1.7%	14.2%
	中国生物技术专利	1.3%	4.1%
	中国药品技术专利	1.6%	4.6%
	中国有机化学专利	1%	10%
	清洁能源专利——可持续能源	1.1%	6.6%
	国际专利合作条约（PCT）取得的专利	10.1%	80.9%

中国与美国科技产出成果对比

成果方面的指标包括创业和企业业绩、贸易与产业、技术应用三大类别。

从创业和企业业绩来看，中国的独角兽企业（一般指投资界对于10亿美元以上估值，并且创办时间相对较短且还未上市的公司）数量在2017年已经达到美国的2/3，当然这与中国的风险投资环境相关。从全球估值前100强中创新型企业比例来看，中国仅为美国的11.5%，当然中国有大量企业没有上市。

中国制造业出口附加值已经高出美国,电机出口附加值规模具有显著优势。出口化学品、医药和铁路设备的附加值10年前与美国的差距不大,当前已经实现赶超。全球前500大超级计算机数量也达到美国的两倍。但在航空航天、测试控制仪表、半导体出口方面表现仍然有明显差距,商业知识密集服务出口比例也仅为美国的一半。

从技术应用来看,中国制造的工业机器人应用大幅提升,达到美国平均水平的一半。

中国与美国科技发展在产出成果方面的差距见表2-5。

中国与美国科技发展在产出成果方面的差距　　　表2-5

二级指标	三级指标	2007年	2017年
创业和企业业绩	独角兽企业	32%	67%
	中国创新型企业占全球100强比例	8.3%	11.5%
贸易与产业	制造业出口附加值	43%	146%
	中高科技制造业附加值	52%	69%
	高科技制造业附加值	139%	203%
	信息和通信技术产品附加值	50%	150%
	ICT服务贸易出口附加值	33%	68%
	半导体出口额附加值	13%	31%
	化学品出口附加值	88%	185%
	医药品出口附加值	44%	114%
	铁路设备出口附加值	60%	290%
	航空航天附加值	7%	12%
	测试、测量和控制仪表附加值	18%	33%
	电机出口附加值	107%	422%
	商业知识密集服务出口比例	21%	53%
	前500大超级计算机比例	4.7%	208%
技术应用	工业机器人应用	10%	49%
	人均移动宽带用户	15%	63%

> 综合以上结果,中国的科技发展在产出和应用领域的表现相对更好,在具有一定技术制成品制造方面已经超过美国,在信息技术领域部分指标也实现了赶超。在基础研究、人才培养领域差距仍然较大,生物医药、化学、航天、知识服务等领域仍有较大差距。

5. 水运领域重点科技攻关项目及成就

交通运输行业积极贯彻国家科技规划对行业的要求,也高度重视通过科技投入提升行业发展水平,从"九五"开始通过制定科技发展五年规划和中长期科技发展规划,保证重点研发方向能够得到持续投入,并对前沿科技领域前瞻布局,通过科技水平改进来不断提升行业发展水平。

依据《1991—2000年科学技术发展十年规划和"八五"计划纲要》,水运领域的任务是"建成一支用先进技术装备的远洋船队,形成以大吨位船舶为主力的海上高效南北运输通道,并大力发展长江、珠江、黑龙江水系干线航运。开发和推广成组集装箱、大宗散货散装运输、客货混装运输和内河分节驳顶推运输。'八五'期间重点研究开发河口航道整治技术及各种关键疏浚设备;研制内河快速和高速客船、大型浅吃水肥大型船和各种类型的自卸船,开发高效、低能耗的港口装卸设备和船舶交通管制系统"。我国大力推动集装箱运输发展,研发出3.5万吨级浅吃水肥大型沿海散货船,在港口建设、装备制造方面取得突破,对满足较快增长的运输需求起到积极作用。

公路、水运交通发展目标——"九五"计划及2010年长远计划中对国际集装箱运输组织及相关技术装备、沿海运输船型、长江口深水航道治理、软科学发展等进行部署。到"九五"期间,国际集装箱运输电子信息传输技术和示范工程、深水枢纽港建设关键技术和集装箱运输装备等提升了行业技术水平。水运成套技术(以勘察设计、水工模型试验、工程结构、建设施工、疏浚维护、通信导航等水运工程成套技术和装卸、船舶、运输控制、安全监督、港口管理为重点的运输系统成套技术)的开发应用大大提高了水路装备水平和竞争能力。

"十五"期间,交通行业坚持"科技兴交""人才强交"战略,在外海区深水港口建设技术等交通建设和养护关键技术取得突破,深水筑港技术等已达到国际领先水平。

2006年,交通部发布了《公路水路交通中长期科技发展规划纲要(2006—2020年)》(交科教发〔2005〕439号),指出要以应用基础研究和关键技术研究为主攻方向,水运领域到2020年重点在智能航运系统关键技术、智能港口系统、国际航运数字化管理系统、航道治理和疏浚技术、新型港口水工建筑物的研制开发以及新材料开发与应用技术、万箱级集装箱运输成套技术和一体化运输技术标准、恶劣气候和海况条件下人命快速搜救技术、深潜水救助打捞成套技术、水上安全保障技术和水上"三品"(油品、化学品、危险品)污染监测防治和处理技术等领域取得突破。

"十一五"期间,在大型深水港口建设关键技术研究、水上突发事故应急反应关键技术研究、智能化集装箱运输关键技术研究等运输组织优化方面重点发力。离岸深水港建设在码头泊位条件、深水航道选线及设计参数和岛群中建港水动力等方面取得了技术突破;以长江口深水航道整治为重点,加强不同类型河流滩险整治理论和关键技术攻关。

"十二五"期间,离岸深水港建设等技术水平再度提升,深海高精度碎石整平船、特大型耙吸挖泥船等重大装备实现国产化。智能交通领域在电子数据交换(EDI)和数据标准化等技术研发和集成应用方面,以及船联网、车联网、物流信息平台、出行信息服务、数字航道、海事监管智能化等方面取得了显著进展。

"十三五"期间,离岸深水码头建设、深远海运输通道、智能航运、水上安全应急、水运绿色发展等领域均取得了新的突破,稳步实现科技发展中长期规划中2020年的目标。

经过不懈努力,交通运输领域也形成了大量领跑世界的技术成果。铁路领域高铁里程世界领先,承担了多个国家的高铁建造项目。公路领域的桥梁、隧道建设技术取得突破,建成了港珠澳大桥等一大批创造世界纪录的大桥。汽车制造取得了长足进步。水运领域,《国家创新驱动发展战略纲要》对高技术船舶高度重视,实现了国产航母制造,能够自主建设 VLCC(超大型油轮)、LNG(液化天然气)船等高技术难度的船舶。自主设计、集成研制的"蛟龙"号作业型深海载人潜水器下海最大深度可达 7 000 米,与世界先进水平差距缩小。依托系列重大工程形成"天鲲"号等大量高端船舶,这些"大国重器"保障着国家的经济安全。航空领域,C919 客机投产给传统以欧美为核心的飞机制造市场带来一定冲击,无人机研究和应用占据了相当一部分国际市场份额。

第二节 基础设施

针对海运基础设施整体落后状况和经济贸易发展对海运快速增长的需求,通过全面加强国际交流,引进装备、技术消化吸收再创新,对巨型复杂河口深水航道治理、淤泥质海岸建港、粉沙质海岸建港和离岸深水码头建设等诸多问题的原始技术进行创新,突破了工程建设领域的诸多世界难题,促进了以沿海码头、航道、防波堤等为代表的基础设施建设规模不断扩大和升级,适应了船舶大型化、专业化以及环境保护、提升效率的要求,推动基础设施技术装备制造和码头作业效率达到世界先进水平。

一、港口建设

1. 码头专业化、大型化、自动化、绿色化发展

(1)专业化、大型化

为了适应更加专业化、大型化的船舶,通过应用更为先进的建港技术,全球港口形成干散货、集装箱、油轮、LNG 和邮轮等专业化、深水化码头,世界枢纽港口都进一步走向深海。专业化、大型化码头大幅提升了港口作业效率并降低了单位装卸成本,成为推动行业科技进步的重要力量。20 世纪 90 年代,美国、荷兰等实现了 30 万吨级矿石码头、50 万吨级原油码头建设。如鹿特丹港通过建设马斯莱可迪港区二期,满足超大型油轮、超大型集装箱船和散货船靠泊需求,当前水深达到 -20 米。

1981 年,天津港三港池集装箱码头泊位是我国第一个现代化集装箱专用泊位。1982 年,宁波北仑 10 万吨级矿石中转码头竣工,成为当时全国最大的散货码头。1986 年,我国第一座 10 万吨级煤码头——石臼港(日照港)煤码头通过验收。1989 年,秦皇岛港煤三期码头投产,包含 2 个 3.5 万吨级和 1 个 5 万吨级码头,年通过能力达到 3 000 万吨。20 世纪 80 年代,天津港、上海港和广州黄埔港均建成了万吨级集装箱专用码头。

20 世纪 90 年代,集装箱码头专业化水平继续提升,深圳盐田港 2.5 万吨级专业化集装箱码头投产。1995 年,广州港 3.5 万吨级泊位投入使用。煤炭、矿石等散货码头持续大型化,服务国家"北煤南运"格局。1994 年,宁波北仑 20 万吨级铁矿石码头建成,是当时最大的矿石码头。1992 年末,靠泊能力达到 20 万吨的最大原油码头青岛港(黄岛)码头通过竣工验收。1994 年,我国首个 30 万吨级单点系泊原油码头在茂名港投产。1997 年,舟山港投产国内首个 25 万吨级原油高桩码头。

2001—2010 年为码头大型化集中发展期。2006 年,上海洋山深水港区一期 10 万吨级集装箱码头投产,成为当时最大的离岸深水港区。2007 年,秦皇岛港煤五期码头建设了 1 个 15 万吨级煤炭泊位,成为当时规模最大的专业化煤炭泊位。2010 年,青岛港董家口 40 万吨级矿石码头工程竣工。为配合 VLCC 运输快速增长,沿海港口原油码头大型化、离岸化,30 万吨级原油码头在大连、营口、唐山、天津、青岛、日照、宁波舟山、惠州、湛江、泉州和洋浦等港口投产。2006 年,广东大鹏湾建成了第一个 LNG 船接收站。

2010 年以来,沿海港口专业化、大型化水平继续提升。宁波、深圳、上海洋山、青岛等港口可以全天候挂靠 20 万吨级超大型集装箱船。大连港、唐山港、青岛港和宁波舟山港的 4 个码头的 7 个泊位可靠泊 40 万吨级铁矿砂船。沿海港口中,宁波舟山港、大连港等可以停泊超 40 万吨级的超大型油轮。

2017年，宁波舟山港45万吨级原油码头投产，可靠泊世界最大的VLCC。上海吴淞口邮轮码头可以实现四艘邮轮同时靠泊，广州南沙港构建了全国最大的邮轮母港综合体。

（2）自动化

为应对日趋上涨的人力成本，提升码头作业效率和降低能耗水平，自20世纪90年代以来，世界港口企业开展了一系列码头自动化的探索。自动化码头主要集中在集装箱领域，当前总体发展到第四代。按照自动化集装箱码头作业区域划分，可分为岸边作业（岸桥与自动导引小车配合）、水平作业（自动导引小车）和堆场作业（自动跨运车为主）三部分。随着物联网技术的发展和进步，当前先进的集装箱码头已经初步具备全面感知的基础，涌现出一些成功案例。

第一代自动化码头出现于20世纪90年代，以鹿特丹港欧洲联合码头公司（ECT）为代表（1993年投产），实现了岸桥装卸作业的半自动化和全自动化的堆场轨道吊。

第二代自动化码头以汉堡港HHLA运营的CTA码头为代表，在20世纪初运营，实现了双箱双小车岸桥运行，同时自动导引小车的精度大大提高。

第三代自动化码头以鹿特丹港和记黄埔运营的Euromax码头为代表，在2010年投入应用，采用双箱双小车岸桥技术，自动导引小车精度更高且运行速度更快。

第四代自动化码头则以上海洋山港全自动化码头为代表，在2017年末投入应用，采用了上港集团和振华港机自主研发的智能操控系统，可实现双箱双小车的自动化操作。

（3）绿色化

我国高度重视码头的绿色化发展，交通运输部构建绿色港口指标体系并进行认证。从码头的设计、建造、维修等全生命周期都加强减排。通过设置排放控制区、推广船舶岸电、进行码头装卸设备"油改电""油改气"、码头油气回收等多种途径，减少了港口作业对城市环境的影响，提升了港城和谐水平。

2. 大型深水港口建设技术

我国沿海海岸线是由不同水系河流、海洋与陆地作用冲击而形成的,船舶大型化、港口深水化的趋势对港口建设提出了新的要求。基于对河口海岸泥沙运动规律的研究,在沿海近岸优质岸线逐渐减少、码头水深不能满足要求的背景下,在淤泥质海岸建港、粉沙质海岸建港和离岸深水码头建设方面积累了大量成功经验,同时设计和建造了一些码头和防波堤水工新结构,我国码头建造技术总体处于世界领跑者地位。其中以天津港为泥沙质海岸的代表,黄骅港为粉沙质海岸的代表,洋山港则是离岸深水码头的代表。基于这些相关研究和实践,大型开敞式深水码头建设有力推进。我国先后建成了青岛港 40 万吨铁矿石码头、舟山港实华 45 万吨级原油码头等当时世界上最大的码头。同时在建设"一带一路"沿线国家和地区港口过程中,我国又探索突破强输沙码头建设的关键技术,为非洲西部沿线港口建设提供了宝贵经验。此外,我国在建造码头的环境保护和水工建筑物的健康诊断等方面形成了丰富的成果。

建造码头需要充分考虑岸边泥沙特性,因为不同尺度的泥沙运动规律不同。淤泥质黏性更高,容易形成絮团运动,以天津港为代表;泥沙质以单颗粒运动为主;粉沙质的尺度介于淤泥质和泥沙质之间,无黏性,运动容易散乱、悬浮,易沉降,密实快且开挖难度高,以黄骅港为代表。

(1)淤泥质海岸建港——天津港

天津新港位于海河下游入海口,是典型的淤泥质海岸,软土层达 25 米深,水深条件差,开港后回淤严重,制约着港口作用的发挥和北方大港地位的体现。从天津市内三岔河口到人工开挖天津新港,再到通过吹填造陆建设深水化码头,天津港适应了船舶大型化的发展,也为淤泥质海港建设积累了宝贵经验。

20 世纪 80 年代,为提升码头的道路和堆场密实度,采用塑料板排水加堆载预压,并从日本引入了深层水泥拌和技术,通过将水泥浆注入软土地基中并在原位与软土充分搅拌形成水泥土,待水泥硬化后整体得到加固,使得码头接岸部分强度提升,吹填造陆的技术水平大大提升。

2000年以后,天津港在滨海新区建设10万吨级以上大型码头时又建造了大量人工码头,在原有技术的基础上进行改进,采用真空预压加固软基处理技术提升地面的强度。首先挖密封沟,然后在其中埋设管路及膜下测头,随后人工铺设密封膜,完成出膜。随后安装射流泵,安放地表沉降标,通过抽真空后密切观测沉降。当固结度满足设计要求时完成交工验收。这一技术成功排出了软土中的水分,实现了高密度固结,能够满足水工结构使用年限,解决了天津港建港的难题。

天津港启动了全国规模最大的30平方公里东疆人工港岛建设,建造了20万吨级集装箱码头,成为全球最大的人工港,2018年货物吞吐量达到4.6亿吨,排名全球第9位;集装箱吞吐量达到1600万TEU,排名全球第9位。2006年天津港可乘潮靠泊的30万吨级原油码头投入试运行,2014年首个30万吨级矿石码头投产,标志着天津港深水化达到30万吨级水平。

(2)粉沙质海岸建港——黄骅港

黄骅港水域泥沙活动的沉积物以粉沙状物质为主,因此被称为粉沙质海岸。这种海岸泥沙活动活跃,无黏性,运动容易散乱、悬浮、易沉降,密实快且开挖难度高,建港难度较大。20世纪90年代,神华集团将黄骅港作为其"煤电路港航"一体化模式的重要组成部分,从1999年开始建设码头第一期。国内主流煤炭卸船船型也已经较之前进一步大型化,达到4万~5万吨级,国际主流船型更是达到5万~6万吨级,要求港口接卸能力进一步提升。黄骅港一期码头建设为适应水深要求,港区距离岸边达4~5公里,需要将粉沙质海岸吹填成陆。

有学者提出了粉沙质泥沙运动的"三层模式理论",该理论清晰地揭示了粉沙在波浪与潮流共同作用下的输移模式,是泥沙运动理论的突破,被应用于黄骅港建港中。采用淤泥进行吹填导致沉降稳定所需的时间更长,同时黄骅港西堆场区的亚砂土难以按照一般真空预压方法成陆,实践中通过加密真空泵使得膜下真空度达到80千帕,再进行抽气120天加速固结,这种"超真空"预压加固方法使原先需要2年多时间完成的工程在6个月内完成,同时固结度水平表现更优。黄骅港一期工程于1997年开工,至2001年年底建成并投入试运营,比批准的合理工期提前3年,粉沙质海岸建港技术的进步大大提升了建港效率。

(3)离岸深水港建设技术——洋山建港

由于世界航运业船舶存在大型化、深水化的趋势,原有码头岸线和水深条件不足以满足大型化、深水化码头的需求。以洋山为代表的离岸深水码头建设就是要解决在茫茫大海上造出陆地,并建造出大型港口的难题。

《国家中长期科学和技术发展规划纲要》中将建设离岸深水港作为重点突破领域,自2006年开始立项,中交建集团作为牵头单位联合业内28家单位进行技术攻关,包含海洋动力环境与深水港规划布置等四大重点研究方向,该项科研成果获得了2013年国家科学技术进步一等奖。离岸深水港建设技术我国处于世界领先地位。

洋山建港的核心难点在于需要克服软黏土波浪运动对建筑物的破坏作用,建立牢固的水下深水地基。在实际施工过程中先在选定的离岸30公里处将装满大量石头、海沙的大袋子倒入海中向上堆积,在海中形成60米深的深水地基大堤。挖泥船将挖掘的泥沙在指定区域堆积,吹填出超10平方公里的陆地。为了使得这些陆地更为紧实,通过将大量预制软排按照一定间距插入泥沙中,并在上面堆石头排出水分,土质越来越坚硬,强夯机和振冲机进一步将土质变得坚固,这样陆地部分便建好了。码头部分洋山港采用高桩式码头结构,共用了14 000多根钢管,打入海底30~40米深处。利用混凝土搅拌桩帽架设预制好的混凝土横梁和纵梁,将码头面板铺在纵梁上,最后在面板上浇筑混凝土便形成了坚固的码头。

该项目取得原始创新成果3项、集成创新成果7项、引进消化吸收再创新成果3项,获授权发明专利8项,成果纳入《海港总体设计规范》(JTS 165—2013)等行业标准规范。依托该项目研制了国产化深海高精度碎石整平船、特大型耙吸挖泥船等重大装备。上海洋山港成为世界最大的离岸深水集装箱码头,能够适应世界最先进的24 000TEU集装箱码头靠泊,为巩固和提升上海港全球枢纽港地位作出了突出贡献。此后,我国企业获得了大量海外深水建港的订单和项目,在"一带一路"沿线国家和地区建成了多个深水港口。

二、长江口航道整治

1. 20 世纪 90 年代长江口拦门沙深水航道整治

长江流域是我国重要经济增长极,上海作为长江的出海口是长江地区经济增长的龙头。随着 20 世纪 90 年代浦东新区开发,经济增长飞速发展,货物吞吐量快速增长,呼唤上海港成为一个深水化的国际枢纽港,从而满足国际和国内物资交换的需求。

长江河口为典型的潮汐型河口,由于拦门沙回淤量大,不能满足长江流域船舶深水化需求。20 世纪 90 年代长江口航道水深仅为 7 米,乘潮方能进出吃水 9 米的船,而作为远洋干线主要船型的第五、第六代集装箱船无法满载进出,拓宽和加深长江深水航道成为支撑上海城市发展和航运业发展的必然选择。

长江口航道治理是我国交通行业持续关注研发的重要研究方向。我国自 1958 年起开始研究长江口航道治理,通过跨学科、长期系统分析,在 1990 年制定了《长江口拦门沙航道演变规律的研究》,作为"八五"科技重点专题,目标是将航道水深由 7.0 米加深至 12.5 米。20 世纪 90 年代,长江河口形成三级分汊、四级入海的稳定格局,具备整治的条件。

结合当时世界河口整治的先进经验,采用整治与疏浚相结合、以整治工程为主的治理原则。长江口整治以长江口南港北槽进行整治,构建了南北两个导堤以及堤内的 19 座丁坝。

1998 年 1 月长江口深水航道治理一期工程正式启动并于 2000 年竣工,选择南港北槽为入海深水航道的开发方案,航道水深由 7.0 米增至 8.5 米。二期工程从 2002 年持续至 2005 年,将航道水深加深至 10 米。2018 年三期工程完成达到试运行条件,南京以下水深达到 12.5 米。

由于工程施工难度极大,整治过程形成了大量专利,构建了专业化船舶,通过新型半圆形防波堤结构消除了海浪,借助卫星定位系统建立航道控制网,铺设软体排保障了整治工程的可持续性,并应用大型抛石机以及专业船机提升了作业效率,使整治工程提前贯通。长江口深水航道治理工程成套技术获得2006年度中国航海学会科技进步奖特等奖。

2. 长江南京以下12.5米深水航道整治

在交通运输部科技发展"十一五"到"十三五"期间,都将长江黄金水道通过能力提升关键技术作为重大专项。长江南京以下区域经济繁荣,居于长江和沿海港口交会位置,加深河道满足大型船舶靠泊对于长江沿线降低远洋和沿海贸易运输成本具有重要意义。20世纪90年代末长江下游的河流运动基本稳定,整治时机成熟,我国花费了20年将12.5米深水航道延伸至南京以下。

南京以下航道受到河流径流和沿海潮汐冲刷的共同作用,水道曲折蜿蜒,水流运动复杂,分汊的浅河段多,加大了河道治理难度,尤其以仪征、和畅洲、口岸直、福姜沙、通州沙和白茆沙6个水道整治最为艰难。同时还要满足繁忙的船舶流通行,实现生态施工,减少对自然界动物的影响。因此,需要分别设计不同方案和应用不同技术。工程依据"整体规划、分期实施、自下而上、先通后畅"的原则分三期实施。

以白茆沙河段为例,以"固滩、稳槽、导流、增深"为原则,即守护洲滩关键部位,稳定深槽,形成稳定的航道边界,调整工程区域流场,增强浅区动力,为深水航道建设和维护提供保障。具体施工中首先构建限流潜堤,并在外侧布置丁坝以减轻对主堤的冲刷,增加护滩范围,稳定航道深槽。

对比国际大型河流河口整治工程,长江口整治总体耗费时间较短,我国共用了20年的时间。法国塞纳河以建设导堤的整治工程为主,辅以部分维护疏浚工作,是潮汐河口航道整治的先行案例,整治到13.6米水深共耗费43年。美国密西西比河为弱潮汐分汊型河口,采用整治和疏浚相结合的方法,通过双导堤浚深了航道,实现了河口的深水化,深度达到13.7米,共耗费了160年。长江黄金水道扩能工程关键技术及应用获2018年度中国航海学会科技进步奖特等奖。经测算,2018年度长江口12.5米深水航道产生直接经济效益132亿元。

长江口12.5米深水航道整治工程标志着我国掌握了巨型河口水沙运动的规律,具备了开展巨型河口整治的能力。依托这些重特大项目,我国还研发出了世界领先的大型挖泥船。

第三节 运输装备

由于经济技术水平制约,我国海运船队发展原以购买老旧二手船为主,随着综合实力和造船技术水平的提高,研制了一批适应特定航线的船型,海运船队的大型化、专业化和年轻化水平不断提升。港口装卸工艺系统和装备也经历了引进、自主研发到技术水平达到世界领先的变化历程。

一、船舶应用

市场竞争使海运船舶长期保持大型化、专业化发展趋势,并引发贸易和运输组织方式变化。为了更好地保护海洋环境、适应油价增长,节能、环保型船舶日益受到人们重视。

1. 世界海运船型继续保持大型化和专业化发展趋势

300总吨以上船舶平均吨位由1990年的18 653载重吨增长到2000年的19 578载重吨,10年增长5%;2005年船舶平均吨位达到22 239载重吨,5年增长13.6%;2010年进一步增长到25 589载重吨,5年增长15.1%;2020年达到35 406载重吨,10年增长38.4%。船舶大型化是长期趋势。受2007—2010年造船高峰以及船型创新的影响,船舶大型化的趋势延续。经过几十年的发展,海运船舶实现了专业化,目前船型可以划分为油船、干散货船、集装箱船、杂货船、OBO(矿砂/散货/石油三用)船、LNG船、LPG(液化石油气)船、化学品船、冷藏船、滚装船、特种船、客船及客货船等。船舶大型化、专业化仍将是世界海运船型发展的长期趋势。

(1) 船舶大型化

油船大型化基本完成。油轮船队一度是世界载重吨规模最大的船队,目前次于干散货船居世界第 2 位。船型上形成了以 3 万~5 万载重吨的灵便型、6 万~8 万载重吨的巴拿马型、10 万载重吨的阿芙拉型、15 万载重吨的苏伊士型和 30 万载重吨的 VLCC 油船船型。经过大型化发展,基本确立了 VLCC 为油船大型化终结的代表[尽管最大 ULCC(巨型油轮)载重吨达到 55 万吨,但数量十分有限],油船大型化已经基本完成。

干散货船继续保持大型化趋势。得益于 2004 年后铁矿石、煤炭运输需求的快速增长,干散货船队规模快速增长,2002 年以来一直是世界第一大船队。船型上形成了以 2 万~3 万载重吨小灵便型、3 万~6 万载重吨灵便型、6 万~8 万载重吨巴拿马型、8 万~18 万载重吨好望角型(CAPESIZE)和 20 万载重吨以上超大型船舶为代表的干散货船型。CAPESIZE 及 VLOC(超大型矿砂船)船舶比重的提高和最大船型的突破,是当前干散货船大型化的主要动力。干散货船平均吨位由 2000 年的 44 341 载重吨提高到 2005 年的 49 894 载重吨,2010 年上升到 58 058 载重吨(2012 年初达到 64 416 载重吨)。2020 年初 CAPESIZE 艘数达到 1 779 艘、3.45 亿载重吨,占干散货船队载重吨规模的 39.7%(其中 16 万吨以上占 37.5%)。金融危机爆发后,巴西"淡水河谷"启动了大规模扩建船队的计划,2008 年 8 月向中国熔盛重工订购了 12 艘 40 万吨级 VLOC(后续继续扩张该计划,长期租用和造船共 35 艘),震惊了全球海运界和矿业界。"淡水河谷"在发展大型干散货船队的同时,发展"虚拟矿山"积极推动贸易方式转变。到 2020 年 11 月,全球共有 68 条 38 万载重吨以上的干散货船。

集装箱船持续大型化发展趋势。一是平均载箱量规模不断扩大。随着集装箱运输的快速发展,船队规模迅速扩张并成为世界第三大专业化船队,1986 年平均箱位突破 1 000TEU,1990 年达到 1 250TEU,2000 年达到 1 753TEU,2005 年达到 2 226TEU,2011 年底达到 3 064TEU,2020 年初集装箱船平均箱位达到 4 298TEU。二是集装箱最大船型持续突破,集装箱船从 20 世纪 50 年代诞生以来,船舶迅速大型化,1988年APL(美国总统轮船公司)建造了首批超巴拿马集装箱船,此后各集装箱班轮公司为抢占市场占有率,竞相订购超巴拿马型集装箱船,1996年MAERSK(马士基集团)的K型船是最早的第六代集装箱船,载箱量达6 000TEU。2007年,MAERSK的PS型船投入使用,载箱量突破10 000TEU,2012年初世界超万TEU集装箱船已达111艘,同时还有165艘万TEU以上船型订单。2011年,MAERSK订造了10艘18 000TEU的船[1],成为能通过苏伊士运河的最大的集装箱船。2020年11月,全球最大的集装箱船达到23 964TEU。由于集装箱船舶的大型化,相应船舶吃水有所增加。吃水14米以上的船舶1995年1月1日尚是空白,2001年1月1日则达到了89艘,2004年达到203艘(其中15米以上4艘),2011年底达到806艘(其中15米以上165艘),2020年11月全球最大的集装箱船吃水达到16.53米。18 000TEU船舶的建造,不仅推动了船舶大型化和规模经济,也推动了集装箱航运公司兼并重组且加大了航运联盟合作。

(2)船舶智能化

顺应全球智能化发展趋势,IMO开始探讨海上自主水面船舶(MASS)的相关议题,正式启动了MASS合法化的征程。2019年交通运输部联合七部委联合发布《智能航运发展指导意见》(交海发〔2019〕66号),智能航运包括智能船舶、智能航保、智能港口、智能航运服务和智能航运监管五个方面的内容。

智能船舶当前在沿着既定的技术路线进行推进,逐渐向无人化船舶的方向发展。从智能航保来看,当前在加快构建"感知+数字+分析+决策"的航行保障综合信息化应用平台,综合应用卫星通信、岸基公共移动通信、高频/甚高频数字通信等多种手段,完善全覆盖、全天候的通信网络。从智能港口来看,当前的自动化码头建设和智能港口设备制造能力不断提升,技术方案持续优化。从智能航运服务来看,应用大数据、人工智能、云计算和边缘计算、区块

---

[1] MAERSK建造的18 000TEU集装箱船,与荷兰海洋运输网络主席Niko Wijnolst教授开发的"马六甲海峡型"18 000TEU集装箱船不同。船舶大型化获得的规模经济效益抵消相应增加的疏浚和集疏运费用增加后,才是能给货主的效益。大型化需要企业相应提高管理和揽货水平,才能取得规模效益。

链、物联网等技术和设备持续推动行业运营模式的优化和服务水平提升。从智能航运监管来看,数字化水平提升将更好地推动航运业监管模式转变。

欧洲、日本和韩国等都在积极研发无人船舶,在波罗的海水域已经有无人船成功航行。韩国相继开发了智能港口1.0和智能船舶2.0系统;日本构建了智能船舶应用平台,并实现了实船应用,也在牵头制定部分国际标准;挪威正在建造全球首艘电动无人船舶。从行业领先企业来看,罗·罗公司研发成功了全球首艘遥控拖船,瓦锡兰集团实现了渡船自动靠泊试验。

(3)船舶绿色化

尽管航运是一种低排放、节能环保的运输方式,国际上对于防治船舶污染的法律法规总体仍日趋严格,船舶绿色化成为绿色航运的重要组成部分。通过推出《国际防止船舶造成污染公约》(MARPOL)的修正案,对船舶压载水、燃油使用、海上溢油应急处置等进行了更加严格的规定。IMO推广船舶建造能效指数(EEDI)和船舶能效营运指数(EEOI),从船舶建造初期贯穿全生命周期进行减排。IMO要求到2050年,全球航运业碳排放减少50%,对船舶绿色化发展提出了更高要求。

绿色航运体现为航运全过程和船舶全生命周期采取环境友好和资源节约的措施,减少航运及船舶建造、修理与拆解对环境的危害,保护环境和实现可持续发展,主要体现在以下三个方面:一是绿色能源。船舶使用低污染、无污染和可再生的清洁能源,最大化实现温室气体减排。当前船舶应用LNG动力的比例提升,后续可能需要应用氢气、氨气、电力、风能、太阳能等新能源动力船舶,进一步减少船舶对海洋的污染。二是环境友好。船舶从设计、建造、使用到拆解的全生命周期,以保护环境、减少和杜绝污染为追求,最大化实现环境友好。三是资源节约。船舶从设计、建造、使用到拆解的全生命周期,以节约资源、减少浪费为追求,最大化实现资源节约。对于船东来说,燃料选择是实现航运脱碳的关键。

2. 干散货船:自主研发和大型化支撑了我国海运进口

我国干散货船建造也顺应了改革开放前期沿海运输中对煤炭的强烈需求

和进入21世纪以来大量进口铁矿石的发展趋势,"中国需求"助推世界矿砂船大型化,也推进了我国干散货船建造水平不断提升。

(1)3.5万吨级浅吃肥大型运煤船

20世纪80年代能源和交通是我国经济发展的瓶颈,南方电厂发电所需的煤炭短缺,伴随大秦铁路贯通和秦皇岛港煤炭码头投产,"北煤南运"的运作模式迫切需要提升单船装载能力,从而增大运输批次,缓解能源紧张,研发适宜"北煤南运"的船型被列为我国"七五"期间交通行业重大科技攻关项目。当时从事"北煤南运"的船型以1.6万吨、2万吨和3.5万吨常规型为主,长江口、珠江口当时只能适应2万吨级船舶满载乘潮进港。为提高两大河口航道通过能力,提升沿海煤炭运输效率与经济性,经联合攻关,最终由上海船舶研究设计院等单位设计出3.5万吨浅吃水肥大型运煤船舶,有效地提升了船舶的装载量,而且并不显著地增加吃水,能够满足港口装卸和沿海航行安全的需求。

这种船型满载吃水为9.5米,有5个货舱,甲板上不带起重机,货舱为带有顶边舱和底边舱的双舷侧结构形式,在阻力性、推进性、操纵性、经济性等方面均较先前船型有了一定提升,具有吃水浅而装载能力大的优点。1990年这一船型开始建设,到1992年初我国自行设计建造的第一艘浅吃水肥大型散货船"宁安1"轮在上海首航,1993年末"宁安1"轮通过国家鉴定。"宁安1"轮船长185米,型宽32米,型深15.4米,设计吃水9.6米,载重量达38 855载重吨,设计航速为13.5节。得益于其良好的技术性和经济性,这种船型得到了广泛推广,在我国华东、华南等地电厂运煤中发挥了重要作用,缓解了我国发电所需煤炭的运输压力。

(2)超大型矿砂船船型开发项目(20万吨级、30万吨级和40万吨级干散货船系列项目)

进入21世纪以来,我国的铁矿石进口需求不断攀升,铁矿石价格创新高,短期运力不足使得BDI(波罗的海干散货运价指数)快速攀升,运价高涨,占铁矿石价格的比例也处于高位。为了适应中国快速增长的进口需求,好望角型船进一步大型化,并实现了40万吨级矿砂船设计和运营的创新。原先以17万载重吨为代表的海岬型船逐渐演变为将近21万载重吨的"Newcastlemax"型,提升了从澳大利亚到远东地区的运输效率。

2008年12月,中远集团订造的29.76万载重吨的"合恒"号矿砂船交船,船长327米,型宽55米,吃水21.4米,是当时规模最大的干散货船,该船具有自主知识产权,同时与宝钢集团签订了长期包运合同(COA),通过大船的运营降低了单位物流成本。2010年,中海集团也接收了23万载重吨的"中海兴旺"号。

世界最大的铁矿石供应商"淡水河谷"为了弥补其运距远长于澳大利亚的劣势,在中国熔盛重工订造了40万吨超大型矿砂船,称为"Chinamax"型,较常规从澳大利亚到中国的17万吨铁矿石船装载能力扩大了不止1倍,希望通过增大单船运量来降低单位运输成本。2011年首艘40万吨超大型矿砂船"Vale Brazil"交付,船长362米,型宽65米,载重量达391 000载重吨,成为当时全球规模最大的干散货船,推动了全球干散货船舶、码头等运输系统的进一步大型化。

中远集团和中海集团在新加坡成立了中国矿运有限公司,依据与"淡水河谷"的合作备忘录,收购4艘超大型矿砂船并又签订10艘订单。据Clarksons统计,到2018年末该公司共拥有9艘超大型矿砂船,规模达到359.4万载重吨;到2020年4月初,共有14艘,共计558.6万载重吨。

作为"十一五"期间船舶工业重点突破项目,我国研发了23万吨级、36万吨级和50万吨级矿砂船型,实现国产特大型矿砂船的突破。中国造船企业通过研发改造,交付了第二代40万吨级超大型矿砂船,并在此基础上持续改进,在安全、绿色和智能等方面有了进一步改善。2017年具备一定船舶智能的40万吨级"明远"轮交付,提升了船舶的智能化水平。

中国船级社相继出台了对于40万吨级超大型矿砂船的结构要点、法定技术要点等相关技术细则,对第一代和第二代超大型矿砂船技术要点进行说明,提升了在这一领域的话语权。

3. 集装箱船:应用先进集装箱船,提升海运服务水平

全球集装箱船从20世纪60年代投入运营以来迅速发展,同时通过不断大型化降低了单位运输成本。到2018年经历了大致6代的发展,马士基引领了单船8 000TEU、15 000TEU和18 000TEU的三代集装箱船的创新。我国在集装箱船的运营和建造方面都经历了从追赶到并跑的阶段,通过集装箱船大型化运营提升和巩固了集装箱干线班轮公司的地位,在远东—欧洲和远东—北美这些主干航线上保证了市场份额。马士基航运经过几次收购保持了领先的船队规模,多次开发新的世界最大的集装箱船,带动全球集装箱运输船舶大型化,降低了单位运输成本,对货源组织的要求的提升也推动了集装箱班轮市场的联盟化持续升级。世界集装箱船舶发展如表2-6所示。

世界集装箱船舶发展　　　　　　表2-6

集装箱船类型	诞生时间（年）	载箱量（TEU）	尺度(船长×型宽×吃水)（米）	集装箱跨度（米）	甲板集装箱高度(米)	舱内集装箱层数(层)
早期集装箱船	1956	500~800	137×17×9	6	4	4
全集装箱船	1970	1 000~2 500	200×20×9	8	5	4
巴拿马型船	1980	3 000~3 400	215×20×10	10	6	5
巴拿马极限型	1985	3 400~4 500	250×32×12.5	13	6	5
后巴拿马型(Post Panamax)	1988	4 500~5 000	290×32×12.5	13	8	5
后巴拿马加型(Post Panamax Plus)	2000	6 000~8 000	285×40×13	15	9	5
新巴拿马型	2014	12 500	300×43×14.5	17	9	6
新后巴拿马型	2006	15 000	366×49×15.2	20	10	6
"3E"级	2013	18 000	400×59×15.5	23	10	8

马士基持续推动集装箱船舶大型化

马士基航运先前拥有船厂,剥离这一项资产后仍然保留对船型的设计和研发能力。如2006年率先推出世界上最大的集装箱船"艾玛·马士基"

> 号(Emma Maersk)下水,实际可装载17 816TEU。2013年起,马士基宣布将投放18 000TEU的"3E"级集装箱船。"3E"级船舶二氧化碳的排放量比"艾玛·马士基"号减少了20%,比亚欧航线上航行的船舶碳排放平均水平减少了50%。随后,18 000 TEU以上的集装箱船成为主干集装箱运营商必要的船型。

改革开放以来,我国集装箱运输业持续进步,应用更先进的运输装备,降低了成本,提升了服务水平,从最初订造、改装、购买二手船再到建造全球最为先进的集装箱运输船舶,当前以中远海运集运为代表的集装箱运输企业船队技术水平已经跻身世界前列。

(1)早期订造、改装、购入集装箱船,实现装备升级

改革开放初期我国开始探索运营集装箱船队,当时技术装备落后、资金匮乏,通过购入国外二手船、订造新船、改造船舶和淘汰老旧船舶等方式改善了船队技术水平,提升了经济性和竞争力。

20世纪80年代,中远集团陆续从日本订造了430TEU和753TEU的集装箱船,从联邦德国订造了1 200~1 700TEU的集装箱船,并淘汰了多艘旧船,提升了船队竞争力。经过多轮比选,在英国和联邦德国船厂中选择后者订造了3艘2 700TEU的集装箱船。20世纪90年代初集装箱船队规模成为全球第三,由于船价上升、中远船队排名提升,经过艰难谈判,在德国建造了4艘3 800TEU的集装箱船。船队规模取得了长足进展,但船龄偏高、老旧船占比高、大型化集装箱船少和航速较低,船队技术水平竞争力仍然不足。

20世纪90年代后订造的集装箱船舶逐渐从欧洲转移到日本和韩国,20世纪90年代末,中远集团从韩国三星船厂订造了7艘与世界发展水平相当的3 400TEU集装箱船。中远集团和中海集团后又建造了5 400TEU、8 500TEU、

14 000TEU 和 19 000TEU 的系列集装箱船,船队结构不断优化,也推动了我国集装箱船建造能力的提升。

船舶改装也提升了我国集装箱船队技术水平。中海集团成立之初,将部分多用途散货船、油轮、多用途船改装为集装箱船,并增加了船舶箱位数量,实现了运力的低成本扩张。2003 年,中远集团也将 3 700~3 800TEU 的 7 艘船改装成 4 200TEU,载箱量提升超 10%。

(2) 首次建造 5 400TEU 集装箱船

1998 年,中远集团向日本船厂下订单建造 5 446TEU 的集装箱船,其中 2 艘在中远川崎建造。2001 年首艘"中远上海"号交船,船舶航速、冷藏箱装载能力增加。2001 年 4 月,南通中远川崎船厂首次交付 5 446TEU 的集装箱船"中远安特卫普"号(COSCO ANTWERP),对船舶设计进行优化,从而提升了航速,调整了舱室和集装箱布局,采用了功能更强大的辅机,改进了计算机系统,使得我国集装箱运输企业能够运营本国制造的最为先进的集装箱船,并更符合本土企业需求,缩小了与世界领先的集装箱班轮公司的差距。

(3) "中海亚洲":最为先进的 8 500TEU 集装箱船

中海集团在 2002 年从韩国三星船厂订造 5 艘 8 500TEU 的集装箱船,2004 年首艘"中海亚洲"号交付,总长 334 米,型宽 42.6 米,航速 25.2 节,配有 700 个冷藏箱插座,是当时最为先进的集装箱船。到 2005 年底,这些船舶均交付完成,提升了我国航运公司在国际航线上的运输能力。

(4) 具有自主知识产权的万箱集装箱船

2010 年以后,远洋干线上万箱以上集装箱船成为主流,而我国航运公司需要从日本、韩国船厂订造,始终受制于人。2014 年 1 月 8 日,我国完全自主研发、自行设计、自行建造的第一艘 10 036TEU 集装箱船"中海之春",在大连船舶重工集团签字交工。该船总长 335 米,型宽 48.6 米,型深 27.2 米,吃水 15.0 米,续航力达到 20 000 海里,航速、油耗等指标表现较好。该船的顺利交付实现了国内建造超大型集装箱船新的飞跃,巩固和支撑了中海集运作为干线航运公司的地位,也使我国成为继韩国、日本之后,能够自主研发、自主设计、自主建造超大型集装箱船的国家。

（5）建造 20 000TEU 集装箱船,提升我国集装箱船舶应用和建造实力

18 000TEU 以上的超大型集装箱船最初基本都在韩国船厂建造。中海集运在韩国现代重工订造了 5 艘"3E"级集装箱船,2014 年底首艘能够装载 19 100TEU 的"中海环球"号交付,船总长 400 米,型宽 58.6 米,船舶节油效果明显,航速为 17 节时每日燃料消耗不足 200 吨,EEDI 指标较 2015 年 IMO 标准降低约 50%。船舶靠港可以采用岸电,具备良好的经济性。

2015 年,我国外高桥造船厂为达飞集团交付了"达飞·瓦斯科·达伽马"号,打破了韩国的技术垄断。该船总长 399.2 米,型宽 54 米,型深 30.2 米,设计吃水 14.5 米,服务航速 22.2 节。由于船舶较 15 000TEU 的集装箱船装载量出现较大幅度提升,对船舶的长度、深度和加强集装箱堆放强度方面都提出了更高的要求,我国船厂通过对船舶设计分段优化,大量采用高强度止裂钢、横隔舱整体建造、焊接变形控制等关键技术。

中远川崎造船厂自 2018 年 1 月开始为中远海运集运陆续交付 11 艘 20 000TEU 具备自主知识产权的集装箱船,打破了日本和韩国在这一领域的技术垄断。这些船舶船长 400 米,型宽 58.6 米,型深 30.7 米,最大载重量达 19.7 万吨,设计航速为 22.5 节。船舶能耗低于同级别船,预留了 LNG 燃料装置,船舶装载量、营运快速性、安全性能、绿色环保、智能化等指标,均达到世界先进水平。

4. 油轮:VLCC 国产化支撑我国原油进口快速增长

改革开放初期,我国原油和成品油轮技术水平落后,主要向日本输出原油,也有部分从事太平洋区域航线。大连远洋专业化从事油轮运输,将老旧船舶出售清理,开始建造双层底大吨位油轮,20 世纪 80 年代接收了 6 艘 6 万吨级油轮和 3 艘 9 万吨级油轮。为满足 1996 年后双层油轮的技术要求,中远总公司开始订造 2 艘双层壳油轮。直到 20 世纪 90 年代末,我国油轮船队都没有 VLCC,船舶状况整体老旧。

随着我国油品消耗量持续攀升,国内油田开采愈发不能满足全部需求,海

外原油进口所占比例持续攀升。为了适应这一趋势,我国通过国内外 VLCC 建造,迅速扩充了船队,提升了船队技术水平。2002 年末我国首艘自己建造的 VLCC"远大湖"号在南通中远川崎船厂交付。2004 年,首艘悬挂五星红旗的"新金洋"号 VLCC 由中海船厂交付,船总长 330 米,型宽 60 米,货油舱容量达 34 万立方米,最大航速可达 16.7 节。2009 年中船集团下属的龙穴造船厂成功交付首艘我国自行研发、建造的 VLCC,并命名为"龙穴造"。该大型油轮采用液货透平技术进行装卸,我国中小型油轮液货透平装卸系统实现了自主研发知识产权。

2015 年大连中远川崎交付了"远翔湖"号 VLCC,船总长 333 米,型深 30 米,设计航速为 15.5 节,载重吨达 30.8 万吨,通过球鼻艏、螺旋剑和主机及惰性气体等多项节能化设计,提升了船舶的推进效率,降低了空船重量并使得船舶较同类型船舶多装载 2 400 吨,同时每天节省 5 吨燃油,提升了船舶在经营中的竞争力。我国自主建造的 VLCC 进一步保障了我国 VLCC 船队的持续发展。到 2018 年底,招商局集团和中远海运集团的 VLCC 分别位列全球第一和第二。

5. LNG:实现自主建造服务

2006 年我国首个 LNG 接收站投产,最初应用国外 LNG 船舶运输。2008 年 4 月,沪东中华建造的"大鹏昊"正式交船,总长 292 米,船宽 43.35 米,吃水 11.45 米,设计航速为 19.5 节,可以载货 6.5 万吨,实现了我国 LNG 船的首次自主建造。该船和其姊妹船"大鹏月""大鹏星"一起,投入我国 LNG 长期合同运输中。

2009 年我国第一艘自行设计、出口海外的 17.2 万立方米薄膜型 LNG 船"巴布亚"号交付,总长 290 米,型宽 46.95 米,型深 26.25 米,设计吃水 11.5 米,设计航速为 19.5 节,适航性好,适合世界各地主要港口的靠泊要求。该船配备了容量达到货舱气体挥发率 110% 的再液化设备,可以确保货舱中挥发的气体能够 100% 被回收,最大限度地减少了 LNG 在货运过程中的挥发损失,世界上约有 1/8 的 LNG 船配备了这种再液化设备。

但应当看到,当前LNG船使用的薄膜技术专利归属于法国的GTT公司所有,且世界上无替代技术,在建造和运营中要持续向该公司缴纳高昂的专利使用费。在LNG船舶建造方面,韩国当前处于绝对领先地位,我国造船仍然有相当差距。

6. 大型工程船

为了适应改革开放以来对大型工程的建设需求,我国创造性地开发出一系列的大型工程船,大大提高了施工效率,有力支撑了基础设施建造和深远海交通通道建设。

2010年自航绞吸挖泥船"天鲸"号交付,总长127.5米,宽23米,吃水5.5米,绞刀功率达4 000千瓦,可以将水下30米深的不同类型的岩石、泥土和海沙绞碎,充分混合后用吸泥泵抽出最远可抛射到6千米以外,充分利用海洋里的沙土进行填海造陆,有效减少海底爆破工程,更轻易地清除海底岩石。中国疏浚大型绞吸装备国产化奠基人、中交天航局总工程师顾明指出"天鲸"号系列装备最大的特点为:挖得快、立得稳、排得远,在挖掘爆破、自主航行和远距离输送等方面实现了创新,技术水平达到世界领先。"天鲸"号获得2019年度国家科学技术进步奖特等奖。

"天鲸"号的升级版"天鲲"号于2017年下水,每小时挖泥6 000立方米,绞刀功率为6 600千瓦,远程输送能力为15 000米。在南海建造岛礁中功不可没,适用于沿海和深远海港口航道疏浚及围海造地,多项技术国际领先。

7. 救助打捞相关技术

救助打捞需要天空、地面、海洋的全方位立体系统支援,当前我国已经在直升机救援、海岸基站方面形成了较为完善的布局。深远海救助打捞需要高精度搜寻定位技术,使用大深度饱和潜水和海底探测机器人辅助作业,并采用专业化起重船打捞重大件物品。我国构建的救助打捞工作母船,在"世越"号、"桑吉轮"等重大事故打捞中发挥了重要作用,在大吨位深水打捞领域已经跻身国际前列,救助时所需服装等装备实现了国产化。但是,我国部分救助打捞系统的核心零部件仍然需要进口,水下探测技术有待提升。总体来看,我国在深远海救助打捞方面与世界先进水平仍然有一定差距。

(1) 大深度饱和潜水

当前全世界有 8 个国家能进行饱和潜水,其中能潜到 500 米深的国家包括英国、瑞士、挪威、法国、德国、日本和美国。法国潜水员在地中海饱和潜水的实际作业深度达到 534 米,而实验深度达到 701 米。

我国饱和潜水技术已经突破了 490 米的深度,500 米仍在努力突破。我国 12 名潜水员创下了在南海上百米的深水中生活 390 小时、工作 126 小时,完成海底油管更换的纪录。我国"蛟龙"号可下潜到 7 200 米,创造了世界纪录,但是人员无法出舱作业,需依靠机械臂完成作业,对于高精度作业胜任度有限。

(2) 海底探测机器人(ROV)

由中国中车集团自主研制的我国救捞系统水下机器人功率达 250 马力❶,当前能够下潜至 2 951 米并开展搜寻作业,能够掣起 4 吨重货物,标志着我国具备 3 000 米级深水救捞能力。

(3) 海底起重船

起重船主要应用于海上救助打捞、大件吊装、码头及桥梁建设等领域。"振华 30"是振华集团最大的起重船,获得第十九届中国国际工业博览会的特别奖。该船单臂架 12 000 吨的吊重能力和 7 000 吨 360 度全回转的吊重能力均居世界第一。"振华 30"在韩国"世越"号沉船打捞中发挥了重要作用,具备自航和动力定位功能,作业范围广且能适应各种海况。

二、港口装卸工艺系统和装备

伴随港口码头专业化,针对不同货种港口装卸工艺系统具有较大区别,液体散货,集装箱,件杂货,干散货中煤炭、矿石、散粮和水泥等均形成了专业化装卸工艺系统,是港口效率提升的重要组成部分,减少了人力投入,提升了装

---

❶ 1 马力 = 735.499 瓦。

卸作业的标准化程度、效率和安全水平。

新中国成立以来至改革开放初期,我国港口装备总体技术水平比较落后。20世纪80年代初国际先进的散货运输码头实现了连续化,宁波港、广州港和天津港码头在装卸时均引入了日本、英国等先进的连续装卸设备。通过引进链斗卸船机、埋刮板卸船机、斗轮卸船机、螺旋卸船机和双带式卸船机,提升了码头作业水平,并在粮食码头设计方面形成特色。20世纪80年代国内自主研发的装卸设备有XL400型吸粮机、1 250吨/时抓斗装卸桥、1 200吨/时链斗卸船机和大型水平埋刮板输送机等,与国际先进技术水平的差距在缩小。20世纪90年代研发的卸船机效率进一步提升,研发投产了1 600吨/时斗轮式矿石卸船机和桥式抓斗卸船机,与当时国际水平基本相当。我国针对粮食等流动性较好的散货研发出800吨/时波形挡边带式卸船机,散粮运输特色凸显。

集装箱装卸设备也经历了从引进、追赶到超越的过程。天津、上海等6个利用外资建设的专业化集装箱码头采用了国外装卸设备,此后直到20世纪90年代末都以进口为主。国产集装箱岸边、水平作业和堆场装卸机械研发的探索从20世纪80年代开始,先后实现了集装箱岸边装卸桥(ZQ40型)、集装箱门式起重机(LMJ40型)、正面吊运机(JD-40)和大跨距岸边集装箱起重机研发零的突破。20世纪90年代我国在岸边集装箱起重机研发方面与国际先进水平的差距进一步缩小,以JAJ52型岸桥为代表,集装箱岸桥开始出口到国外。2000年以后,集装箱岸桥在国际市场份额连续超过70%,最大前伸距由常规岸桥不超过65米升级到最大前伸距可达68~73米,最大起升高度达到48~52.5米的"3E"级大型化岸边集装箱起重机、高效的双40英尺[1]双小车岸桥、三40英尺集装箱岸桥、12 000吨/小时散货连续装船机、4 000吨/小时大型桥式抓斗卸船机、4 500吨/小时链斗卸船机、DQ10500/6000斗轮堆取料机等大型、高效、专业化等装备的研发和应用,标志着我国集装箱、散货大型专业化港口装卸设备的技术水平不断提高。顺应绿色港口发展趋势,港口设备通

---

[1] 1英尺=0.304 8米。

过油改电、油改气减少了污染,针对油类、LNG等危险品码头的操作规范性和应急预警实践不断增多。

但与先进国家相比,多项关键技术发展水平落后,核心技术对外依存度较高,部分核心元器件仍依赖进口,系统支撑能力欠缺。如电气设备方面,与西门子、ABB(瑞士电力和自动化技术公司)等国外公司的电气控制系统仍有一定的差距;液压设备方面,液压传动和元件方面的技术水平仍需进一步提升。

1. 秦皇岛港煤码头三期工程

秦皇岛港煤码头三期工程于1989年底投产,是国家"七五"重点建设工程,引进国外20世纪80年代装卸设备,自动化水平高,考虑到煤炭装卸中的环保需求,也全套引入了除尘、防尘和污水处理技术,年吞吐能力达到3000万吨,成为当时全球最大的、工艺先进的散货码头。为适应大秦铁路重载进港装卸,从国外引进不解体、不摘钩、可以同时翻卸三节车皮技术,卸车效率达到每小时4860吨,位于铁路环线内的煤堆场一次可堆存150万吨。装船作业采用3台额定台时效率为6000吨的移动式装船机。该煤码头的年装船能力、堆场存煤能力、取料机的额定台时效率以及翻车机的卸车效率等指标都达到了国际先进水平。该工程于1991年荣获全国第五届优秀工程设计金质奖。

2. 集装箱岸边起重机

为适应我国集装箱运输快速发展的态势,我国科研机构大力投入研发集装箱岸桥等设备。1992年成立的振华港机自20世纪90年代中标温哥华项目后,进一步扩大了在国际市场的占有率。经过不懈努力,振华港机自1998年以来连续20年集装箱岸桥占有率居世界第一,提供了最具性价比的集装箱岸桥设备,产品销售至全球201个国家和地区,集装箱岸桥的市场占有率超过70%。振华港机不断创新,为提升装卸作业效率和码头土地集约利用率,研发出双40英尺集装箱岸桥,通过小车下配备2个独立的可伸缩式吊具完成同时对2个40英尺集装箱的作业。在自动化码头设备研发方面,振华港机也实现了突破,已为荷兰鹿特丹港、美国长滩岛港等全球重要港口的自动化码头提供单机设备。

3. 抓斗装卸桥("包起帆抓斗")

为提升木材装卸效率,保证作业安全,20世纪90年代包起帆研发出了木材专用装卸抓斗,实现了人木分离,使得装卸效率提高了2.67倍。此后,包起帆在生铁、废铁装卸中发明了"单索生铁抓斗""异步启闭废钢块料抓斗"和"新型液压抓斗"等适合不同货种的140多种新型抓斗,共21次获得国际发明展览会金奖,3次获得国家发明奖,3次获得国家科技进步奖。巴黎国际发明展上,包起帆一次性获得了4个金奖,创造了一项新的世界纪录,被称为"抓斗大王"。随着时代推进,包起帆又在射频识别电子标签(RFID)研发和自动化码头方面继续创新。庆祝改革开放40周年大会上,包起帆荣获"改革先锋"称号,被称为港口装卸自动化的创新者。

4. 连续散货卸船机等高效装卸设备(20世纪90年代1 600吨/小时)

为了适应沿海和外贸散货作业要求,20世纪80年代我国多个港口引进了连续作业卸船机,并尝试探索自主研制连续卸船机。1990年国家经贸委将开发斗轮式矿石卸船机列入"八五"国家重点企业技术开发项目,研制出世界上首台用于海轮矿石卸船作业的斗轮式连续卸船机。其额定功率为1 600吨/小时,最大操作效率可达1 850吨/小时,而平均作业效率可达1 200吨/小时,与当时70 000载重吨的散货船匹配。该矿石卸船机是当时世界上最为先进的矿石卸船机,也填补了国内的相关技术空白。

但仍应看到,当前我国港机装备控制系统、驱动桥、激光器和磁钉定位系统等仍旧不能完全自主化。

5. 港口岸电技术

靠港船舶通常利用其辅机燃油发电,满足船上冷藏、空调、加热、通信、照明、应急和其他设备的电力需求。船舶辅机燃油发电过程中会排放大量NO_x、SO_x和颗粒物等空气污染物,是港区大气污染的重要来源。靠港船舶使用岸电取代辅机燃油发电最早在美国得到应用,我国连云港、蛇口等港口研发了自有的岸电码头标准,即船舶岸上供电系统、船舶配备船载岸电受电系统以及码头或船舶配备与上述岸上供电系统和船载受电系统配套的船岸连接系统。

2017年交通运输部发布了《港口岸电布局方案》(交办水〔2017〕105号),同时形成了《港口船舶岸基供电系统技术条件》等4项技术标准,综合利用政策法规、标准规范、试点示范、布局方案、经济激励等手段促进码头配备岸电供电设备设施。全国已经有2 400多个码头具备了岸电供应能力,为进一步推动靠港船舶使用岸电奠定了基础。

交通运输部推广码头岸电应用,对符合条件的岸电设施进行一定资助,部分地方政府也给予一定配套资金,形成了一些成功案例。如深圳盐田港区采用可移动式岸基船舶供电系统,实现6千伏/50赫兹或6.6千伏/60赫兹双频双压输出,覆盖10个15万~20万吨级的泊位,达到船电与岸电的无缝切换,可满足全球最大型集装箱船舶的用电需求,大型集装箱深水泊位岸电覆盖率超过80%,成为我国沿海港口具备岸电供电能力大型集装箱深水泊位数量最多的码头。该项目获得了中国水运建设行业协会科学技术奖。

6. "油改电"

我国大部分传统集装箱码头堆场采用轮胎式集装箱门式起重机(RTG)进行堆场装卸作业,传统的RTG采用柴油发电机组作为动力,存在尾气排放、噪声污染等问题。通过RTG"油改电",将起重机驱动系统动力源由柴油改为电力,有效降低了能耗和排放。目前,国内具备供电条件的规模化港口已基本完成RTG"油改电",RTG"油改电"的改造方案主要分为3种:低架滑触线式,代表港口为青岛港、天津港、深圳港和广州港等;高架滑触线式,代表港口为上海港、宁波港等;电缆卷筒供电式,代表港口为大连港。新采购的港口RTG大多已将电力驱动作为基本条件之一。

针对电动RTG转场不便问题,目前采用的解决方案为配备小功率柴油机、蓄电池或液化天然气(LNG)驱动等。港口其他流动机械,如集装箱正面吊运起重机、港口轮胎起重机、港口集装箱拖挂车、港口集装箱堆高机等港口装备的"油改电"技术或油电混合动力技术也得到了一定的发展和应用。

第四节 运输组织

　　油轮和干散货运输是早期的专业化运输组织方式,通过全球海运经纪人网络撮合船货双方交易,以航次租船、定期租船等方式订立租船运输合同从而进行港口间运输,按照国际贸易不同贸易条款划分船货双方的权利和义务,按照市场定价。针对海运市场的剧烈波动和需求规模的增长,为实现供需双方经营可预期性,大型货主与大型海运企业通常签订COA甚至船舶终身服务合同。石油、钢铁、电力、煤炭、矿石等需求侧市场集中度高于海运企业,推动油轮、干散货船形成联营体,以提升规模化服务和议价能力。现代海洋与气象技术的进步,使人们对气象、海况能更加准确地做出预报,同时结合管理技术的进步,通过推进准班轮服务不断提升服务质量。我国沿海运输最重要的货类就是煤炭,煤炭储量和产量主要在"三西"和"三北"地区,而需求主要集中于东南沿海,形成了"北煤南运""铁海联运"的能源运输大通道,构建了煤矿—铁路—港口—沿海运输—沿海沿江电厂的全程运输系统。其中大秦铁路通过高效、专业化的重载列车直达秦皇岛港,通过工艺进步实现了火车翻车卸煤、堆场堆取、装船等作业的有效衔接,大大提高了环保水平及作业效率。海上不断推进船舶大型化,推进江海直达、江海联运,沿海能源运输效率得到大幅提升。而海运运输组织最大的变革,依然是集装箱运输。其优势在于适应性高、效率高、成本低、货损货差少,集装箱将原本成千上万种货物通过合理拼箱实现了标准化,大幅提升了适应能力。由于从包装、运输、装卸等全流程实现了简化,因此效率得以提升。箱体周转加快和可以反复使用也进一步降低了运输成本。通过箱体的保护,集装箱运输的货损、货差率低,便于开展多式联运。集装箱的应用基本替代了原先的杂货运输,形成了一个简单化、自动化、低成本化的货物运输系统,而件杂货运输成为应对非标准化、个性化、重特大货物运输的方式。

　　集装箱海陆联运诞生于1956年,一艘"理想X"号老油轮运输了58个铝制货车车厢从纽瓦克到休斯敦,这是由"现代集装箱运输之父"马尔科姆·麦克莱恩推动的。其实在他之前已经有一些海运公司通过零散的集装箱、托盘进行成组化运输,但麦克莱恩的超前之处在于他意识到集装箱优势的发挥不仅仅只是设计和应用集装箱,而是一个系统工程,即要将货物处理所涉及的船舶、港口、货车、储存处理设施及发货人的操作综合构成的系统构建统一标准,才能根本性地提升运输组织效率,降低货物运输成本,而集装箱只是整个链条中的一个环节。麦克莱恩积极推动港口装卸系统进行改变,因此受到了码头工人和工会的强烈抵制。同时,集装箱运输系统必须依靠规模化才能充分发挥其优势,降低单位运输成本,这对于实现运输系统正向增长的循环非常重要,因此麦克莱恩持续扩大运输船队。伴随集装箱运输规模的快速增长,集装箱相关标准的制定也成为行业关注和争夺的焦点。集装箱运输的优势推动集装箱化水平的持续提高,长期保持高于世界海运需求的平均增速,其高效、廉价和"门到门"的运输方式有力推动了经济全球化的发展,使得"及时生产"的组织模式能够实现,运费占商品的比例变得微不足道。1961年,单单海运成本就占到了美国出口总值的12%和进口总值的10%,尽管油价显著上涨,而集装箱运输使得单位运输成本大幅下降。改革开放以来,我国的集装箱生成量和发运量已经位列全球第一,与"世界工厂"的发展相伴相生。正如《集装箱改变世界》一书所说,"中国也从此登上国际集装箱海运和世界贸易的舞台。"

一、国际集装箱运输系统工业性试验

我国对发展集装箱运输高度重视,1974年6月开始在天津新港兴建我国专业化集装箱码头(1981年底投入使用),1978年9月26日"平乡城"装载了162个集装箱从上海港开赴澳大利亚港口,标志着我国远洋集装箱运输的正式开始❶。1985年集装箱船队达到38艘,箱位4万TEU,完成运量32.4万

---

❶ 自1878年以来,我国参照有关国际标准,陆续制定了集装箱运输的基础标准、通用标准和行业专用标准,实现了与国际接轨。集装箱运输基础设施、装备制造技术的发展,为集装箱运输的发展提供了良好的基础。

TEU，15个开展国际集装箱运输的港口吞吐量达到57万TEU，先后开辟了中日、中美、中欧等集装箱运输航线。改革开放之初，世界海运业集装箱化正在蓬勃发展，并已经形成整套班轮运输系统。由于技术装备、管理水平、货源组织等方面的诸多差距，我国仍然参照传统件杂货管理模式，往往要等待货物集中，加之当时港口能力不足、船舶停时长，整体服务效率很低。1984年5月至1985年2月，虽然尝试开辟中国至欧洲集装箱班轮航线，终因货源组织方式问题导致部分港口严重压港，班期被打乱，无法开辟正规的班轮运输，严重影响了航运信誉，削弱了我国在国际航运市场上的竞争力，集装箱运输的高效潜力未能充分发挥。针对这一问题，国务院口岸领导小组发布《关于进一步加强国际班轮运输工作的通知》，交通部进一步颁布《关于发展国际定期班轮的通知》，提出"定航线，定船舶，定货种，定泊位，定时间"的原则，对港口、船公司、外代公司分别提出具体要求，强调港航双方务必加强协作配合，建立必要的制度，签订经济协议，共同做好相关工作，保证物资的积载和疏运，切实指导各方要牢固树立"一盘棋"思想，相互协调配合，同心同德做好国轮班轮各项工作。这些措施推动行业克服种种困难开展集装箱班轮运输，1986年6月我国集装箱国际班轮运输正式运行，从国内12个港口开出46班航线，覆盖全球主要港口，树立了国轮班轮可信可靠的形象，但也暴露出诸多问题。为加速集装箱运输发展，在集装箱运输优化论证、技术装备研发、运输系统试验、标准规范和信息化应用等方面科技项目推进的同时，1988年国家计委批复国际集装箱运输系统工业性试验(以下简称"工试")为国家重点科技项目，从技术层面规范集装箱运输管理。

"工试"以建立国际集装箱运输的管理、信息、设备三大系统为目的，以远洋集装箱运输干线为主，开辟沿海、铁路、公路、长江和内河集装箱运输支线，共同构建集装箱运输组织系统。项目由交通部主持，交通部水运科学研究所和上海市人民政府交通办公室承担，全国水运、公路、铁路、经贸行业共50多家单位2 000余人参与，开展设备、单证、规章、费率、信息等专题研究。

(1) 完善以上海港为枢纽的国际集装箱运输系统建设方案，针对能力不均衡问题,提出了 7 350 万元的配套建设方案,有效解决了集疏运能力薄弱瓶颈问题。

(2) 突破性地拟定了第一个国际集装箱综合管理业务规章——《海上国际集装箱运输管理办法(试行)》,奠定了我国国际集装箱运输的法律基础,明确了参与海上国际集装箱运输的主体,规定了海上承运人和货主的 9 种货物交接方式作为责任划分的依据,明确了货物托运、承运、装箱、拆箱、到达、交付、交接等各个环节的责任,健全箱务管理制度,实行超期有偿使用办法,同时为实现集装箱多式联运预留了流程接口,并对危险货物和冷藏货物的集装箱运输注意事项进行了补充说明。

(3) 颁布"工试"国际集装箱多式联运有关办法、规定。建立了我国集装箱运输专用单证,推广了场站收据、设备交接单、交货记录 3 种单证,改革了集装箱多式联运的收费办法。形成了口岸集装箱业务联合办公模式,使口岸协作水平达到了新的高度。健全现场箱务管理机构,推动单证制作与处理由手工操作过渡到计算机管理,改变了箱务管理混乱的落后面貌。

(4) 实现并完善了 3 种不同形式的"门到门"运输经营模式,确立了多式联运经营人的地位和作用;研发了一个覆盖"工试"网络范围、对集装箱进行动态跟踪的信息系统;第一次实现了分属交通、铁路、经贸 3 个部门、分布于 12 个城市共 20 多个单位的信息传递网络。

(5) 成功研制了适用于我国内陆港站的 40 英尺集装箱正面吊运机、36/16 吨铁路龙门起重机及 35 吨内河港池大跨距桥式起重机。以上关键技术的突破,为我国从全局实现国际集装箱运输的正规化、现代化奠定了基础。

"工试"项目取得了非常显著的经济效益,是我国集装箱运输史上的一次突破,摸清了困扰发展的症结所在,解决了一些瓶颈问题,取得了值得推广的成套经验,推动了国际集装箱运输跨上新台阶,也为全面、系统解决国际集装箱运输诸多问题提供了途径。1990 年 7 月,交通部在上海召开"工试"项目工作会议,并在"工试"现场具体落实运输组织实施方案。1991—1992 年,上海与长江中下游主要港口间的长江内支线航线开辟,也吸引了国外班轮公司开展国际集装箱航线。在"工试"成果基础上,国家经贸委又及时在天津、大连等地组织成果的推广。到1995年,工业化试验中所创造的单证在共计20个沿海和长江沿线港口应用,有力推动了国际集装箱运输的规范化管理,更为加入WTO后适应我国对外贸易需求高速增长、港口集装箱吞吐量迅速增加创造了条件。

二、集装箱运输EDI

国际标准化组织(ISO)对EDI(Electronic Data Interchange,电子数据交换)的定义为"将贸易或行政事务处理按照一个共同认可的标准变成结构化的事务处理或信息数据格式,从计算机到计算机的电子传输"。20世纪80年代全球EDI系统在集装箱业务快速发展和信息化加速应用的背景下迅速推广,美国、欧洲大部分国家、日本等均形成了相应系统,以荷兰鹿特丹港、比利时安特卫普港和美国西雅图港等EDI中心为代表。我国为了提升集装箱运输的效率,参考国际先进经验,将"国际集装箱运输电子信息传输和运作系统及示范工程(国际集装箱运输EDI系统及示范工程)"作为国家"九五"重点科技攻关项目,于1995年8月正式立项。项目以上海港、天津港、青岛港、宁波港和中国远洋运输(集团)总公司为示范工程建设单位("四点一线"示范工程)。

在交通部项目领导小组的直接领导下,交通部水运科学研究所、上海船舶运输科学研究所、上海市人民政府交通办公室、交通部标准计量研究所以及示范工程建设单位,在接纳联合国EDI系统标准基础上制定了集装箱运输标准体系和代码标准,在此基础上开发了一系列软件,形成了进出场站码头集装箱信息自动传输技术和EDI与EDP(Electronic Data Processing,电子数据处理)有机结合的应用报文系统,建立了EDI报文运作安全机制,制定了EDI法规系统。EDI系统在国际标准基础上融入了本土化特点,大大提升了信息传输效率,节省了时间和成本,1997年末正式完成,在集装箱电子数据传输方面实现了与国际同步,在"四点一线"建成并投入使用,联通了147个用户,实现了中国远洋运输(集团)总公司 EDI 网络与国际公用数据网的互联,后逐步将海关、银行、货主等利益相关方均纳入统一平台,在沿海从事国际集装箱运输的港口得到应用,大幅提升了国际集装箱运输效率。这项工程成为"九五"期间的重要交通科技成果,也是我国集装箱运输迈向管理现代化的重要标志。

三、内贸集装箱运输

在改革开放的推动下,经济社会持续快速发展,海上货物运输结构不断调整,适箱货比重不断提高,内贸 2 吨、5 吨箱已难以适应市场的需要。20 世纪 90 年代中期,关于水上适箱货运输有两种运输组织变革的思路。一是将水上滚装运输与公路甩挂运输结合,这一运输方式的优势在于有机融合公路及水路两种运输方式优势,实现"门到门"运输,充分发挥道路运输尺度和载重潜力,降低装卸港口设备投资,提高牵引车工作效率,减少牵引车数量,降低投资成本,减少驾驶员的数量,降低人员开支,降低空载率,提高车辆使用率等,但需要相关政策调整、技术标准推进和市场主体运营体系的变革等,才能充分发挥其竞争潜力[1]。二是将外贸国际集装箱运输成套组织、管理引入内贸运输。这种方式的优势在于各利益相关方便于认知,政策成熟,技术标准装备配套,大型班轮公司主体推动,概括起来就是简便易行。1996 年后,在中国海运(集团)总公司为代表的企业推动下,我国将外贸国际集装箱运输整套组织管理技术引入到内贸货物,水上内贸适箱货走上了采用国际标准集装箱的道路,其运输质量好、快速方便、货物全程综合成本低的优势迅速得到广大货主的认可,这一运输组织方式变革,适应了市场对运输质量提高的需要。1997—1999 年连续 3 年保持 3 位数爆发式增长,1999 年全国港口内贸集装箱吞吐量达到 265 万 TEU,2004 年突破 1 000 万 TEU,2011 年突破 5 000 万 TEU,2011—2018 年依然保持了年均近 10% 的高速增长,2018 年突破亿 TEU 大关,如图 2-2 所示。

---

[1] 笔者当时倾向"滚装+甩挂"这一运输组织方式。

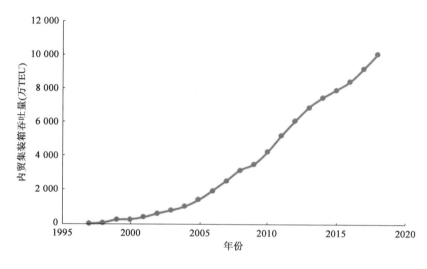

图 2-2　我国港口内贸集装箱吞吐量

滚装+甩挂运输没有成为主流的原因

滚装+甩挂这一运输组织方式没有得到广泛应用的原因是多方面的，主要包括以下6个方面：

(1) 技术政策制约。运输车辆管理法规禁止多挂汽车列车、全挂汽车列车上高速公路；牵挂两证应隶属于同一行政区域的同一家企业，并在同一地注册，否则就不允许上路行驶；海关以牵引车为鉴定对象，不许牵引车和挂车分离。

(2) 经济政策制约。一是牵引车与半挂车均需要独立投保，半挂车需要独立购买交通强制责任险，增大了企业成本，在交通事故中容易引起责权问题和经济纠纷。二是管理部门对牵引车和挂车实行同样的检测报废制度，但甩挂运输过程中，挂车行驶里程明显低于牵引车，损耗程度也大大低于牵引车，而两者却采用同一报废制度。半挂车报废期限到达时,企业不得不购买新的半挂车,而其实旧的半挂车完全可以继续使用,这无疑增加了物流企业成本。三是缺乏规模经济效益支持,以简单的(一线两点)传统甩挂组织为主,循环甩挂仍然较少。

(3)技术标准制约。挂车与牵引车的规格衔接匹配缺少标准规范,生产、设计过程难以统一,这一系列的问题导致挂车与牵引车在甩挂过程中"挂不上、拖不了",直接阻碍了这种简便先进的运输模式在企业间、行业间的推广,导致甩挂运输无法大范围实施。甩挂运输频繁甩和挂,导致牵引车和挂车经常出现摩擦、撞击,发生连接板断裂、支腿拉断事件,在牵引车和挂车连接方面没有统一标准的情况下,企业只能定性配置车辆零部件,安全隐患严重。

(4)基础设施制约。由于标准化甩挂站场少、功能不够完善等,真正适合甩挂运输作业的场站并不多,配套信息系统大多局限于企业内部,信息无法实现互联互通和资源共享。

(5)信息化制约。滚装+甩挂运输是一种高度组织化的运输形式,对货源、运行线路、时间有严格的要求,对物流信息网络化的依赖度很高,对场站接驳能力、货物集散能力等提出了特殊的要求。

(6)市场主体制约。海上有大型规模化企业,但陆上货代公司、专线公司规模都比较小,长途载货汽车更是高度分散的个体业户,至今也没有出现一家大规模的整车运输企业。

第五节 信息化及数字化

以数字化和信息化推动海运技术进步、提升服务水平,是海运技术进步最为显著的特征,也为海运业发展注入了强劲动力。通信导航技术的应用大大提高了航行安全,电子政务系统和企业管理信息系统则大幅提升了行业监管和企业管理的效率,数字化创新基于新一代信息化技术在货物运输全流程进行优化,智能航运的蓬勃发展将进一步改变和优化行业运作方式。

一、通信导航系统

1. 国际海事卫星组织(Inmarsat)管理的 Inmarsat 系统

传统的航运业采用摩尔斯密码和无线电进行船岸通信,效率较低。卫星导航技术的应用大大提升了船岸通信的效率。1979 年,IMO 成立了 Inmarsat 系统以保障全球船舶安全,稳定率达到 99.99%。1987 年开始,中远集团通过国际海事卫星组织的 L 波段开展通信交换网络。而中远总公司在此前已经有 50 余艘船舶安装了这一设备,实现了海事通信卫星技术的现代化,此后 Inmarsat 系统广泛应用于国内远洋运输企业。

1992 年全球海上遇险安全系统(GMDSS)在全球开始实施,指定采用 Inmarsat 系统进行通信,从而实现全球统一协调的船舶通信,在遇险时自动发送和接收报警信号。当前 Inmarsat 系统拥有 13 颗在轨卫星,第一代为模拟信号,第二、第三代为数字信号,第四代为宽带通信,比第三代容量大 20 倍,可提供全球宽带局域网(BGAN)业务,并支持移动终端业务。第五代 Xpress 拥有 4 颗卫星,能够提供更高宽带的高速数据通信,支持 L 波段和 Ka 波段业务。

2. 北斗卫星导航系统在海运业的应用

从综合通信卫星来看,世界通信导航系统主要有美国主导的全球定位系统(GPS)、欧洲伽利略卫星导航系统(GALILEO)、俄罗斯格洛纳斯卫星导航系统(GLONASS)以及中国北斗卫星导航系统,其中美国 GPS 系统应用最广,技术最成熟。

美国 GPS 系统自 1974 年开始发射第一颗轨道卫星,1994 年布设完成,包括 31 颗轨道卫星,可以为地球表面约 98% 的地区提供定位、测速和高精度授时服务,向军事用户提供高精度的导航信息,并免费向民用用户提供相对低精度的导航信息。通过对 GPS 信号实行差分,基本可达到分米级,可以满足民用要求,尽管在船舶直接的导航中使用不高,但已经深深嵌入GIS(地理信息系统)、AIS(船舶自动识别系统)、VHF(甚高频)等应用当中,实现了广泛应用。当前AIS、船舶VHF通信的底层数据支持均来自GPS。如GPS技术与GIS技术结合便利了港口操作,实现了集装箱全程追踪。此外,GPS在水运工程施工的勘测、设计、施工和疏浚全流程中都在应用。

1994年,北斗卫星导航系统启动建设,我国开始探索适合国情的卫星导航系统发展道路;2000年形成"双星定位"的创新,建成"北斗一号"系统,向我国提供服务;2012年底,建成"北斗二号"系统,向亚太地区提供服务;2020年6月23日9时43分,我国在西昌卫星发射中心用长征三号乙运载火箭,成功发射北斗系统第55颗导航卫星,暨北斗三号最后一颗全球组网卫星,至此北斗三号全球卫星导航系统星座部署比原计划提前半年全面完成,标志着北斗系统完成全球组网。系统除基本PNT(定位、导航、授时)功能外,还具备短报文通信、全球位置报告、全球搜救、星基增强、精密单点定位五大特色服务,全球水平及垂直定位精度可达10米以内,可广泛应用于全球远洋船舶导航,保障航行安全。2016年发布《交通运输部关于在行业推广应用北斗卫星导航系统的指导意见》(交规划发〔2016〕235号)、2017年发布《北斗卫星导航系统交通运输行业应用专项规划(公开版)》,组织开展了"北斗高精度技术的港口调度作业示范工程""基于北斗的中国海上搜救信息系统示范工程""全国沿海差分台站兼容北斗升级改造工程"等,极大地推动了北斗卫星导航系统在远洋运输、沿海运输、内河运输、水上安全监控与搜救、海事管理、港口管理、航运物流等领域的应用,带动了一批如北斗AIS智能终端、北斗EPIRB(应急无线电示位标)、北斗智能导航终端、北斗手持通信应急装置的应用与发展。

二、电子政务系统

20世纪90年代我国成立了中国国家信息化基础设施规划组,开发实施"金"系列信息化工程,交通部的"金交"工程也名列其中,构建了中国运输信息网(CTInet)主网,为电子政务系统打下了良好基础。

1. 水上交通管制系统(VTS)

IMO 在 1985 年发布《船舶交通管理系统指南》,全球海上交通管制系统随后获得了长足发展,通过监视雷达和管理系统的应用,提升了对水上运输业的监管水平。为了更好适应我国水上交通监管需求,我国引入了国外的 VTS,并探索实现国产化。

交通运输部海事局就 VTS 的研究与开发设立了重大科技项目,连云港海事局牵头首次研发成功的具备完全自主知识产权的国产船舶交通管理系统,在雷达回波综合处理方面实现了技术突破,同时针对国内航行船舶速度差异较大的特点发明出具备中国特色的"一种基于环境信息图点迹预处理的航迹起始方法"专利,获得了 2014 年度中国航海科技奖特等奖,率先在连云港海事局进行了应用。我国基于 VTS 在国际航标协会构建了首个国际标准,开始在行业内进行应用。但总体来看,VTS 岸基雷达仍然高度依赖进口,不具备自主知识产权。

2. 统计信息体系

20 世纪 80 年代,交通部引进了水运企业船舶运输生产统计体系。伴随政企分开和国企改革,依据《中华人民共和国统计法》及相关管理文件,交通部逐步完善了行业生产统计、交通事故统计、工程安全统计等,并形成了一套完善的统计制度。20 世纪 90 年代,公路、水路运输全行业统计信息系统应用更加广泛,通过统计数据的整理分析,有力保障和促进了行业决策。

三、企业信息管理系统

1. 中远海运集运的 IRIS2 系统

改革开放以来,中远集团开始引入电子计算机管理系统,到 20 世纪 80 年代末中远公司已经采用了多台 IBM 系列机,并针对常用的港口里程、港口代理、船舶运行的高频数据开发了一些应用程序。到 1990 年已经开发了若干围绕船舶运营的应用程序,开发了船舶动态管理、财务会计、船员人事管理、国外代理备用金管理、运输统计、港口使费和运费统计分析、航次估算及船舶技术参数资料查询等项目。2000年以后集团内部加大信息化发展,在集装箱运输、干散货运输、财务管理等方面形成了专业化的企业管理信息系统,大幅提升了管理效率,实现了集团内部信息的互联。其中针对集装箱运输的IRIS2系统是其中最为成功的案例。中海集团、招商轮船等也推进了内部的信息化管理系统。

从事国际集装箱需要通过扩大规模来降低网络成本,因此需要统一调度大量船舶,而每艘船每个航次的货物、货主信息较船舶数量相比再度呈几何倍数增长,因此对于生产运营信息系统的要求很高。2001年中远集运采购了东方海外旗下的CargoSmart(货讯通)开发的IRIS2系统,将全球的代理系统整合到一个平台,打通了集团内部的相关信息,大大提升了调度和管理的效率。到2018年IRIS2系统仍在使用,通过升级到最新的IRIS4系统进一步提升了船舶经营效率。

主要集装箱班轮公司信息化系统尝试

马士基航运采用其内部开发的信息系统,依据不同的功能模块分别开发并进行联通。达飞集团一直力求形成统一的生产信息调度平台,与IBM合作并投入巨资却始终未能成功。东方海外在信息化方面投入巨大且形成了专业化且世界领先的信息平台,CargoSmart上汇聚了众多货主、航运公司及大量业内主体,在东方海外被中远海运集运收购后,进一步发挥了协同作用。

2. 港口生产作业系统

集装箱运输业务环节多、相关主体多、作业频率高,因此集装箱码头操作系统是港口生产作业系统的代表。中国港口的码头生产作业计划、作业调度、商务管理系统均实现了电子化。其中集装箱业务流程最为复杂,当前的港口电子商务系统已涵盖了船舶申报、舱单申报、运抵报告、理货报告、报关、查验放行、通知提箱、提箱等各个环节。

港口企业构建了港口作业智能控制网,针对闸口、车船配载、设备调度、船舶调度等关键业务环节利用物联网设备实现数据感知、收集、处理、操作智能化、设备远程管理等,并通过知识库、数据库的不断发展提升智能化水平,实现运营协调、信息共享和生产监控等功能。

全球港口生产作业系统

全球港口生产作业系统分为三种类别:第一种由全球码头运营商开发,如新加坡港务集团(PSA)开发的 CITOS 系统(集装箱智能码头操作系统)、和记港口(HPH)在全球不同区域开发的 SPARCS 和 nGEN 系统、马士基集团开发的 CTCS 以及招商局港口开发的 CMPort 系统,部分系统实现了该码头运营商经营码头的全球化应用。第二种由区域性码头运营商开发,如上海港下属的海勃物流公司开发的 TOPS 系统、大连港开发的 ITOP 系统等。第三种由第三方软件开发公司开发,如美国 NAVIS 公司开发的 NAVIS 系统和 Tideworks 公司开发的 Mainsail Vanguard 系统。

3. 电子口岸信息平台

我国自20世纪90年代以来构建了港口电子数据交换(EDI)中心,同时沿海港口企业也构建了自己的信息化运营调度系统以提升作业效率。2017年我国全面推行港口通关一体化和单一窗口建设,沿海港口也大力建设电子口岸信息平台,如上海港的海关和港口企业大力推进单据电子化和提前申报程序,取消部分纸质单据。实现海关、检验检疫、海事等监管部门和口岸客户同平台,进行网络化申报、审批和管理等通关支持,提升了口岸监管部门与监管场所的联动效果。

> ### 新加坡电子口岸平台
>
> 新加坡从20世纪90年代起陆续构建起Tradenet、Portnet和Marinet三大电子平台,大大提升了口岸效率,改善了营商环境。其中Tradenet是EDI系统,Portnet是整合了新加坡国际港务集团(PSA)各项港口作业服务的面向企业用户(B2B)的航运信息电子商务系统,而Marinet是新加坡港务局(MPA)的海事港务电子系统。这三个系统使得新加坡的港航贸易业务实现了电子化、在线化,保障了进出口和中转集装箱在24小时内能够完成相关作业流程。

四、智能航运

全球智能化发展的浪潮对于航运业的影响近年来逐步加深。2007年,IMO会议采纳了国际航标协会提出的"E-航海"概念,经过多年实践已有部分较为成熟的项目,为智能航运发展奠定了坚实基础。2016年9月,ISO/TC8(国际标准化组织/船舶及海洋技术委员会)成立智能航运工作组(WG10),组织开展自主船、智能航运国际公约和标准的相关准备工作。2017年6月,IMO海上安全委员会第98届会议(MSC98)决定此后四届持续讨论海上自主水面船舶(Maritime Autonomous Surface Ship,MASS)的法律监管范围界定,自主船在全球的研究进一步深入。

中国船级社发布了全球首个《智能船舶规范》,其中对智能船舶的定义为:"系指利用传感器、通信、物联网、互联网等技术手段,自动感知和获得船舶自身、海洋环境、物流、港口等方面的信息和数据,并基于计算机技术、自动控制技术和大数据处理和分析技术,在船舶航行、管理、维护保养、货物运输等方面实现智能化运行的船舶,以使船舶更加安全、更加环保、更加经济和更加可靠。"

我国在智能航运方面处于与世界并跑水平,但应用的诸多芯片、传感器等仍然不具备自主知识产权。交通运输部、工信部等联合发布《智能航运发展指导意见》(交海发〔2019〕66号),其中智能航运包含智能船舶、智慧港口、智能航保、智能航运监管和智能航运服务五大维度。通过运营数字化和业务协同化,用智能化赋能航运业新业务模式。

1. 智能船舶

(1)中国船级社出台了智能船舶认证标准

2016年3月1日,中国船级社发布的全球首个智能船舶标准规范正式生效,该规范包括智能航行、船体、机舱、能效管理、货物管理和集成平台六大部分,通过传感器对数据的收集和感知,进行自动分析、评估、判断以及决策和响应。同时,这也是一部具有相当开放性的规范,从而便利于吸收最新的科技成果。

世界领先的船级社也对智能船舶进行了较为深入的研究。参照车辆自动驾驶的分级定义,劳氏船级社将全球船舶自动驾驶划分为 AL 0~AL 5 共 6 个级别(表2-7)。AL 0 即传统的并不进行网络感知的船行,当前智能航行达到 AL 1 的水平,即可实现人工智能的介入。

智能航行分级 表2-7

智能航行等级	船上船员职责
AL 0	没有人工智能介入
AL 1	人工智能连接
AL 2	人工智能用于监测
AL 3	人工智能用于监测和控制;需要船上船员许可;船上船员可以紧急控制
AL 4	人工智能用于监测和控制;不需要船上船员许可;可以有船上船员紧急控制
AL 5	人工智能用于监测和控制;不需要船上船员许可;没有船上船员紧急控制

（2）首艘获得智能认证的油轮

我国从 2014 年开始研发 38 800 载重吨系列的智能船舶。到 2017 年，首艘获得 i-ship 认证符号的船舶是招商局集团的"大智"号油轮，总长 179 米，型宽 32 米，高 15 米，获得中国船级社和英国船级社的双重认证，构建了智能船舶运行与维护系统（SOMS）。

2. 智慧港口

智慧码头当前集中体现为集装箱自动化码头，能够实现自动化运作。集装箱码头自动化主要包括自动化堆场与码头岸线前沿垂直布局和自动化堆场与码头岸线平行布局两种模式，前者投资成本高，设备调试复杂，设备投入巨大，但自动化作业效率略高于后者。后者虽然自动化效率有所损失，但能够充分利用已有的投资，对连续作业的影响降低到最小化，设备调试成功率高，能够兼顾智能化与效率和效益。

发达国家技术先进、人力成本较高，因此很早便开始了自动化码头方面的探索，如鹿特丹港始终处于全球前沿。1993 年，世界首个自动化码头——鹿特丹港 ECT 码头投产。2008 年，鹿特丹港 Euromax 码头成为全球最先进的自动化码头，是全球第三代自动化码头的代表，为货柜装卸制定了全新标准，货柜的装卸、搬运完全由计算机操控。到 2015 年，鹿特丹港 Maasvlakte 二期码头成为世界第一个使用零排放、全自动化货物装卸设备的码头。

集装箱自动化码头的建设及传统码头的自动化改造快速推动着自动化装卸设备的发展，码头前沿设备、水平运输设备和堆场作业设备技术日新月异，以码头操作系统（TOS）、设备控制系统（ECS）和岸桥远程控制系统、自动化堆场、自动导引小车（AGV）为代表。对轮胎式集装箱门式起重机（RTG）进行了自动化改造，实现了远程控制，在国内部分港口已有较多应用。码头操作系统（TOS）不仅是指导操作的信息系统，而且通过物联网设备的改造，提升了运行效率，具备了感知和自我决策的能力，同时与上、下游的协同和连接不断增强，也具备了在云端的操作执行能力。表 2-8 梳理了典型集装箱自动化码头的技术特点。

典型集装箱自动化码头的技术特点　　　　　　　　表 2-8

码头名称	荷兰鹿特丹港 Delta Sealand 码头	新加坡巴西班让码头	德国汉堡港 CTA 码头	荷兰鹿特丹港 Euromax 码头	日本名古屋码头	中国上海振华重工自动化码头长兴示范线	中国厦门港远海自动化码头
岸桥	单小车,半自动	单小车,半自动	双小车,半自动	双小车,半自动	单小车,半自动	双小车,半自动	双小车,半自动
水平运输车辆/驱动	AGV/内燃	拖挂车/内燃	AGV/内燃	AGV/内燃	AGV/内燃	AGV/电动	AGV
水平运输车在岸桥下作业位置	岸桥跨距内	岸桥跨距内	岸桥陆侧外伸距	岸桥陆侧外伸距	岸桥陆侧外伸距/跨距内	岸桥陆侧外伸距	岸桥陆侧外伸距
AGV 运行路线	固定	固定	灵活	灵活	灵活	灵活	灵活
堆场布置与码头岸线位置关系	垂直	平行	垂直	垂直	平行	垂直	平行
堆场起重机	ARMG	全自动高架桥 ARMG	ARMG(双机穿越)	ARMG	ARTG	ARMG	ARMG(双机接力)
技术水平	一代	一代	二代	三代	三代	三代	四代

注:ARMG-自动化轨道式集装箱门式起重机,ARTG-自动化轮胎式集装箱门式起重机。

(1)自动导引小车

自动导引小车(AGV)较早便在港口中得到应用,且技术不断进步。最初均为进口产品,当前已经实现了国产化。如青岛港新前湾自动化码头针对国外自动化码头 AGV 电能补充方式(整体换电)存在的投资大、运行成本高、风险集中等弊端,采用了滑触线充电方式,进行分布式浅充浅放循环充电。

(2)洋山四期全自动化码头

洋山四期全自动化码头的建成标志着我国在自动化码头领域取得了技术突破,达到了国际领先水平。洋山四期共布置 7 个泊位,配备 26 台岸桥、120 台轨道式起重机、130 台 AGV,年通过能力约为 400 万 TEU。洋山四期全自动化码头建成后,成为世界上最大的单体自动化集装箱码头,每小时作业效率相比传统码头提高 30%~50%,同时排放量减少 30% 以上。洋山四期全自动化码头采用了上港集团自主研发的全自动化码头智能生产管理控制系统和振华重工自主研发的智能控制系统,根据卸船计划,实时计算最优路径,无人转运车会按照计算机规划的行驶路径前往堆场。

（3）青岛港半自动化码头

青岛港半自动化码头于 2015 年 6 月正式开工建设，2017 年 5 月投入商业运营，涉及 2 个泊位，包括 7 台桥式起重机、38 台 AGV 和 38 台轨道式起重机。采用了全球第四代全自动化码头装卸系统，集装箱岸桥实现了无人化操作。机器人能够自动拆集装箱锁垫，能够 2 分钟实现轮胎式起重机自动防风锚定。配备全球首台免换电池的 AGV 小车，能够实现循环补电，同时巡航里程无限制。实现全自动岸边无人理货、全自动喷淋熏蒸消毒和全自动空箱查验。

（4）厦门港远海自动化码头

厦门港远海自动化码头是我国首个全部自主知识产权的"智能码头"，从 2014 年 3 月开始建设，2016 年 3 月投产运营，是全球首个堆场与码头岸线平行布置的自动化码头，包括 1 个泊位、3 台双小车岸桥、16 台轨道式起重机、18 台 AGV 以及 8 台自动化转运平台。采用世界首个无内燃机驱动设备作业，所有集装箱的搬运均采用市电驱动，AGV 首次采用锂电池动力。创新设计的集装箱转运平台解决了设备的作业耦合和拥堵问题，同时实现了海铁联运自动化运营。

五、航运数字化创新

航运企业的用户希望能够获得更高效率、全程可追踪、安全、准时的全程物流服务。新一代信息技术围绕集装箱运输，诞生了众多创新应用的网站、服务和产品。

（1）优化货物运输流程

从船舶及货物运输全流程，利用物联网、大数据技术进行多源数据采集、货物状态智能感知和追踪；通过调度算法优化来提升船货匹配和减少空载；基于特定感知技术进行货物运输的危险环境监测。

（2）数据发布及交易撮合平台

发布、报道行业动态信息，或者将某些特定领域信息集中到其网络数据平台,围绕集装箱运输相关上、下游业务,构建数字化货代平台,颠覆传统的多级货代模式,提升交易效率。

(3) 企业信息管理平台

通过云服务将开发的管理信息系统软件给相关航运企业应用,基于其数据开展运营对标分析、物资采购、保险办理、信贷服务等业务。

(4) 构建数字化标准或联盟

为适应新一代信息化技术给国际贸易和国际航运业带来的深远影响,航运企业探索构建数字化标准,从而形成了多个新的数字化联盟。如马士基航运与IBM形成Tradelens平台;中远海运集团发起,东方海外、达飞轮船等9家港航企业签署GSBN(全球航运商业网络)协议,这两个均为基于区块链技术构建开放的国际贸易数据交换平台。马士基航运、地中海航运、赫伯罗特和ONE四家航运巨头成立了数字化集装箱航运联盟(DSCA),力求探索国际贸易通行的底层数据协议。

从国际货运平台来看,2013年成立于美国的Flexport受到广泛关注。它基于云技术平台提供SaaS(软件即服务)应用模式,探索建立一个全球贸易运营系统,推动对海运、空运和汽运等多种运输方式的整合和业务标准化;在供应链服务方面,提供清关、保险、贸易金融等服务,能够实现货物全程跟踪。Flexport对原有商业模式进行创新,业务规模和营业收入都实现了快速增长,2018年获得全球货运奖大会的最佳货代。国内部分运作较为成功的货运信息平台包括泛亚电商、运去哪和鸭嘴兽等,同时新兴的平台和新的业务模式仍在不断涌现。

① 泛亚电商

泛亚电商是中远海运集团旗下的集装箱综合服务平台,以订舱业务为基础,形成了覆盖远洋、沿海和内河的综合服务。内贸航线积极向全程物流业务拓展,可提供订舱、集卡、海铁联运、在线提醒、定制查询等功能,针对客户具体需求可设计具体的全程运输方案。其"内贸头等舱"服务使货物能够快速、准时到达目的地,通过收益管理的方法提升了舱位利用率,改善了效益。

②运去哪

运去哪的商业模式类似于携程网,掌握了大量进出口企业用户,从自营拖车业务入手,向用户提供标准化且可靠的物流服务。在进出口企业用户不断增长的背景下,提供物流服务的供应商也不断增加,可为用户提供完整的物流解决方案,并向货物进出口企业收取一定的服务费。由于其服务品质和可靠性高,受到了企业用户的欢迎。针对集装箱拼箱业务,推出了专项服务。

③鸭嘴兽

鸭嘴兽与国内外知名货代和大型航运企业建立了业务联系,获得集装箱车(俗称"集卡")运输订单并在其平台上为集卡驾驶员派单,商业模式类似"滴滴"。其成立两年时间内获得上亿元的融资,2018 年完成 12.6 万 TEU,同比增长 5 倍。鸭嘴兽的迅速发展得益于能够为货代和航运公司提供稳定、准时的集卡运输服务,同时增强了集卡驾驶员议价能力,平台调度降低了集卡的空载率,推动集卡行业标准化、规模化发展。

当前新一代卫星通信网络技术和物联网技术应用进一步促进了港航业的实物流转在线化。尽管摩尔定律濒临极限,纳米技术和新材料的突破有望推动全球数据存储和处理的硬件价格继续下降。云计算和边缘计算服务可得性提升。新材料的应用使得港航业装备继续向轻量化、高效化和节能化转变。数字化浪潮进一步促进海运业提升运营效率、降低经营成本、提升服务水平和形成新的商业模式,促进"科技—数据—业务"深度融合,实现"垂直到底、横向关联",构建全方位数字化、自动化、网络化布局和布点,最终重建整个行业生态。

我国创新驱动发展战略将促使我国的新技术、新材料进一步发展,核心零部件、基础理论继续突破,继续赋能海运业发展。面向未来,港航企业作为传统重资产企业将进一步转型升级,通过对数据的感知、应用与挖掘,形成的算法将成为企业的核心竞争力,打通组织内外,赋能员工和客户。海运业需要紧紧抓住智能航运的机会,继续通过科技的力量促进海运业高质量发展,实现从航运大国向航运强国的转变。

第三章
海运需求与事件推动

经济基础决定上层建筑,上层建筑反作用于经济基础。受认识自然、改造自然和经济社会发展水平的制约,人类对海洋和海运业诸多问题认识有限,一系列海运事件揭示了原认知的不足和制度的缺陷,成为人们进一步认知发展规律的重要窗口,而经济社会和人的全面发展,海运业服务质量的持续升级,成为推动相关制度、标准、政策和技术进步在短期做出反应和持续优化的力量,使海运业相关制度和政策在新的发展水平上与实践相适应。如20世纪80年代中期出现的压船、压车、压货的"三压"现象,直接推动了我国港口管理体制的改革,调动了各方面投资发展港口的积极性,使吞吐能力适应性逐步实现缓解、基本适应到适度超前的转变,面对新的供需环境,投资下调使供求趋于新的平衡,说明了现行机制的有效性。伴随着全球人口持续增长和经济社会持续发展,海运业需求总体保持持续稳定增长❶,市场化供需机制推动海运业供给能力随着需求曲线波动增长,而全球化竞争机制则推动着海运业供给质量不断发展。受到多重不确定性影响,导致供求关系的变化和价格大幅波动,而供给调整的相对缓慢使周期性强化和经济高风险性凸显。由于经济技术发展水平的制约,对海运业安全发展诸多问题认识有限,人的不安全行为、物的不安全状态、环境的不安全条件和管理缺陷,加之地缘政治博弈,海上重大事件时有发生。这些事件客观上揭示了原未引起足够重视的风险及其危害,加深了人们对于海运业安全发展的认识,也推动着技术装备、法规规则、区域合作和经济政策等的调整,从而推动海运业持续沿着更加安全、便捷、高效、绿色、经济的方向发展。

第一节　市场与政策机制推动海运供给与需求调节

大航海时代以来,经济全球化水平不断加深,海运业提供的运输服务有力支撑了全球物资的流转和贸易往来。得益于全球人口、经济增长趋势,海运业需求总体保持持续增长,市场价格驱使海运供给围绕供求整体平衡曲线而调整,市场竞争则不断推动企业提供性价比更高的服务,从而在供给能力增长的同时,通过大型化、专业化以及集装箱化等提升服务质量。基于支持国家安全、促进经济贸易发展的双重作用,为促进海运业发展、提升保障性和竞争性,经济贸易与海运大国积极打造符合自身特色的发展模式,依托制度与政策强化自身需求推动海运业发展,积极参与海运全球竞争。

一、经济贸易发展推动海运业需求持续增长

国民经济的增长主要来源于消费、投资和贸易出口三大部分。全球贸易

---

❶尽管世界贸易跌宕起伏,海运量短期波动较大,甚至负增长,但从一个长时期看,增速是比较稳定的。1840—2018 年,世界海运量年均增长 3.6%,其中 1840—1950 年由于频繁战争,海运需求平均增长只有 2.35%;第二次世界大战结束后,曾经历 20 多年整体高速增长,也曾受到两次石油危机冲击和 20 世纪 80 年代滞胀影响,1973—1985 年海运需求经历长达十几年的徘徊;改革开放 40 年,即 1978—2018 年,世界海运需求年均增长 2.5%;进入 21 世纪,在"中国因素"的推动下,世界海运需求在 2000—2018 年年均增长 3.4%。

对于发挥不同国家比较优势、促进物资交换具有重要意义。全球贸易中超过85%是通过海运业完成的。同时,随着环境价值的提高,沿海运输运能大、成本低、环境友好的比较优势,使其在国内运输中发挥着越来越重要的作用。我国土地面积广阔,并具有较长的海岸线,河流、湖泊资源较为丰富。庞大的统一市场规模决定了我国具有巨量需求。改革开放40多年来,我国逐渐成为世界经济贸易大国,海运业为利用国际、国内两个市场和两种资源扩大资源供给、开拓市场需求发挥了支持保障作用。我国成为世界海运需求最大的国家,"中国因素"也成为世界海运发展的最大推动力。

(1)世界海运需求伴随着贸易的增长而持续增长。1978—2018年世界经济实现了年均3.5%的增长,伴随着这一时期经济全球化进程和产业转移,世界贸易年均增长速度为5.4%,与经济的弹性系数为1.56。由于受到贸易政策和地缘政治形势等不确定因素影响,世界贸易表现为增长波动幅度大于全球经济增长幅度。其中,1978—2008年世界贸易与经济的弹性系数保持在1.8;2008年后,受美国金融危机以及相继发生的欧洲债务危机、日本海啸、北非动荡、乌克兰危机等影响,世界地缘政治形势不稳定、不确定因素增多,贸易保护主义抬头,世界贸易与经济的弹性系数降为0.9水平。世界海运量是贸易的派生需求,与贸易的弹性系数保持在0.5水平,随着贸易变化而同步变化(图3-1)。

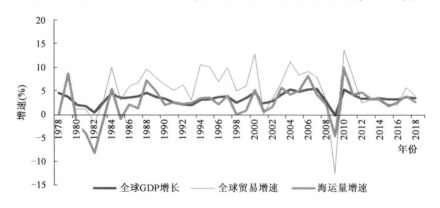

图3-1 世界经济、贸易及海运量增速对比图

注:数据来源于世界银行、国际货币基金组织、Clarksons。

（2）海运需求货类结构随着经济贸易结构变化而不断调整。在世界海运发展过程中，货物运输需求结构随着经济社会的发展和贸易结构的调整而变化。第二次世界大战后，随着世界经济贸易的迅速恢复和工业化发展，以石油为代表的能源需求快速增长，石油一直是世界海运的最主要货类。1973年石油占世界海运量的比重达到52.55%（其中原油43.77%），之后在二次石油危机的冲击下，发达国家经济社会调整并进入后工业化社会，高油价和新的生产、生活方式遏制了石油消费快速增长的势头，推动了贸易结构的调整，世界石油海运量也由1973年的16.4亿吨（其中原油13.66亿吨）降为1985年的13.99亿吨（其中原油9.84亿吨），所占比重下降为38.56%（其中原油占27.1%）。20世纪80年代中期后，随着世界经济贸易新一轮发展，石油海运量恢复正增长，但增速依然低于海运量平均增速，到2005年达到25.85亿吨（其中原油18.8亿吨），所占比重下降到33.48%（其中原油占24.35%）。随着原油价格的持续攀升和美国能源战略的调整，作为最大进口国的美国原油进口持续负增长，而我国在工业化的推动下进口量持续上升，是推动世界石油海运量持续上升的主要力量，并成为进口第一大国，但石油海运需求增速依然低于世界平均水平，所占比重在2010年下降到30.27%（其中原油占20.7%），2018年进一步降为26.13%（其中原油占17.05%）。

经济发展对能源需求的快速增长，石油价格的大幅度波动，以及可持续发展对清洁能源的需求，使世界液化气（LNG+LPG）海运量持续保持高速增长，1985年占世界海运量的比重为1.68%，1985—2000年年均增长速度达到6.09%，2000—2010年增速进一步加快到6.47%，2010—2018年依然保持了年均5.25%的增速，其占世界海运比重呈现持续增加态势，由1985年的1.68%逐步增加到2018年的3.53%。

集装箱自20世纪50年代诞生以来，作为现代运输发展的代表，其作业效率高，运输安全、准时、经济和"门到门"全程高质量服务的优势极大改变了世界海运的面貌，在世界贸易发展和集装箱化的共同推动下一直保持高速增长，其中1990—2000年、2001—2010年和2011—2018年年均增速分别达到

8.3%、8.6%和5.2%。长期的快速增长使集装箱海运地位日益提高,其占世界海运量的比重由1985年的4.21%,上升到1990年的5.73%、2000年的8.66%、2010年的13.75%和2018年的15.62%。

铁矿石、煤炭和谷物是世界三大干散货货种,1985年占世界海运量的22.31%。随着发达国家相继进入后工业化社会,世界钢铁工业增长缓慢,导致大宗干散货占世界海运量的比重呈逐步下降趋势,2000年为18.81%。进入21世纪,在中国钢铁工业"超常规发展"的推动下,世界铁矿石海运进入新一轮快速增长。2000—2010年年均增长速度达8.2%,高于同期世界海运平均增长速度4.5%;2010年铁矿石海运量达到9.9亿吨(其中我国为6.2亿吨),与20世纪90年代形成鲜明对照;2010年后增速虽有所减缓,但2010—2018年依然保持了年均5.1%的高速增长,2018年铁矿石海运量达到14.76亿吨(其中我国为11亿吨)。由于石油价格的波动上升趋势,油煤比价向有利于煤炭的方向发展,加之钢铁工业发展需要,世界煤炭海运贸易量持续上升,2000—2010年、2010—2018年年均增速分别达到6.17%和3.96%,2018年海运量达到12.6亿吨。铁矿石和煤炭海运量的快速增长,扭转了大宗干散货占世界海运量比重逐步下降的趋势,2005年回升到20.45%,2010年上升到24.64%,2018年达到27.21%;其他干散货海运量和受到集装箱化影响的杂货海运量增速长期略低于海运量平均增速,所占比重由1985年的30.57%逐步下降到2018年的24.79%(表3-1)。

世界海运需求结构(%) 表3-1

年份	大宗干散货	其他干散货和杂货	集装箱	石油	其中原油	液化气
1985	22.31	30.57	4.41	38.56	27.10	1.68
1990	20.48	33.15	5.73	36.06	26.39	2.12
1995	19.60	30.85	7.63	37.26	28.55	2.10
2000	18.81	31.28	9.61	35.49	26.59	2.35
2005	20.45	28.55	12.63	33.48	24.35	2.51
2010	24.64	25.73	13.75	30.27	20.70	3.06
2015	27.34	25.40	14.86	26.73	17.37	3.08
2018	27.21	24.79	15.61	26.13	17.05	3.53

注:资料来源于Clarksons。大宗干散货指铁矿石、煤炭和谷物。

(3)经济贸易发展和产业转移推动海运需求区域结构的变化。受到比较优势的推动,国际直接投资(FDI)和世界性产业转移由来已久并持续进行,是引发世界贸易区域格局演变的主导因素。最先体现在19世纪世界制造中心从欧洲向美国转移,19世纪90年代后期美国成为世界第一经济大国,世界经济贸易大国和海运需求大国基本集中于欧洲和美国。第二次世界大战结束时,欧美是世界经济贸易最发达的地区,美国经济遥居世界首位,GDP占世界的二分之一,黄金储备占世界的四分之三,贸易出口占世界的五分之一。随着战后世界经济的恢复和贸易的发展,逐步形成新的地缘政治和经贸格局,FDI和制造业转移推动了一轮经济全球化,地区经济结构、贸易结构不断调整,占世界经济、贸易的比重变化是这种调整的基本显现。

日本抓住机遇快速恢复经济贸易,并成为低成本制造基地,引发一轮制造业由美国向日本转移的趋势,日本占世界经济和出口的比重在1960年上升到3.23%和3.1%,GDP于1967年超过英国、法国,1972年超过德国,占世界比重在1970年达到7.17%、1985年达到10.91%、1994年达到高峰的17.67%,其贸易出口占世界的比重在1970年达到6.1%、1986年达到高峰的9.9%,作为世界经济和贸易大国,经济总量长期位居世界第2位,直到2010年被我国超越。由于日本各类资源均十分短缺,大量能源、原材料需要从世界各地进口,大量制成品又通过海运运往世界各地,随着日本经济贸易的快速发展,海运需求快速增长,1985年达到6.97亿吨(是当时我国的4.5倍),占世界海运需求的19.2%;1990年增长到7.96亿吨,占世界海运量的18.5%(其中进口煤炭、铁矿石、原油分别占世界的31.8%、35%、15%,列世界第1、第1和第2位)。巨大的需求量使20世纪80年代至90年代初世界货物吞吐量前10大港口中日本占4位(1990年神户港、千叶港、名古屋港和横滨港货物吞吐量分列世界第4、第5、第7和第8位),集装箱吞吐量前20大港口中日本占3位(1990年神户港、横滨港和东京港集装箱吞吐量分列世界第5、第11和第13位)。

20世纪60年代后期至80年代,随着日本劳动力成本的上升和产业升级,低成本制造中心转向"亚洲四小龙"(韩国、中国台湾、中国香港和新加坡)。

海运需求的快速增长推动这些地区形成世界级大港,其中新加坡港、中国香港港进一步得益于独特的地理优势,国际转运快速增长,成为国际航运中心,1988—2006年中国香港港、新加坡港集装箱吞吐量一直居世界前两位。中国台湾省高雄港集装箱吞吐量1980—2002年位居世界前5位。韩国蔚山港货物吞吐量也一度位居世界前10位,釜山港更是逐步成为区域集装箱枢纽港,1980年集装箱吞吐量列世界第15位,1986年进入世界前10位,1991—2013年位居世界前5位。1978年改革开放以来,制度与技术变革使巨大劳动力资源优势和市场规模优势得到发挥,使世界各行各业制造基地逐渐向我国转移,20世纪80年代以来世界主要国家和地区GDP和货物贸易占比见表3-2。

世界主要国家和地区 GDP 和货物贸易占比(%) 表3-2

	年份	1980	1985	1990	1995	2000	2005	2010	2015	2018
GDP	世界	100.0	100.0	100.0	100.0	100.0	100.0	100.0	100.0	100.0
	美国	25.5	33.9	26.4	24.7	30.5	27.5	22.7	24.3	23.9
	日本	9.8	10.9	13.9	17.7	14.6	10.0	8.6	5.8	5.8
	欧洲联盟	29.4	20.9	28.7	26.9	21.6	25.1	22.0	18.0	18.5
	中国	1.7	2.4	1.6	2.4	3.6	4.8	9.2	14.7	15.8
外贸出口	世界	100.0	100.0	100.0	100.0	100.0	100.0	100.0	100.0	100.0
	美国	11.1	11.2	11.3	11.3	12.1	8.6	8.4	9.1	8.5
	日本	6.4	9.1	8.2	8.6	7.4	5.7	5.0	3.8	3.8
	欧洲联盟	—	—	—	—	33.6	35.1	31.2	29.8	30.8
	中国	0.9	1.4	1.8	2.9	3.9	7.2	10.3	13.7	12.8
外贸进口	世界	100.0	100.0	100.0	100.0	100.0	100.0	100.0	100.0	100.0
	美国	12.4	17.5	14.4	14.6	18.9	16.1	12.8	13.8	13.2
	日本	6.8	6.5	6.5	6.4	5.7	4.8	4.5	3.9	3.8
	欧洲联盟	—	—	—	—	32.7	33.7	30.7	27.6	29.0
	中国	1.0	2.1	1.5	2.5	3.4	6.1	9.0	10.0	10.8

注:资料来源于世界银行。

由表3-2可以看出,改革开放特别是2001年我国加入WTO后,经济贸易呈现新一轮快速发展,我国成为占主导地位的制造基地,占世界GDP、出口和进口的比重分别由2000年的3.6%、3.9%和3.4%,迅速上升到2010年的

9.2%、10.3%和9.0%,按单一国家排名GDP仅次于美国居世界第2位,外贸出口居世界第1位,进口居世界第2位,2018年占世界、出口和进口的比重进一步上升为15.8%、12.8%(出口占世界的比重2015年最高达到13.7%)和10.8%。

"中国因素"是推动世界海运需求的主要动力,2000—2018年世界海运量增长55.1亿吨,其中60%源自我国需求的拉动,海运进口石油、煤炭、铁矿石、粮食以及集装箱海运需求均遥居世界首位,世界货物吞吐量、集装箱吞吐量前10大港口中中国均占7位。与"中国因素"并行的是印度和巴西在制造业的崛起。每一次大的产业转移特别是制造业的转移,都引发了世界贸易的大增长并改变其贸易流向。2008年新一轮金融危机、地缘政治格局调整和我国制造业成本的上升,推动我国产业转型升级和低成本制造基地继续转移,原在我国的相当部分制造业开始向成本更低的地区转移(如越南),表3-3显示的NIKE鞋生产转移可见一斑。上述转移推动越南海运需求特别是集装箱运输需求快速增长,胡志明港2010年集装箱吞吐量达到386万TEU,2018年达到659万TEU,正在成为区域性的集装箱干线港。

NIKE鞋生产转移　　　　表3-3

年份	中国生产比例(%)	越南生产比例(%)
2001	40	13
2005	36	26
2006	35	29
2007	35	31
2008	36	33
2009	36	36
2010	34	37
2011	33	39
2012	32	41
2013	30	42
2014	28	43
2015	32	43
2016	30	44
2017	27	46
2018	26	47

注:资料来源于NIKE年报。

(4)美国能源战略与石油海运区域运输调整。随着经济全球化和产业转移,亚洲在世界经济贸易的地位显著提高,但美国 GDP 自 19 世纪 90 年代后期以来一直居世界首位,2018 年占世界经济和贸易出口的比重依然高达 23.91% 和 8.5%,其战略调整依然对世界海运区域结构有着重大影响,如美国能源战略。随着形势的变化,美国能源战略适时进行调整。美国原油进出口变化如图 3-2 所示。美国石油资源丰富,由于产量超过国内需求而成为重要的出口国,而面临新的地缘政治形势,为保护这一重要的战略资源,1947 年美国国会通过了限制本土原油出口的法案。由于中东产油国的崛起和牢固的石油美元,美国控制了中东地区的资源,尽管国内产能有 50% 富余,但依然于 1969 年颁布了《出口管理法案》实施更加强制性的出口配额制,规范出口原油行为,而将中东更廉价的原油源源不断地运回美国。面对两次石油危机使油价大幅度飙升,加之海湾地区地缘政治形势的动荡,美国制定相应能源独立战略,经过长期努力,不断减少对进口石油的依赖,特别是通过页岩气的开发,逐步改变自身对石油的依赖,进口石油持续负增长,影响着世界石油和天然气贸易格局。1998 年美国页岩气产量仅为 85 亿立方米,2010 年页岩气产量迅速增加到 1 379 亿立方米,页岩气占美国天然气产量的比重从 1998 年的不足 2% 上升至 2010 年的 23%,2011 年美国页岩气产量更是达到 1 700 亿立方米。页岩气产量的迅速增长,使 2009 年美国天然气产量达到 6 240 亿立方米,首次超过俄罗斯成为世界第一大天然气生产国。页岩气的大量开发,导致美国天然气价格与石油价格的联动机制减弱。2009—2011 年,原油价格与天然气价格比值由 2.5 倍上升至 3.0 倍。美国能源产量的大幅度增长,使其逐步向 LNG 出口国转变,动摇俄罗斯在欧洲天然气市场的定价权,也降低了对石油进口的依赖。原油进口在 2005 年前后达到峰值后逐年降低,2018 年降至 23.79 亿桶,而 2012 年后出口量则持续上升,2019 年增长至 10.86 亿桶。在推动能源独立的同时,美国不断调整进口石油来源地结构(表 3-4),大幅度降低从中东地区、委内瑞拉等地区的进口,而持续加大从周边两国加拿大和墨西哥的进口,提高了来源稳定性和通道安全性。

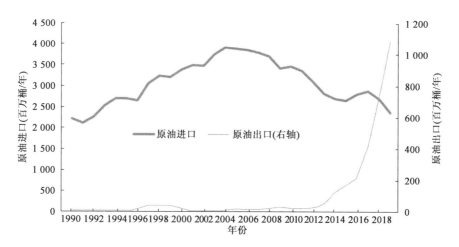

图 3-2 美国原油进出口变化

资料来源:Clarksons。

美国进口石油来源地变化(%) 表 3-4

序号	2000 年		2019 年	
1	沙特阿拉伯	14.91	加拿大	56.5
2	加拿大	14.73	墨西哥	8.8
3	委内瑞拉	14.72	沙特阿拉伯	7.4
4	墨西哥	13.93	伊拉克	4.8
5	尼日利亚	10.09	哥伦比亚	4.4
6	伊拉克	6.84	厄瓜多尔	2.9
7	安哥拉	3.55	尼日利亚	2.8
8	哥伦比亚	3.44	巴西	2.3
9	挪威	3.44	俄罗斯	2.2
10	英国	3.15	委内瑞拉	1.2

注:资料来源于美国海关数据。

二、海运需求推动海运业发展机制分析

1.需求推动发展的基本原理

对一个国家、地区或企业而言,海运需求可以分为沿海运输、外贸运输和第三国运输,需求在推动一个国家或地区港口、海运发展中具有十分重要的作用。海运需求推动港口、海运发展示意如图 3-3 所示。

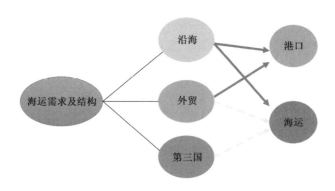

图 3-3　海运需求推动港口、海运发展示意图
注：实线箭头表示基本全部转化为支撑力，虚线箭头表示部分转化为支撑力。

从港口看，集疏运通道能力和集疏运成本的制约，决定了港口服务往往具有一定的区域垄断性，海运需求对于区域内港口发展起到巨大的推动作用，基本全部转化为区域内港口发展的竞争优势，所以世界级大港大多集中于贸易大国和贸易发达区域，如早期主要集中于欧洲，之后随着美国的崛起形成欧美并立，20 世纪 60 年代日本和亚洲"四小龙"形成新的世界级大港，正是得益于海运需求这一要素优势，"中国因素"推动形成一批规模居世界前列的大港。一些地理位置特别优越的国家和地区，虽然自身经济贸易及海运需求不大，但发挥地缘优势和港口优质服务，依靠中转服务得以成为世界级大港，如位于咽喉要道马六甲海峡的新加坡港，位于欧洲莱茵河出海口、具有欧盟内陆腹地支撑的鹿特丹港，得益于中转运输而成为世界级大港。

（1）沿海运输权益保护。基于海运支持国家安全、促进经济贸易发展的双重作用，世界沿海地区 80% 的国家实施沿海运输权益保护❶，特别是沿海运

---

❶ 源自：CABOTAGE LAWS OF THE WORLD, SEAFARERS RIGHT INTERNATIONAL, 2019。各国沿海运输权益保护力度有所差异，我国《海商法》第四条规定："中华人民共和国港口之间的海上运输和拖航，由悬挂中华人民共和国国旗的船舶经营。但是，法律、行政法规另有规定的除外。非经国务院交通主管部门批准，外国籍船舶不得经营中华人民共和国港口之间的海上运输和拖航。"《中华人民共和国国际海运条例》第二十二条规定："外国国际船舶运输经营者不得经营中国港口之间的船舶运输业务，也不得利用租用的中国籍船舶或者舱位，或者以互换舱位等方式变相经营中国港口之间的船舶运输业务。"美国"Jones Act"，对沿海运输船船旗、船员、船东和建造地等都有十分明确的要求，比我国要求更加严格。

输需求和船队均具相当规模的经济贸易大国,考虑国家的战略地位以及安全等问题,大多采取了非常严格的保护政策,如美国、日本;而一些船队规模大、沿海运输需求相对小的国家,大多实行开放政策,如丹麦、挪威等。对实施沿海运输权益保护的国家,沿海运输需求直接推动其船队发展,特别是在世界海运市场低谷,沿海运输将为该国船队顺利度过危机提供需求上的帮助。

(2)外贸运输竞争。历史上很多国家都不同程度地实施货载保留政策,进出口货物指定由本国海运公司运输。随着贸易自由化的发展,各国对一般货物贸易大多取消了货载保留政策,不再用行政和法律手段规定国内船舶的承运份额,并且鼓励双方按正常的商业做法直接商定运输合同,其需求发展只能部分推动国内海运企业运力的发展。由于企业对于国内外贸易需求的变化最为敏感,掌握这种需求变化的成本也最低,加之文化与地缘的一致性使彼此沟通更加容易,本国企业在竞争进出口运输中具有天然的地缘优势。

(3)第三国海运需求。第三国海运需求可以近似认为对所有经营者都是"公平"的,争取到多少市场份额,是企业国际竞争力的体现,不构成其对于任何国家海运业发展的"竞争力优势"。如果仔细分析,也不难发现,一个政治、军事、贸易强大的海运大国,在政府与企业密切协作下,可以谋求在第三国海运发展需求的优势,这在很大程度上是由国家竞争力决定的。

正是基于自身需求驱动和竞争力,大航海至第一次世界大战前,海运强国基本集中于欧洲。伴随着产业转移、贸易的发展和两次世界大战机遇,日本、美国迅速崛起为海运强国。第二次世界大战后,欧洲海运需求和综合国力虽然相对减弱,但在新的世界格局下,依托传统技术管理与优势及"政策引导模式"形成的竞争力,整体维持世界海运强国地位,拥有像希腊、丹麦、挪威等海运需求小但船队规模长期居世界前列的国家,也有世界经济贸易大国和船队规模居世界前列的德国。得益于第二次世界大战后新一轮产业转移,日本海运需求出现新一轮快速增长,依据海运作为生命线战略定位、大和民族文化和特有的财阀经济模式,形成以稳健的经营风格和产业链企业间互动机制为特色的"协同保障模式",海运运力规模长期仅次于希腊,居世界第2位(近两年被我国超越,居第3位)。美国依托海运需求的快速增长和综合国力的提升,抓住两次世界大战的机遇,崛起为海运强国,运力规模居世界前列。随着第二次世界大战后美国超级大国地位的确立,海上逐步形成"海权控制模式",船队规模地位有所下降,但以保障并服务于海权控制为主要目标。伴随着改革开放,我国海运运力迅速增长,规模遥居世界首位,"中国因素"成为世界海运需求增长的主要动力,得益于需求推动,形成7个货物吞吐量、集装箱吞吐量居世界前10位的世界级大港,海运运力跃居世界第2位。

2. 国际海运需求与船队发展

(1)市场价格驱使海运供给围绕供求整体平衡曲线而调整

当需求增长较快时运价高涨,船东回报增长,手中现金流充裕,当高于资本平均回报时,市场激励船东和投资者增加订造新船;而运力增长快于需求,供需关系会促进运价回落,从而使运力供给围绕供求平衡曲线而波动。由于船舶使用寿命周期、经济贸易周期和人们决策缺欠,使增加运力供给调整时间快于运力减少的调整时间,海运市场出现长周期与短周期波动叠加、"苦日子、长好日子短"的特征。

①供需关系两次长周期调整。图3-4显示了40年来海运需求增速与运力供给增速的年度变化和累计相对关系。从图中可以看出,在市场"看不见的手"作用下,一是运力供给围绕需求曲线波动。1978—2018年,世界海运需求年增速为2.66%,而世界海运船队规模年增速为2.74%,长期看两者是围绕均衡曲线而发展的。40年来供需关系经历两次大反转,大体可以划分为1988年前的长周期调整期(市场衰退、去供给期)、1988—2010年的长周期繁荣期和2011年来的新一轮长周期调整期。

②1988年前一轮漫长调整。表3-5显示了海运市场调整期与繁荣期的变化。我国改革开放初期,世界海运正处于一轮漫长调整的中期。第二次世界大战后经济贸易快速增长带动海运特别是石油需求持续上升,世界海运量的一半以上为石油,而受到两次石油危机的冲击,经济滞胀,1973—1983年世界海运量处于零增长,其中石油海运需求持续负增长,而1973年油轮订单占当

时运力规模的89%。需求负增长,前期订单持续交付,市场运力过剩,供需严重失衡,闲置运力达到船队规模的五分之一,运价大幅下滑,海运进入一轮漫长调整(其中在1974年需求增长3.5%、1979年增长8.9%的背景下出现长周期调整中的短期反弹)。干散货同样处于调整阶段,1986年8月4日BFI(Baltic Freight Index,波罗的海运价指数,是BDI的前身)仅为554点(1986年年均为715点)。市场的调整,加速了船舶拆解和新船订单的大幅度减少,经过加速拆解、减少新造的累积,运力供给在1983—1987年出现连续5年负增长,特别是石油运力到1987年降为2.4亿载重吨,较1979年减少27.9%,从而在需求回升背景下,供需逐步实现平衡,1987年BFI年均回升至1 019点。

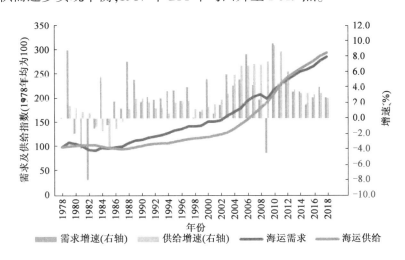

图3-4 世界海运需求与供给关系的对比

数据来源:联合国贸发会、Feanleys、Clarksons。

注:世界海运需求和世界海运船队规模以1978年数据为100作为基准。

海运市场繁荣与衰退周期　　　　　表3-5

繁荣期			衰退期		
开始年份	结束年份	时间(年)	开始年份	结束年份	时间(年)
1947	1947	1	1948	1951	4
1952	1953	2	1954	1955	2
1956	1957	2	1958	1969	12
1970	1970	1	1971	1972	2

续上表

繁荣期			衰退期		
开始年份	结束年份	时间(年)	开始年份	结束年份	时间(年)
1973	1974	2	1975	1978	4
1979	1981	3	1982	1987	6
1988	1997	10	1998	1999	2
2000	2000	1	2001	2002	2
2003	2010	8	2011	2019	9

③1988—2010年,海运市场一轮长周期繁荣。在经历一轮漫长调整基础上,在1988年世界经济、贸易分别增长4.6%和9.9%的带动下,世界海运需求实现了7%的增长,而运力增长只有1.2%,带动海运市场走出低谷。而1988—2010年世界经济、贸易和海运需求分别实现了年均3.6%、6.4%和3.3%的增长,特别是2000—2008年在"中国因素"的推动下世界海运需求实现了年均4.1%的增长,从而使海运市场进入一轮长周期的繁荣。其中,起于1997年泰国的金融危机演变为亚洲金融危机,对亚洲地区经济贸易发展造成冲击,1998年、1999年世界贸易增长速度分别降为4.9%和6.1%,海运需求仅勉强维持了正增长,BDI指数年均降为947点和1 112点,海运市场在长周期繁荣中经历短暂小幅度调整。2001年"9·11"事件和美国互联网泡沫破灭,使海运市场出现小幅度调整。2001年底,我国加入WTO,"中国因素"推动世界海运需求持续快速增长,使海运市场在2003—2008年出现一轮空前繁荣,其中我国大量进口铁矿石、煤炭等原材料推动了全球干散货运输市场的繁荣,BDI指数屡创新高,并在2008年一度达到11 793高点的疯狂点位,6年平均BDI均值也高达4 520多点。我国进口石油拉动石油市场的繁荣,6年1年期VLCC日均租金高达5.6万美元,一度创出9万美元/日的水平。我国集装箱运输需求的增长,推动6年运价指数(CCFI)平均达到1 089点。

④2011年后海运市场一轮漫长调整。上一轮市场漫长调整,使船东新造船订单持续萎缩,手持订单于1989年降至2 900万载重吨,占船舶运力规模的

5.1%,也是市场供给增长相对缓慢、推动市场逐步繁荣的重要因素。之后随着一轮市场的长周期繁荣,激励了船东投资发展运力的积极性,手持订单量持续上升,到2000年上升到8 900万载重吨,占船舶运力的规模上升到11.2%,2005年手持订单达到2.18亿载重吨,占船舶运力的规模上升到23.6%,已经显示出后期运力将出现高速增长,即使市场需求年均增长、运力拆解合计在6%的规模,要4年时间(不新增订单)消化这批运力。但市场的繁荣与人们的贪婪与健忘,使手持订单规模于2007年达到3.48亿载重吨,占船舶运力规模的比例已高达33%的极端非理性水平。在人们担忧海运市场未来10年的调整(航运21世纪第二个十年问题)以及金融危机爆发的背景下,2008年手持船舶订单再次创出5.33亿载重吨的新高,占船舶运力规模的比例已高达47%的疯狂点位,2009年进一步增长到6.15亿载重吨,占船舶运力规模的比例已高达51%,其中干散货船手持订单占运力的规模更是高达78%。尽管2010—2018年世界经济、贸易和海运需求均实现了年均3%以上的增速,持续的非理性造船的船东终于把市场推入新一轮漫长调整。2011—2018年BDI均值降为1 084点,VLCC一年期日租金水平降至2.88万元,SCFI(Shanghai Container Freight Index,上海出口集装箱运价指数)降至931点;到2018年底,在运力整体过剩的持续8年,船舶手持订单占运力的规模依然为11.5%(散货船为12.3%),运力供给侧依然没有显示出新一轮调整完成的信号,而需求侧受到贸易保护主义的影响,维持2.5%以上的持续增长已属不易。散货船订单占运力规模的比重如图3-5所示。

(2)法规驱使船队绿色化发展

世界海运法规体系主要包括三大立法主体和四大法规支柱❶,为了实现国际海运业可持续发展,国际海运法规调整的趋势主要表现为以下四个方面:

---

❶ 四大支柱:《国际海上人命安全公约》(SOLAS)、《国际防止船舶造成污染公约》(MARPOL)、《海员培训、发证和值班标准国际公约》(STCW)和《海事劳工公约》(MLC)。以UN(联合国)、IMO(国际海事组织)和ILO(国际劳工组织)三大机构为主要立法主体。

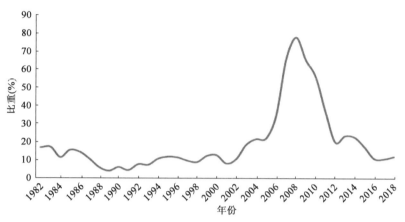

图 3-5　散货船订单占运力规模的比重

数据来源：Clarksons。

①更加注重海运安全。制定海运安全和防止海运造成污染的标准是 IMO 最重要的职责，IMO 相继修订了一系列规则，对海运中涉及的安全和防污技术进行了规范。2005 年后生效的规则主要有《国际海上人命安全公约》（SOLAS）、《国际散装运输危险化学品船舶构造和设备规则》和《散装运输危险化学品船舶构造和设备规则》（BCH 规则）的修正案。2015 年 6 月，IMO 下属的海上安全委员会（MSC）通过了《使用气体或低闪点燃料船舶安全规则》（IGF 规则）草案，并同意有关提议修正案以使之成为 SOLAS 下的强制性规则。IGF 规则就不小于 500 总吨的船舶使用低闪点燃料（如 LNG）的机械、设备和系统为其布置、安装、控制和监视事项提供强制性规定，以使对船舶、船员和环境的风险降到最低。IGF 规则在 2017 年 1 月 1 日生效日起适用于新船舶以及改装船舶。此外，MSC 还批准了强制核实载货集装箱总重的要求，于 2016 年 7 月 1 日起生效；批准了 IMO/ILO/UNCEC（联合国欧洲经济委员会）的《货物运输单元装载实务规则》（CTU 规则）；针对 2001 年"9·11"事件，2002 年 12 月以美国为代表提出的涉及保安的港口船舶保安规则（ISPS），经讨论决议于 2004 年 7 月 1 日正式生效，成为全球联合打击海上恐怖活动的共同行动准则，加大打击海盗力度。1958 年多个国家在日内瓦签订《公海公约》，将 19 世纪以来《国际习惯法》对于惩治海盗犯罪的一贯主张明确化，形

成了历史上第一个惩治海盗犯罪的国际公约。1982年通过的《联合国海洋法公约》在第100～107条中,重新明确了海盗犯罪的定义并对相关问题做了规定,规定在领海以外的海域里任何国家的军舰或得到政府授权的政府公务船舶都有权打击海盗。1988年通过了《制止危及海上航行安全非法行为公约》,2008年联合国安理会先后通过了1816号、1838号、1846号和1851号决议,呼吁和授权世界各国军队在获得索马里过渡政府允许的情况下可进入索马里领海打击海盗,表明了坚决打击海盗行为的决心。

②更加注重节能减排和海洋环境保护。针对日益严峻的气候变化挑战,1997年《联合国气候变化框架公约》通过《京都议定书》,2015年12月在巴黎召开的联合国气候变化大会上通过了《巴黎协议》,承诺控制温室气体排放,以确保在21世纪内将全球平均气温升高控制在工业化之前水平的2℃以内,并且争取进一步控制在1.5℃以内。海运减排将在IMO规则下开展,2009年通过了"船舶建造能效指数(EEDI)计算方法临时导则""能效设计指数自愿核证临时导则""船舶能效管理计划(SEEMP)制定导则"和"船舶能效营运指数(EEOI)自愿应用导则"四个通函,通过技术、营运和市场机制三个方面实现船舶温室气体减排。MARPOL 73/78公约旨在将向海洋排放污染物、排放油类以及向大气中排放有害气体等污染降至最低水平。修订的《国际防止船舶污染公约》附则Ⅵ——《防止船舶造成大气污染规则》,于2010年7月1日起在全球范围内生效。2012年1月1日起,全球船舶燃油硫的控制总量由目前的4.5%降低到3.5%。2020年1月1日起,这一总量将下降到0.5%。伴随最为严格的"Tier Ⅲ"发动机管制的产生,船舶发动机排放氮氧化物(NO_x)逐步递减的规则也同时生效,"Tier Ⅲ"发动机于2016年1月1日及以后被安装到需要在排放控制区(ECAs)内进行作业或航行的船只上。受人类活动以及气候变化影响,海洋生物多样性面临严重威胁,在《联合国海洋法公约》《生物多样性公约》等国际法体系下,许多国家设立了各类海洋生物多样性保护优先区域,限制人类活动对海洋环境的破坏。2004年IMO通过了《船舶压载水和沉积物控制与管理公约》(简称"压载水公约"),要求任何国际航行船舶在

公约国港口停靠时，必须对船舶压载水进行相应处理，以移除压载水中的有害物质，避免压载水带来的生物污染。压载水公约对2017年9月8日及以后建造的新船如期生效，而2017年9月8日以前建造的现有船舶则推迟2年生效。

③更加重视保障海员的基本权利。这是《海事劳工公约（2006年）》制定的目的。"没有海员的贡献，贸易就无法运转。一半人受冻，一半人挨饿"是IMO对海员贡献的恰当评价。海运的特点决定了海员职业具有国际性、专业性、危险性、离群性、艰苦性和任重性。为有效保障海员的各项劳动权利和人身权益，需要制定专门适用于海员的海事劳工公约和建议书。2001年1月，在ILO第29届联合海事委员会上通过决议，决定制定一项新的海事劳工公约，形成统一的国际海事劳工保护标准，保障海员的基本权利，保证海员安全、舒适和体面地工作，提高海员职业的吸引力。ILO第94届会议暨第十届海事大会正式通过了《海事劳工公约（2006年）》，包含：海员上船工作的最低要求，就业条件，起居舱室，娱乐设施，食品和膳食服务，健康保护，医疗，福利和社会保障等，公约于2013年8月20日生效。2015年8月，十二届全国人大第十六次会议批准我国加入该公约，2016年11月对我国生效。

④更加重视协调承运人与托运人之间的关系。在国际海上货物运输领域，目前有3个生效的国际公约同时并存，分别为1931年生效的《海牙规则》、1978年生效的《维斯比规则》和1992年生效的《汉堡规则》❶，随着海运的发展，海运规则面临三个方面的挑战：一是法律冲突。由于三个公约同时并存，加之一些海运大国的国内法的规定与现行公约不完全相同，导致在国际海运领域存在着法律冲突。二是利益协调。随着造船技术、海运技术的发展，海上风险与以往相比有所降低，要求重新平衡承运人与托运人双方之间的利益。三是面临新问题。随着海运的发展和贸易及运输方式的变化，实践中出现了

---

❶我国未加入上述任何一部公约，《海商法》第四章"海上货物运输合同"是参照《维斯比规则》的规定，同时吸收了《汉堡规则》中的部分内容制定的。一些未参加任何国际公约的国家采用了《海牙规则》或《维斯比规则》的规定制定了其国内法，如美国、日本等。

一些新事物、新问题,而现行公约对之均没有规定或无法有效解决,因而也迫切需要重新立法,以对这些新事物、新问题加以明确规定。2008年12月联合国第63届大会第67次会议通过了OECD(经济合作与发展组织)提交的《联合国全程或部分海上国际货物运输合同公约》(又称为《鹿特丹规则》),以实现海上货物运输和包括海运区段的国际货物多式联运法律制度的国际统一。该规则将承运人的责任期间由以前的"装货—卸货"或"装港—卸港"扩大至"收货—交货",因此适用于承运人在船边、港口、港外交接货物或"门到门"运输,有利于国际货物多式联运的开展,但在一定程度上增加了承运人的责任。《鹿特丹规则》采用了承运人完全过错责任,废除了承运人"航海过失"免责和"火灾过失"免责,还提高了承运人赔偿责任最高限额,对海运保险业产生了重大影响。《鹿特丹规则》既有海运法律立场与学术观点的融合、碰撞,也有各国间政治、经济和外交等综合力量的博弈,折射出各国对《鹿特丹规则》在不同经济发展背景下各不相同的利益诉求。

(3)市场竞争驱使船队大型化、专业化

市场竞争不断推动企业提供性价比更高的服务,从而在供给能力增长的同时,海运船队持续保持大型化、专业化以提高运输效率、降低运输成本。经过长期演变,已经形成了油船、干散货船、集装箱船、杂货船、油散兼用船、LNG船、LPG船、化学品船、冷藏船、滚装船、特种船、游船及客货船等专业化船队,其中以干散货、液体散货及集装箱为代表的三大专业化船队(占船舶载重吨规模的93.8%),特别是集装箱运输极大改变了运输组织方式,使运输服务质量得到大幅度提高,从而持续保持快速发展。海运业在不同国家和地区发挥着不同作用,从而形成不同的沿海、外贸进出口和第三国运输政策。经济贸易大国基于海运在支持国家安全、促进经济贸易发展方面的双重作用,为促进海运业提升保障性,大多实行沿海运输保护政策,将国内需求增长直接转化为本国海运船队发展的动力,对于国际运输则基于自身国情,积极打造符合自身特色的发展模式,推动自身需求更加适宜本国海运企业竞争,形成更加适宜托运人选择的更高效和经济的服务,并积极参与海运全球竞争。

船舶大型化表现为平均吨位的提高和最大船型的突破,世界 1 000 总吨以上船舶平均吨位由 1995 年初的 2.64 万载重吨上升为 2019 年初的 4.31 万载重吨,年均增长 2.1%,如图 3-6 所示。其中,油船大型化基本完成,干散货船继续保持大型化趋势,集装箱船持续大型化发展趋势,是船舶大型化的代表(图 3-7)。

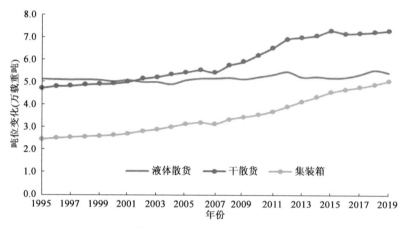

图 3-6　船舶平均吨位变化

数据来源:ISL。

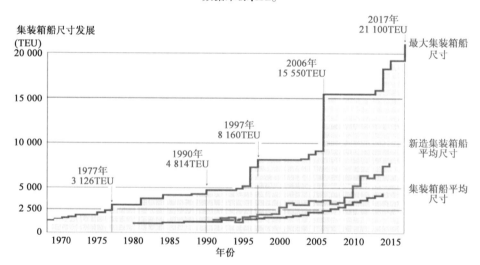

图 3-7　世界集装箱船队平均箱位与最大船型变化

数据来源:Clarksons。

3. 海运需求与港口发展

世界地理特征决定了港口在国际贸易中的作用,其服务的区域性决定了世界大港的变迁与世界经济贸易、制造业转移的高度重合,一些地理位置特别优越的国家和地区,得益于地缘优势和港口优质服务,依靠中转服务得以成为世界级大港。早期的世界级大港集中于西欧,随着产业转移而形成西欧与北美并立的格局,集装箱运输革命更使美国纽约新泽西港和荷兰的鹿特丹港成为港口发展的代表,集装箱吞吐量位居世界前两位(到1985年)。第二次世界大战后,亚洲特别是日本和"四小龙"经济贸易得以迅猛发展,世界级大港开始向亚洲转移,日本与亚洲"四小龙"成为世界级大港新成员,20世纪80—90年代形成西欧、北美和亚洲日本、"四小龙"并立的新格局,日本神户港、新加坡港、中国香港港、韩国釜山港和中国高雄港成为亚洲港口崛起的代表,其中新加坡港和中国香港港集装箱吞吐量在1988—2006年长期位居世界前两位。随着经济发达地区转型升级,其单位贸易的吞吐量越来越小,而改革升放使中国潜在优势得到发挥,抓住了新一轮制造业转移的机遇,特别是加入WTO,"中国因素"推动世界大港加快向亚洲特别是中国的转移,到2018年集装箱吞吐量前10位港口全部位于亚洲(欧洲鹿特丹港列世界第11位、美国最大的洛杉矶港列世界第17位),货物吞吐量前10位港口中9个位于亚洲,一批中国港口相继跻身世界级大港行列,按照货物吞吐量和集装箱吞吐量计,世界前10位港口中中国占据7位,开启了21世纪世界港口发展的新时代。

20世纪50—80年代美国港口引领发展。随着制造业向美国的转移,美国抓住工业革命的快车,19世纪后期GDP居世界首位;得益于地缘优势,抓住两次世界大战的机遇,成为新的世界霸主,世界经济中心由大西洋转移到太平洋,纽约取代伦敦成为新的世界金融中心的代表,也是世界资本最密集的城市。在20世纪50—70年代引领世界港口发展,特别是1956年将集装箱运输引进海运并引发全球集装箱运输革命,1958年将滚装和LNG引入海运,大大促进了专业化运输发展,并依托信息化技术优势,长期引领港口信息化的应用。著名港口有东海岸的纽约新泽西港、路易斯安那港和休斯敦港,西海岸的西雅图港、奥克兰港、长滩港、洛杉矶港等。其中,纽约新泽西港依托美国经济贸易发展,特别是大西洋对岸欧洲经济贸易发展,自18世纪中叶一直是世界重要港口,在美国机器制造、石油加工、电气化、金属制品、食品加工、重化工工业推动下成为世界第一大港。随着太平洋世纪的到来,美国港口发展的中心逐步转向西海岸。1980年世界集装箱吞吐量前20位港口中,美国有6位,其中纽约新泽西港、奥克兰港、西雅图港分别居世界第1、第7和第8位,货物吞吐量前10位港口中,纽约新泽西港仅次于鹿特丹港居世界第2位,新奥尔良港居第5位(表3-6、表3-7)。到2000年世界集装箱吞吐量前20位港口中美国占3位,其中洛杉矶港、长滩港和纽约新泽西港分别居第7、第8和第14位,明显向西海岸转移;世界货物吞吐量前10位港口中,南路易斯安那港和休斯敦港列世界第3和第6位。随着新一轮制造业向中国转移和美国重点依托信息化、技术创新推动经济发展,港口吞吐量地位有所下降,2018年集装箱吞吐量前20位港口中,只有洛杉矶港、长滩港列世界第17位和第20位。

20世纪60—80年代欧洲港口再现辉煌。欧洲大航海战略和地理发现带来的巨大贸易,使欧洲成为世界贸易和经济中心,形成了一批世界级著名港口,长期引领世界港口的发展。两次世界大战给经济贸易带来巨大打击,作为经济贸易转运和战略物资配送枢纽的港口地位也因此有所下降。经过战后近20年的发展,西欧经济、贸易得到迅速恢复,再次形成一批世界级大港,特别是鹿特丹港、汉堡港和安特卫普港在传统大港竞争中得以重放异彩。1980年按货物吞吐量计,欧洲的鹿特丹港和马赛港分列世界第1和第8位,集装箱吞吐量前20位港口中,欧洲占据4位,其中鹿特丹港、汉堡港、安特卫普港集装箱吞吐量分别居世界第2、第4和第10位。随着20世纪90年代亚洲港口的快速发展,欧盟港口吞吐量地位略有下降,按货物吞吐量计,前10位港口依然占据两位,其中鹿特丹港货物吞吐量由长期居世界首位到2000年被新加坡取代居世界第2位,安特卫普港货物吞吐量2000年居世界第9位。集装箱吞吐量前10位港口依然占据3位,其中鹿特丹港、汉堡港、安特卫普港集装箱吞吐量分别居世界第5、第9和第10位。进入21世纪,欧盟港口吞吐量地位下滑,

表 3-6 1980—2018 年世界前 10 位港口吞吐量排名（万 TEU）

排名	1980 年 港口	吞吐量	1990 年 港口	吞吐量	2000 年 港口	吞吐量	2005 年 港口	吞吐量	2010 年 港口	吞吐量	2015 年 港口	吞吐量	2018 年 港口	吞吐量
1	鹿特丹港	27 730	鹿特丹港	28 769	新加坡港	32 559	上海港	44 317	上海港	65 197	宁波舟山港	88 929	宁波舟山港	108 439
2	纽约港	16 000	南路易斯安那港	19 940	鹿特丹港	31 997	新加坡港	42 300	新加坡港	57 893	上海港	71 740	上海港	73 048
3	神户港	15 100	新加坡港	18 779	南路易斯安那港	22 259	鹿特丹港	37 000	鹿特丹港	43 016	新加坡港	57 490	唐山港	63 710
4	千叶港	15 000	神户港	17 147	上海港	20 440	宁波港	26 881	天津港	41 325	苏州港	54 319	新加坡港	63 020
5	新奥尔良港	14 568	千叶港	17 464	香港港	17 464	广州港	25 036	宁波港	41 217	天津港	54 051	广州港	59 396
6	横滨港	12 893	上海港	13 959	休斯敦港	16 925	天津港	24 369	广州港	41 095	广州港	50 053	青岛港	54 250
7	名古屋港	11 344	名古屋港	12 387	千叶港	16 904	香港港	23 000	青岛港	35 012	唐山港	49 284	苏州港	53 230
8	马赛港	10 300	横滨港	12 387	名古屋港	15 337	南路易斯安那港	22 000	大连港	31 400	青岛港	48 453	德黑兰港	51 780
9	新加坡港	8 630	休斯敦港	11 447	安特卫普港	13 053	青岛港	18 679	秦皇岛港	26 297	鹿特丹港	46 636	天津港	50 774
10	上海港	8 483	安特卫普港	10 201	蔚山港	12 749	名古屋港	18 500	釜山港	26 001	德黑兰港	45 294	鹿特丹港	46 900

表 3-7 1975—2018 年世界前 20 位港口吞吐量排名（万 TEU）

排名	1975 年 港口	吞吐量	1980 年 港口	吞吐量	1985 年 港口	吞吐量	1990 年 港口	吞吐量	1995 年 港口	吞吐量	2000 年 港口	吞吐量	2005 年 港口	吞吐量	2010 年 港口	吞吐量	2015 年 港口	吞吐量	2018 年 港口	吞吐量
1	鹿特丹港	108	纽约新泽西港	195	鹿特丹港	266	新加坡港	522	香港港	1 255	香港港	1 810	新加坡港	2 319	上海港	2 907	上海港	3 654	上海港	4 201
2	纽约新泽西港	95	鹿特丹港	190	纽约新泽西港	237	香港港	510	新加坡港	1 183	新加坡港	1 709	香港港	2 243	新加坡港	2 834	新加坡港	3 092	新加坡港	3 660

续上表

排名	1975年 港口	吞吐量	1980年 港口	吞吐量	1985年 港口	吞吐量	1990年 港口	吞吐量	1995年 港口	吞吐量	2000年 港口	吞吐量	2005年 港口	吞吐量	2010年 港口	吞吐量	2015年 港口	吞吐量	2018年 港口	吞吐量
3	神户港	90	香港港	147	香港港	229	鹿特丹港	367	高雄港	490	釜山港	754	上海港	1808	香港港	2253	深圳港	2420	宁波舟山港	2635
4	香港港	80	高雄港	98	高雄港	190	高雄港	350	鹿特丹港	479	高雄港	743	深圳港	1620	深圳港	2251	宁波舟山港	2062	深圳港	2574
5	基隆港	56	新加坡港	92	神户港	185	神户港	260	釜山港	450	鹿特丹港	630	釜山港	1184	釜山港	1416	香港港	2011	广州港	2162
6	奥克兰港	52	汉堡港	78	新加坡港	170	釜山港	235	汉堡港	289	上海港	561	高雄港	947	宁波港	1314	釜山港	1945	釜山港	2159
7	西雅图港	48	奥克兰港	78	长滩港	144	洛杉矶港	212	长滩港	284	洛杉矶港	488	鹿特丹港	930	广州港	1255	青岛港	1744	香港港	1959
8	不莱梅港	41	西雅图港	78	安特卫普港	135	汉堡港	197	横滨港	276	长滩港	460	汉堡港	805	青岛港	1201	青岛港	1740	青岛港	1932
9	长滩港	39	神户港	73	横滨港	133	纽约港	187	洛杉矶港	256	汉堡港	425	迪拜港	762	迪拜港	1160	广州港	1559	天津港	1601
10	墨尔本港	36	安特卫普港	72	汉堡港	116	基隆港	183	安特卫普港	233	安特卫普港	410	洛杉矶港	748	鹿特丹港	1115	天津港	1410	迪拜港	1495
11	东京港	36	横滨港	72	基隆港	116	横滨港	165	纽约港	222	深圳港	399	长滩港	671	天津港	1008	鹿特丹港	1224	鹿特丹港	1451
12	安特卫普港	36	不莱梅港	70	釜山港	115	长滩港	160	东京港	218	丹戎不碌港	337	安特卫普港	648	高雄港	918	巴生港	1189	巴生港	1232

续上表

排名	1975年 港口	吞吐量	1980年 港口	吞吐量	1985年 港口	吞吐量	1990年 港口	吞吐量	1995年 港口	吞吐量	2000年 港口	吞吐量	2005年 港口	吞吐量	2010年 港口	吞吐量	2015年 港口	吞吐量	2018年 港口	吞吐量
13	横滨港	33	巴尔的摩港	66	洛杉矶港	110	东京港	156	基隆港	217	巴生港	321	青岛港	631	巴生港	887	高雄港	1026	安特卫普港	1110
14	汉堡港	30	基隆港	66	东京港	100	安特卫普港	155	迪拜港	207	纽约港	318	克朗港（巴生港）	554	安特卫普港	847	安特卫普港	965	厦门港	1070
15	悉尼港	26	釜山港	63	不莱梅港	99	费利斯多港	144	费利斯多港	192	迪拜港	306	宁波港	521	汉堡港	790	大连港	945	高雄港	1045
16	圣胡安港	26	洛杉矶港	63	圣胡安港	88	圣胡安港	138	马尼拉港	169	东京港	296	天津港	480	洛杉矶港	783	厦门港	918	大连港	977
17	蒂尔伯里港	23	东京港	63	奥克兰港	86	不莱梅港	120	圣胡安港	159	费利斯多港	280	纽约港	479	丹戎不碌港	653	丹戎帕拉帕斯港	910	洛杉矶港	946
18	勒阿弗尔港	23	长滩港	59	费利斯多港	85	西雅图港	116	不莱梅港	153	不莱梅港	271	广州港	468	丹戎帕拉帕斯港	648	汉堡港	885	丹戎帕拉帕斯港	896
19	高雄港	23	吉达港	56	西雅图港	85	奥克兰港	112	上海港	153	焦亚陶罗港	265	丹戎帕列帕斯港	417	长滩港	630	洛杉矶港	816	汉堡港	877
20	杰克逊维尔港	22	墨尔本港	51	敦刻尔克港	71	马尼拉港	104	奥克兰港	152	横滨港	240	林查班港	382	厦门港	582	长滩港	719	长滩港	810

按货物吞吐量计只有鹿特丹港保持在前10位,其中2010年居世界第3位,2015年居世界第9位,2018年居世界第10位。鹿特丹港、汉堡港、安特卫普港依然是欧盟港口集装箱运输的代表,但集装箱吞吐量2018年均跌出世界前10位,分别居世界第11、第18和第13位。

20世纪60—90年代日本港口的崛起。伴随着第二次世界大战后日本经济贸易快速发展和经济大国地位确立,20世纪60—90年代中期形成神户港、东京港、横滨港、千叶港和名古屋港等吞吐量位居世界前列的著名港口。第二次世界大战战败,日本社会生产力受到严重破坏,20世纪50年代,基于新的地缘政治格局变化,美国扶持日本经济复苏,将纺织和传统制造业通过FDI向日本转移,日本迅速成为全球劳动密集型产品的主要供应者,日本制造逐步畅销全球。基于新的基础,日本采取一系列经济政策,抓住一轮科技革命奇迹全面加大技术创新,集中力量发展钢铁、化工和汽车等资本密集型产业,同时不断加大力量发展电子、航空航天和生物医疗等技术密集型产业,将纺织等劳动密集型产业向外转移,实现转型升级。基于面临的资源严重短缺挑战,日本实施"贸易立国",从世界进口大量能源、资源,工业产品全面打入世界市场,1968年成为经济第二大国,到1970年日本GDP、外贸出口和进口分别占世界的7.2%、6.1%和5.7%,经济达到美国的五分之一。对于石油危机的冲击,其创新发展和转型升级时期经济不仅没有停滞反而得到进一步发展,1980年日本汽车产量超过美国,GDP、外贸出口和进口分别占世界的9.8%、6.4%和6.8%,经济总量达到美国的39%。20世纪80年代日本经济贸易高速发展态势有所减缓,到1985年日本GDP、外贸出口和进口分别占世界的10.9%、9.1%和6.5%,经济总量与美国相比有所下滑,由1980年相当于美国GDP的39%降为1985年的32%。1985年《广场协议》签订,日本抓住日元升值的机遇,实现企业"走出去"全球化发展,购买了大量海外资产,特别是面对世界经济滞胀资源价格调整的机遇,购入大量优质资源型企业,极大提升了进口资源保障,降低了价格波动对企业的冲击。同时,日本经济泡沫有所扩大,推动日本经济进入极度快速扩张,到1995年日本GDP占世界的比重高达17.7%,经济总量相当于美国的71%。由于产业大量外移,虽然这一时期GDP快速增长,但贸易增速有所下滑,国际海运量增速也降至2.4%的水平。进入21世纪,面对央行刺破泡沫经济政策所带来的经济冲击和地缘新形势,推动建立适应老龄化的"共享社会"、面向全球"酷日本"文化、面向高端制造业的研发和面向科学研究的"诺贝尔获奖计划",推动新一轮社会转型。到2018年,在企业创新上,世界前100创新型公司数量与美国相当,在诺贝尔获奖者数量上实现了年均1人,2019年19人获得诺贝尔奖。但由于央行刺破泡沫经济政策加之随后而至的亚洲金融危机的双重冲击,1995年后经济贸易增长明显低于世界平均水平,2000年、2010年和2018年占世界经济的比重下滑到14.6%、8.6%和5.8%,占世界外贸出口比重下滑到7.4%、5.0%和3.8%,占世界外贸进口比重下滑到5.7%、4.5%和3.8%。经济贸易增速的减缓使海运需求增速基本降至零,国际海运需求在9.2亿~9.7亿吨徘徊。一个国土面积狭小、各类资源短缺的岛国发展成为经济强国,海运战略通道地位和港口所起的作用无可替代。经济贸易发展推动了东京湾、大阪湾、伊势湾和濑户内海众多港口纷纷崛起,在港口发展上,日本注重推动港口与工业、城市融合,形成工业港和区域港口错位、集群发展模式,神户港❶、东京港、横滨港、千叶港和名古屋港等成为世界著名港口。1980年世界货物吞吐量前10位港口中日本占4位,其中神户港、千叶港、横滨港和名古屋港分别居世界第3、第4、第6和第7位,集装箱吞吐量前20位港口中日本占3位,其中神户港、横滨港和东京港分别居世界第9、第11和第17位(1975年三港分别居世界第3、第13和第11位)。1990年世界货物吞吐量前10位港口中日本仍占4位,其中神户港、千叶港、横滨港和名古屋港分别居世界第4、第5、第8和第7位,集装箱吞吐量

---

❶ 神户港位于大阪湾北岸,20世纪30年代成为日本最大贸易港口,第二次世界大战后被美国控制,1959年美国解除对神户港控制。川崎重工、三菱重工、神户制钢、三菱电子等企业分布在距离码头几公里范围内,工业以港口为依托输入各类资源和原料。同时输出机械、纤维纺织、金属制品、车船装备等制成品,工业发展又为神户港提供了丰富的货源。神户港是工业港和人工港发展的典型案例。神户港集装箱吞吐量长期居日本首位和世界前列,1975—1994年平均居世界第5.5位,1994年居世界第6位。由于阪神大地震,港口基础设施受到严重损害,集装箱吞吐量日本第一的位置逐步被东京港取代。

前 20 位港口中日本占 3 位,其中神户港、横滨港和东京港分别居世界第 9、第 11 和第 17 位(1975 年三港分别居世界第 3、第 13 和第 11 位)。进入 21 世纪,日本 GDP 和海运需求进入徘徊阶段,港口在世界的地位随之下降,2005 年神户港、千叶港和横滨港退出世界货物吞吐量前 10 位港口行列,只有名古屋居第 10 位,神户港、横滨港和东京港集装箱吞吐量退出前 20 位港口行列(其中东京港列第 21 位)。

亚洲"四小龙"与枢纽港发展。抓住机遇承接日本的产业转移,经济贸易持续快速发展,"四小龙"GDP、外贸出口和进口占世界的比重由 1970 年的 0.7%、2.0% 和 2.6%,迅速上升到 1995 年的 3.5%、10.3% 和 10.8%,之后随着产业向中国的新一轮转移,经济贸易略低于世界经济贸易发展速度,地位略有下降。经济贸易的发展推动新的世界级大港的形成,其中新加坡港得益于地理位置优势,货物吞吐量长期居世界前 10 位,1980 年居世界第 9 位,之后长期徘徊在世界前 5 位,2000 年居世界第 1 位,到 2018 年居世界第 4 位。韩国蔚山港和釜山港货物吞吐量也曾进入世界前 10 位行列。港口集装箱运输的发展更为显著(表 3-6),吞吐量进入前 20 位的港口有新加坡港、香港港、釜山港、高雄港、基隆港,其中新加坡港、香港港得益于转运优势,成为国际航运中心,集装箱吞吐量 1988—2006 年长达 18 年位居世界前两位,1994—2000 年集装箱吞吐量更是保持高于第 3 位 1 倍以上的优势地位,到 2018 年新加坡港和香港港集装箱吞吐量分别居世界第 2 位和第 8 位。依托韩国经济贸易发展和东北亚地区转运枢纽优势,港口地位持续上升,釜山港集装箱吞吐量 1980 年居世界第 15 位,1990—2018 年一直保持在世界前 6 位。

21 世纪中国港口崛起。1978 年中国实施改革开放政策,极大释放了各类劳动力资源,产生巨大的市场需求,也恰逢新一轮产业转移,经济和对外贸易持续快速发展,GDP、外贸出口和进口占世界的比重由 1980 年的 1.7%、0.9% 和 0.9% 迅速上升到 2000 年的 3.6%、3.9% 和 3.4%。进入 21 世纪,加入 WTO 推动中国比较优势的发挥,经济贸易呈现新一轮高速增长,到 2010 年 GDP、外贸出口和进口占世界的比重上升到 9.2%、10.3% 和 9.0%,货物贸易出口居世界首位、进口居世界第2位,经济总量超过日本列世界第2位。随着中国综合国力的提升,开始一轮产业升级,经济贸易发展速度虽有所减缓,但依然保持6%以上高速发展,到2018年GDP、外贸出口和进口占世界的比重进一步上升到15.8%、12.8%和10.8%。经济贸易的快速增长、世界工厂地位的形成和资源的相对不足,使中国海运需求持续快速增长,世界级大港向中国转移,其中上海港得益于长三角经济腹地支撑和沿海与长江T字形交汇点的地理优势,长期为我国第一大港,1980年货物吞吐量8 483万吨居世界第10位,2000年突破2亿吨列世界第4位。2005年吞吐量前10位港口中中国占6位,2010年占7位,2018年宁波舟山港、上海港、唐山港、广州港、青岛港、苏州港和天津港货物吞吐量分别居世界第1、第2、第3、第5、第6、第7和第9位。1995年上海港集装箱吞吐量达到152.6万TEU,成为第1个集装箱吞吐量进入世界前20位的港口,1999年深圳港以298.4万TEU进入世界前20位港口行列,青岛港、宁波港、天津港和广州港分别于2001年、2004年、2004年和2005年相继进入世界前20位港口行列。到2018年世界集装箱吞吐量前20位港口中,上海港、宁波舟山港、深圳港、广州港、香港港、青岛港和天津港居世界第1、第3、第4、第5、第7、第8和第9位,既有历史悠久的著名港口,如广州港、上海港、青岛港、天津港和大连港等,也有小港成长为世界级大港,如宁波舟山港、苏州港等。改革开放40多年几乎从零起步而崛起为世界级大港更是令世界瞩目,如深圳港、唐山港等。深圳蛇口利用劳动力资源优势,大力发展劳动密集型产业,形成"前港—中区—后城"的蛇口模式,实现与工业、城市融合发展,引进全球码头运营商,高起点发展现代化港口,迅速崛起为世界级大港,随着经济的发展推动新一轮高质量发展,高新技术产业居全国之首,港口也实现转型升级。

三、我国海运需求与海运船队发展

改革开放40多年来,通过不断深化经济体制改革、扩大开放,融入经济全球化,我国抓住新一轮产业转移的机遇,发挥劳动力资源的比较优势,充分利用国际国内两个市场、两种资源的战略选择,经济贸易保持了持续快速发展,推动海运需求持续快速增长,直接推动港口的发展,推动世界级大港向我国集聚。沿海运输保护政策使需求直接推动国旗船队发展,船队规模随沿海运输需求同步增长,国旗船队规模稳居世界经济贸易大国首位。改革开放头10年,在货载保留政策背景下,外贸海运需求直接推动了海运船队规模的扩张。随着对外开放政策的实施,我国海运发展既有地缘之利,也有海运生态圈不完善的不足,海运企业承担了约四分之一的外贸海运。而开放政策为海运拓展第三国服务提供了环境,随着海运国际竞争力的提升,我国海运服务逐步实现全球网络化,第三国需求也为我国海运船队发展提供了需求,国内需求和国际需求共同推动海运船队规模逐步跃居世界第2位。

1. 沿海运输保护政策与国旗船队发展

第二次世界大战后,方便旗制度成为降低海运成本的重要变革,经济贸易大国的国旗制度根本无法与方便旗船队进行国际竞争,使方便旗船所占比重持续上升,到2018年底方便旗船队规模已占世界的75.5%。基于海运的双重作用,为维护运输安全、保证应对国际突发事件所需,纷纷实施沿海运输保护政策,使运输需求直接推动国旗船队的发展(表3-8)。

经济贸易与海运大国外国旗比重 表3-8

世界经济排位	国　　家	外国旗比重(%)	船队世界排位	国旗船队(万载重吨)
1	美国	91.6	7	498
2	中国	68.3	2	8 558
3	日本	85.2	3	3 572
4	德国	91.3	4	832
5	英国	82.1	13	574
6	法国	79.6	22	326

注:资料来源于世界银行、ISL,2018年底数据。

我国国旗船队一方面保障沿海运输需要,另一方面积极参与国际竞争。1978—2018年我国GDP实现了年均9.44%的持续高速增长,外贸进出口总额年均增速更是高达14.5%,在经济贸易的推动下,我国沿海运输需求年均增长约8.5%,与GDP弹性系数约为0.9,其中2000—2010年为增长最快的时期,年均增速达到15%,在工业化、城镇化和全球化发展的推动下,与GDP弹性系数上升为1.4的水平。2010年后,随着我国经济逐步转向高质量发展,经济贸易发展速度有所放缓,而沿海运输安全、高效、绿色和经济的比较优势不断显现,沿海运输需求与GDP弹性系数降为0.92。正是得益于沿海运输的发展,我国国旗船队保持较快的发展,到2018年底达到8558万载重吨,稳居世界经济贸易与海运大国首位,按吨位计算约是美国的17倍、日本的2.4倍和德国的10.3倍,比美国、日本、德国、英国和法国之和还高出47.5%。

从船旗结构演变上看,由于改革开放初期实施货载保留政策,我国国旗船队比重较高,1988年放弃货载保留政策,1996年放弃双边货载保留政策,到1995年初国旗船队达到2156万载重吨,占海运船队比重仍然高达63.9%,这一比例高于世界平均水平15%。全面放弃货载保留政策后,加之缺乏必要经济支持政策,为参与国际竞争,新增运力主要挂方便旗,也有少量国旗船舶改挂方便旗,国旗船队发展主要依靠沿海运输,国旗船队所占比重呈现逐步下降态势。放弃双边货载保留政策10年后,2006年初国旗船队达到2915万载重吨,占海运船队的比重降为45.4%;2018年底国旗船队达到8558万载重吨,占海运船队的比重降为31.7%,但依然高于世界平均水平7.2%,更高于美国、日本、德国、英国和法国国旗船队水平。

从船队技术结构(表3-9)看,随着经济技术水平的提高,国旗船队专业化、大型化、年轻化水平都有了显著提高,到2019年初平均载重吨达到2.87万载重吨,平均船龄12.2年(其他经济贸易大国国旗船队平均船龄为:美国22.2年、日本11.9年、德国15.6年、英国13.2年、法国14.5年),国旗船队专业化基本实现,干散货、液体散货和集装箱三大专业化船队规模占比94.8%,专业化滚装船在渤海湾地区、琼州海峡地区等得到广泛应用。

我国国旗船队结构变化 表3-9

年份	1995	2019
平均吨位(万载重吨)	1.59	2.87
平均船龄(年)	18.4	12.2
三大专业化船队比重(%)	77.2	94.8

2. 国际海运需求与海运船队发展

与沿海运输不同,对外贸运输物资大多实行开放政策,鼓励双方按正常的商业做法直接商定运输合同,本国国际海运需求发展只能部分由国内海运企业完成运输。由于地缘和文化优势,本国海运企业对需求的变化最为敏感,掌握这种需求变化的成本也最低,在竞争进出口运输中具有天然地缘优势。

(1)1978—1990年货载保留政策,海运需求直接推动运力发展

20世纪70年代,由于世界经济较为萧条,船舶价格下跌,我国通过采购旧船和建造新船扩充了运力规模,当时的船舶以散杂货船为主,并未出现大量的专业化船型;到1977年海运船队规模达到900万载重吨,居世界第17位,完成远洋货运量2 500多万吨、900多亿吨海里,占外贸海运货物的62%。改革开放初期,由于经济技术水平较低,尚处于需解决温饱的状态,出口以石油、煤炭、大米和盐为主以获取外汇,其中石油和煤炭占比约90%,我国进口散货中谷物等农产品占三分之一,铁矿砂、铁和钢约占三分之一。1978—1990年我国外贸进出口总额实现了年均15.4%的高速增长,外贸海运需求年均增长约9.4%,与外贸弹性系数为0.61。货载保留政策为我国国际海运船队的发展注入了强劲动力,基于货载保留协定,32%~84%的货物用中国旗船舶运营,同时部分租赁的船舶未能列入我国的控制运力范畴。

受到石油危机的冲击,国际海运市场正处于一轮长周期调整期,1986年8月4日BFI一度跌至554点,得益于货载保留政策,我国海运船队规模在需求的推动下得以快速增长;1988年我国开始放弃货载保留政策,恰好市场进入一轮长周期繁荣,成为我国海运船队参与国际竞争的良机;到1990年我国海运船队规模达到2 240万载重吨,比1977年增长160%,基本和外贸需求保持同步增长,1990年完成的沿海和远洋运量分别比1978年增长93%和157%,完成远洋运量年均增长8.2%,1990年远洋运量占外贸海运的57%。

(2)1991—2000年市场化竞争,需求转换减弱,运力稳定发展

20世纪90年代,尽管面临国内外诸多复杂因素,包括海湾战争、亚洲金融危机冲击和日本1995年后经济增速明显下滑等,我国GDP和外贸进出口

分别保持了年均10.4%和15.2%的高速增长,带动外贸海运需求保持了年均约12%的增长,同时这一时期市场整体处于一轮繁荣期,BDI指数10年平均1397点。抓住良好市场和我国需求快速增长的机遇,我国海运船队实现稳定增长,2000年底达到3986万载重吨,较1990年增长78%,运力规模居世界第5位,这是成为世界海运大国的重要标志。

但应清醒地看到,我国海运长期在计划经济和货载保留政策下发展,1988年放弃货载保留政策,企业开始进入市场参与国际竞争,恰遇海运市场一轮长周期繁荣,同时得益于双边货载保留政策,船队规模大体保持和需求同步增长,企业竞争力不强、市场风险管理能力较弱的矛盾被繁荣的市场所掩盖。1990—1997年我国海运船队规模、完成运量与需求大体同步发展,远洋运量占外贸吞吐量的55%~60%。随着1996年放弃双边货载保留政策,又恰遇亚洲金融冲击,市场出现1998年和1999年两年间的小幅度调整,运力发展放缓。2000年世界经济贸易高速发展,我国GDP和外贸进出口增速分别达到8.4%和31.5%,内贸海运需求增长6.4%,而外贸海运出现高达34%的超高速增长,推动了供求关系逆转,市场繁荣,全年BDI指数达到1606点,而我国运力供给仅保持惯性4.7%的增长,2000年完成远洋运量2.3亿吨,占我国外贸海运量的比重降为45%。

(3)2001—2010年"中国因素"推动一轮空前繁荣,需求转换持续弱化

进入21世纪,世界经济贸易进入一轮快速增长期,尽管受到2001年美国"9·11"事件和2008年金融危机冲击,海运市场出现调整,但随着我国加入WTO,充分发挥人口红利优势,工业化和城镇化需求快速发展,承接大量国际产业转移,我国迅速崛起为"世界工厂"。21世纪头10年,GDP和外贸进出口保持了年均10.5%和20.2%的高速增长,带动能源、资源进口和制成品进出口快速增长。我国外贸海运需求和内贸海运需求分别实现年均15.6%和15.9%的超高速持续增长,集装箱国际航线更是保持了17.5%的年均增速,铁矿石、煤炭、原油和集装箱国际海运需求均跃居世界首位。"中国因素"成为全球海运需求的主要动力,带动海运市场进入一轮空前繁荣。尽管受到

2001年"9·11"事件和2008年金融危机冲击,但干散货、石油和集装箱市场整体依然繁荣至2010年,其中干散货运输市场10年BDI指数均值高达3 489点,甚至一度突破万点。我国海运船队抓住市场空前繁荣和"中国因素"机遇,船队规模2010年底达到1.06亿载重吨,是2000年底的2.66倍,运力规模居世界第4位,特别是液体散货船队由2000年底世界第13位迅速上升为第5位,三大专业化船队实现了均衡发展,但2.66倍的快速增长明显低于翻两番的需求增长,需求转换持续减弱,完成远洋运量占外贸吞吐量比重持续降低,2010年降为27%,如图3-8所示。

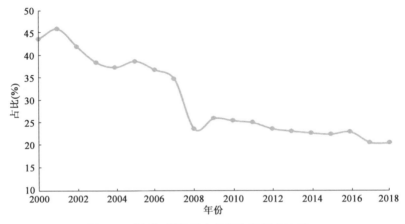

图3-8 我国远洋运量占外贸海运需求比重

(4) 2011—2018年需求稳定增长,政策推动运力快速增长

受到金融危机深度影响,世界经济缓慢复苏,欧洲债务危机、恐怖主义等影响全球复苏进程,而民族主义和贸易保护主义更是将贸易弹性系数共同拉低至0.9的水平,海运需求减缓特别是运力供给的快速增长,使海运进入新一轮长周期调整,BDI指数由2001—2010年年均3 489点降为2011—2018年年均1 038点,2016年出现BDI年均673点的历史纪录。2010—2018年我国GDP和外贸进出口实现了年均7.5%、5.7%的增长,外贸弹性系数由1978—2010年的1.57明显下降为0.75,外贸海运和内贸海运需求稳定增长,但年均增速分别降为6.7%和6.9%。面对海运新一轮漫长调整,为更好地保障国家安全、服务国民经济和社会发展,2014年国务院发布《关于促进海运业健康发

展的若干意见》(国发〔2014〕32号),明确从优化海运船队结构、完善全球海运网络、促进海运企业转型升级、大力发展现代航运服务业、深化海运业改革开放、提升海运业国际竞争力、推进安全绿色发展等7个方面全面推进海运强国建设。在优化船队结构上,交通运输部、财政部、国家发展和改革委员会和工信部联合发布《老旧运输船舶和单壳油轮提前报废更新实施方案》(交水发〔2013〕729号)和《老旧运输船舶和单壳油轮报废更新中央财政补助专项资金管理办法》(财建〔2014〕24号)。国务院战略部署和提前报废调整运力结构政策,有效推动了海运船队发展,到2018年底海运船队规模上升到2.7亿载重吨,居世界第2位(干散货、液体散货和集装箱三大专业化船队规模均居世界第2位)。面对国际海运市场新一轮调整、"走出去"发展新需求以及境内外税收政策差异,海运企业全面提升网络化服务水平(承运第三国份额明显上升),部分运力移至境外,2018年完成远洋货运量7.7亿吨,占我国外贸海运量的21%。

干散货船队规模居世界第2位。2018年我国以铁矿石、煤炭和大豆为代表的大宗散货共进口14.34亿吨,占世界干散货海运量的27.5%,较2010年提升5.6%。其中进口铁矿石2016年首次突破10亿吨,到2018年达到10.64亿吨,占世界铁矿石海运贸易比例达到72.1%;进口煤炭2.80亿吨,占世界海运需求量超21.6%。我国控制的干散货船队规模占世界干散货船队的比例上升至19.5%,年平均增长率达9.4%,仍低于干散货海运量占比。

油轮船队规模居世界第2位。2018年我国原油海运进口量达到4.16亿吨,占世界原油海运贸易的20.7%,较2010年上升9.5%。油轮船队规模占世界船队比例达到14.4%,年均增长9.8%,招商局能源运输股份有限公司和中国远洋海运经营的VLCC船队规模位居世界前两位。

集装箱船队规模居世界第2位。2018年我国集装箱国际航线出口量达6000多万TEU,占世界集装箱运量的比例约为28.5%,与2010年基本持平,货类结构持续调整。集装箱船队通过运力更新和兼并重组,控制运力达到344.3万TEU,占世界船队的比例达15.8%,年均增长10.9%。

尽管我国专业化海运船队规模已经实现较快增长,但仍低于相关海运需求在全球海运业中的比例,海运需求仅部分转化为推动我国海运业发展的动力。

(5)我国外贸海运需求推动转换程度较弱的原因

自1988年放弃货载保留、1996年放弃双边货载保留政策以来,我国海运需求虽然快速增长,但需求推动转换程度较弱,原因主要包括:

一是贸易物流管理能力弱,贸易出口以FOB(离岸价)、贸易进口则以CFR(成本加运费)主导。由于长期计划经济管理体制,企业行业特征显著,我国虽然是产业链最完整的国家,但尚未形成融合发展,缺乏物流链控制意识和能力,贸易谈判中往往放弃运输权,形成贸易出口以FOB、贸易进口则以CFR主导的基本格局,进出口贸易运输权大多在外方。例如,我国进口铁矿石遥居世界首位,拥有世界著名钢铁企业和海运企业,但进口铁矿石运输权大多在外方。淡水河谷是巴西铁矿石出口企业,铁矿石以FOB为主,而出口到我国却以CFR为主,其中2010年淡水河谷出口铁矿石FOB到其他国家和地区为94.2%(几乎全部为离岸价),到中国FOB条款仅占43%(以到岸价为主,2011年进一步下降到37.5%)。

二是企业国际海运竞争力有待提高。一方面表现为海运服务贸易长期大额逆差;另一方面表现为企业经营效益大幅度波动,长期盈利能力、逆周期操作能力弱,服务与国际一流企业有差距。

三是海运企业与上下游企业协同不足,长期包运合同比重低。我国企业主要决策者任职时间相对较短,大多没有经过两个海运市场周期,缺乏对"苦日子长、好日子短"的切肤之痛,对签订微利的长期包运合同未引起足够的重视。海运企业和货主企业长期在计划体制、条式管理中发展,彼此之间理解不够、相互信任度不高,5年以上和终身长期包运合同比重低。在海运市场高峰时,部分海运企业为获得短期利益,不愿遵守原运输协议,使货主难以及时找到船舶或不得不支付高价进行运输。在海运市场低谷时,部分货主不愿遵守原运输协议,通过市场寻求更低的运价,使海运企业利益受损,进而使得货主和海运企业之间信任度下降,在大宗散货海运发展中形成了即期市场主导的模式。同时,年度利润考核机制也加剧了这一格局。

四是海运企业与金融企业缺乏协作和相互理解。海运系统十分复杂,风险管理专业性强,由于缺乏相互理解、认知,雨中收伞多,雪中送炭少,高价造船怪圈长期存在。

五是海运经济政策有待调整。基于海运长期投资低于资本回报、在支持国家安全和促进经济贸易发展方面起双重作用的认识,将海运作为特殊服务业制定相关政策,主要海运国家对海员给予个人所得税减免优惠;均没有进口船舶增值税和进口关税;由于海上运输和出租业务全球性竞争,主要海运国家均没有收入流转税(我国租入船舶需代替出租方预缴纳租金15.5%的代扣税,出租缴纳5.5%的营业税),新加坡、欧盟和日本征收增值税,但给予零税率优惠;绝大部分国家和地区均给予海运特殊税收优惠,相继建立吨税制,允许企业选择吨税或缴纳企业所得税。中国香港和新加坡虽然没有实行吨税制,但所得税率较低,且相当部分可以申请免税,实际所得税率很低。

第二节 海难事故与海运安全发展

世界海运重大事故揭示了原未引起足够重视的风险及其危害,警示人们对于海运安全需要更为全面的认识,也推动着技术装备、法规规则、区域合作和经济政策等的调整,从而驱动海运业持续沿着更加安全、便捷、高效、绿色、经济的方向发展,其中6大事件影响最为显著。我国也是如此,海难事故进一步暴露了技术装备、安全标准、管理等方面存在的潜在风险,事故调查处理及相关措施的加强和技术经济水平、安全管理水平的提高,使我国海运更加安全。"11·24"特大海难就是这方面的典型案例之一。"11·24"特大海难及其后果,为海运安全发展敲响了警钟,海上安全生产管理成为备受关注的热点、重点和难点问题,引起各级政府的空前高度重视。持之以恒以高度的政治责任感、强烈的主人翁意识,推动海运全面加强安全管理,特别是以"四客一危"船舶为重点的水上交通运输安全管理,强化老旧船舶管理,在海上运输安全中发挥了重要作用,海上安全事故件数、重大事故件数、死亡失踪人数和沉船数量大幅度下降。

1999年11月24日,山东烟大轮船轮渡有限公司"大舜"号❶滚装船,载客及船员304人、汽车61辆,由烟台港出发赴大连港。途中遇10级大风、8米海浪,于15时30分返航,调整航向时船舶横风横浪行驶,船体大角度横摇;由于船载车辆系固不良,产生移位、碰撞,致使甲板起火,舵机失灵,虽经多方施救,"大舜"号仍不幸于23时38分在距烟台市牟平区姜格庄镇云溪村海岸1.5海里海域处翻沉。事故导致280多人遇难,仅22人生还,直接经济损失约9 000万元,为新中国成立以来最大的一起海难事故。调查认定,"11·24"特大海难事故是一起在恶劣的气象和海况条件下,船长决策和指挥失误,船舶操纵和操作不当,船载车辆超载、系固不良而导致的重大责任事故。2000年6月"大舜"号打捞出水。2000年11月中旬,"11·24"特大海难事故调查处理终结,有关责任人员受到严肃处理。"11·24"特大海难成为救捞体制改革、全面提升海上救助打捞力量的契机。

> ### 世界海运重大安全事件与国际规则调整
>
> 20世纪以来重大安全事件进一步提升人们对海运的认识,通过技术、装备、标准和规则的完善持续推动海运沿着更加安全和绿色的方向发展。
>
> (1)"泰坦尼克"号沉没。1912年4月14日,"泰坦尼克"号的沉没震惊了全球,这次海难暴露出船体结构、设备要求、人员操作和求救国际标准等诸多问题,在英国推动下,召开了第一次国际海上人命安全会议,并于1914年1月20日签订了第一个SOLAS公约(INTERNATIONAL

---

❶ "大舜"号滚装船于1983年由日本内海造船株式会社建造,1999年烟大公司购买这条船,可载货9 843总吨,总长126.23米,宽20米,高11.55米。船舱分四层,底部两层装载汽车,8吨以上货车可运载77辆,轿车22辆;上面两层用来载客,可载客550人,内部设有164个豪华床位。

CONVENTION FOR THE SAFETY OF LIFE AT SEA——SOLAS)。如今 SOLAS 包括结构和设备要求、人员的操作性要求、公司和船舶安全管理要求、保安要求等。

(2) "托里凯·尼昂"号溢油。1967年3月8日,"托里凯·尼昂"号油轮在英国东南沿海因舵机失灵、船体失控触礁破裂,溢出约10万吨原油。这一事件直接推动了1969年《国际干预公海油污事故公约》《国际油污损害民事责任公约》、1971年《国际油污损害赔偿基金公约》和1973年MARPOL公约(INTERNATIONAL CONVENTION FOR THE PREVENTION OF POLLUTION FROM SHIPS)等的诞生。

(3) "阿莫柯·卡迪兹"号油污。1978年3月6日,"阿莫柯·卡迪兹"号超级油轮在法国布里塔尼海域舵机损坏,最终导致船舶失控和油污事件。针对暴露出的救助问题,推动紧急修改《1910年统一海难援助和救助某些法律规定公约》,并最终形成《1989年国际救助公约》(INTERNATIONAL CONVENTION ON SALVAGE, 1989)。

(4) "自由企业先驱"号倾覆与"北欧之星"号火灾。1987年3月6日,"自由企业先驱"号巨型渡轮在英吉利海峡比利时港口泽布吕赫港附近倾覆,推动形成 ISM CODE 原型。1990年4月6日,"北欧之星"号从挪威航行去丹麦途中旅客甲板走廊起火。1992年4月 IMO 正式制定了《国际安全管理规则》(ISM CODE, INTERNATIONAL SAFETY MANAGEMENT CODE)。

(5) "埃克森·瓦尔迪兹"号溢油。1989年3月24日,"埃克森·瓦尔迪兹"号油轮在威廉王子湾触礁溢油,是美国历史上最大的一起原油泄漏事故,推动美国制定了《1990年油污法》(OIL POLLUTION ACT OF 1990, OPA90),后来演变为《船舶油污应急计划》(SHIPBOARD OIL POLLUTION EMERGENCY PLAN, SOPEP)。

> (6)"9·11"恐怖袭击。2001年9月11日两架被恐怖分子劫持的民航客机分别撞向美国纽约世界贸易中心1号楼和2号楼,两座建筑在遭到攻击后相继倒塌。为防止恐怖袭击事件影响从事国际贸易的船舶和港口设施,在美国推动下,2002年12月12日在伦敦召开的国际海事组织海上保安外交大会上通过ISPS CODE(INTERNATIONAL SHIP AND PORT FACILITY CODE),2004年7月1日正式生效,打击海上恐怖活动成为全球联合的共同行动。

一、加强老旧船舶管理,提升船舶质量标准

受经济和技术发展水平所限,我国海运船队以买二手船起步逐步发展,烟台—大连航线滚装船大多是从日本购置的二手老旧船。为规范老旧船管理,1993年4月交通部发布2号部令《老旧船舶管理规定》,该规定包括总则、船舶购置、船舶管理、船舶修理和附则等,共5章21条,自7月1日起施行。《老旧船舶管理规定》将15~20年的滚装船和客货船定义为老龄海船,将20年以上的滚装船和客货船定义为超龄海船,明确不得购置超龄海船进行运输。

"11·24"特大海难成为推动和调整行业运力改革的重要事件。首先是使通航管理理念、模式、方式发生根本性变化,推动全国海事系统实现以现场管理为主的转变。其次是全面加强老旧船舶管理,2001年4月19日交通部发布2号部令《老旧运输船舶管理规定》,交通部、国家经济贸易委员会、财政部联合发布《〈关于实施运输船舶强制报废制度的意见〉的通知》,明确"购置外国籍船舶或者以光船租赁条件租赁外国籍船舶从事水路运输,船舶必须符合本规定附录规定的购置、光租外国籍船舶的船龄要求,其船体、主要机电设备和专用设备应当符合国家规定和认可的船舶检验技术规范""国家对老旧运输船舶实行技术监督管理制度,对已达到强制报废船龄的运输船舶实施强制报废制度",其中不同类型船舶管制船龄如表3-10所示。与1993年版相比,

2001年版《老旧运输船舶管理规定》❶一是首次明确了五类老旧海船的标准，对老旧船舶管理进行了更为严格的规定。二是明确了老旧海船的定期特别检验船龄和强制报废船龄，同时标准较1993年版有提高。一类老旧海船，船龄达18年以上要进行定期特别检验，达25年以上须强制报废；二类老旧海船，船龄达24年以上须进行定期特别检验，达30年以上须强制报废。通过强制性检验提升了对老旧船舶的安全要求。三是对于购置老旧船舶从事运输的标准进一步提升，明确了船舶在采购、营运等阶段的具体要求。同时，随着我国经济与技术水平的提高，烟台—大连航线滚装船实现了由购买二手船向设计、建造大型新船的根本转变，船舶安全绿色水平、对客货需求适应性和适航性都有了全面提升。如渤海轮渡股份有限公司建造的"渤海翠珠"号等"珠"字号滚装船，按照国际航行客滚船公约和规范要求进行设计建造，船舶配备了最先进的设施设备，船舶动力系统、通道系统、通信导航系统等重要设施设备全部采用国际知名品牌，配备了保安警报系统、应急疏散系统（4套滑道撤离装置）、直升机停靠设施、航行数据记录仪（黑匣子）、车辆系固装置等先进设施设备。船舶配置了防横倾装置，可在3分钟内平衡船侧拖车的重量产生的横倾力矩，迅速消除船舶横倾；船舶按无限航区的风力标准设计稳性和船体强度，加强了货舱（车辆甲板）通风，减少了易燃易爆气体的浓度；加强了消防能力，全船设水喷淋、水雾和CO_2等多种灭火装置；增设电子海图导航，确保船舶航行安全；能容纳直升机直接起落。

"11·24"特大海难同样是推动地方政府加强海运安全管理的重要事件，特别是山东省港航系统广大干部职工时刻牢记血的教训，知难而进，切实加强"四客一危"船舶为重点的水上交通运输安全管理，加大南四湖、东平湖及京杭运河相关水域的安全生产监管。深入开展"安全生产月""安全警示月"和"百日安全生产竞赛"等各项安全生产活动，有计划组织开展各类应急预案的演练活动，不断提高应急应变能力，均取得良好社会反响。一是针对烟大轮渡

---

❶根据海运发展实际和国际公约相关要求，相继发布2006年版、2009年版、2014年版和2017年版。

濒临破产和被吊销营业执照的情况,山东航运集团研究筛选后申请由渤海轮渡公司吸收合并烟大轮渡;二是山东省采取了更高的技术标准以强化海运安全管理,短期直接导致山东省运力向辽宁省转移(图3-9)。1998年山东省沿海运力是辽宁省的146%,受到"11·24"特大海难及山东省相关政策影响,1999年和2000年山东省沿海船队运力规模连续两位数下滑,而辽宁省运力大幅增长,增幅为77%,从而使两省运力相对规模逆转,1999年和2000年山东省分别降为辽宁省的70%和61%。2001年随着山东省海运发展而恢复增长,特别是港口完全下放地方的改革,促进山东省沿海运力快速增长,2018年已达辽宁省运力的205%。

老旧船舶和强制报废船龄　　　　表3-10

老旧船舶类型	船舶强制报废
①船龄在10年以上的高速客船,为一类老旧海船; ②船龄在10年以上的客滚船、客货船、客渡船、客货渡船(包括旅客列车轮渡)、旅游船、客船,为二类老旧海船; ③船龄在15年以上的油船、化学品船,船龄在12年以上的液化气船,为三类老旧海船; ④船龄在18年以上的散货船、矿砂船,为四类老旧海船; ⑤船龄在20年以上的滚装船、散装水泥船、冷藏船、杂货船、多用途船、集装箱船、木材船、拖轮、推轮、驳船等,为五类老旧海船。 源自:《老旧运输船舶管理规定》(交通部令2001年第2号)	①客船类,包括高速客船、客滚船、客货船、客渡船、客货渡船、旅游船、客船,报废船龄为30年(含)以上(其中高速客船为25年); ②液体货船类,包括油船、化学品船、液化气船,报废船龄为31年(含)以上; ③散货船类,包括散货船、矿砂船,报废船龄为33年(含)以上; ④杂货船类,包括滚装船、散装水泥船、冷藏船、杂货船、多用途船、集装箱船、木材船、拖/推轮、驳船等,报废船龄为34年(含)以上。 源自:《关于实施运输船舶强制报废制度的意见》(交水发〔2001〕151号)

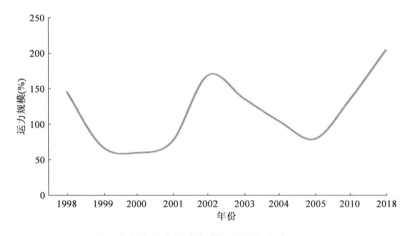

图3-9　山东省沿海运力规模(以辽宁省为100%)

二、推动形成中国特色救捞发展之路,加快救捞装备现代化

交通救捞系统创建于1951年8月24日,担负着海上事故的应急反应、人命救助、船舶和财产救助、沉船沉物打捞清障、海上消防、海上溢油污染清除,及为其他海上交通运输、海洋资源开发提供安全保障等多项使命,同时还代表中国政府履行有关国际公约和海运双边协定。专业救捞系统自成立以来,伴随着经济社会和海运事业的发展,历经了艰苦创业、较快发展、艰难维持和快速发展时期,探索形成了中国特色救捞发展之路❶,救捞系统技术与装备部分已接近国际先进水平,深远海救捞装备与技术研发取得重要成果,经济社会发展对海上应急救助和抢险打捞的需求适应性持续提高。在近70年的发展历程中,海难事件特别是"波罗的海可列夫"号沉没、"11·24"特大海难和"5·7"空难打捞等,成为我国专业救捞系统发展的重要转折。

"波罗的海可列夫"号沉没促进了救助打捞能力的快速提升。1973年希腊籍船舶"波罗的海可列夫"号在台湾海峡受台风袭击遇险向我国求救,我国无力施救,造成船毁人亡的灾难性后果,国际影响很大,也使我国形象受到了严重的损害。中央领导对此事件高度重视,指示必须尽快改变我国海上救助打捞的落后面貌。一是推动体制改革。推动在交通部成立全国海上安全指挥部,组建了交通部上海海难救助打捞局、交通部烟台海难救助打捞局和交通部广州海难救助打捞局。二是推动装备建设。在国家财政极其困难的情况下,投资在国外建造了10余艘当时世界上先进的救助打捞船舶,以及在国内建造30余艘救捞船,显著提升了我国救捞能力。

"波罗的海可列夫"号沉没26年后,"11·24"特大海难在新中国航运史上写下了沉甸甸的一页,当时参与救助的各方力量都无法实施有效救助,致使

---

❶ 三位一体的发展:救助队伍、打捞队伍和飞行队伍三位一体的队伍建制,人命救助、财产救助、环境救助三位一体的岗位职责,空中立体救助、水面快速反应、水下抢险打捞三位一体的综合功能。

282人命丧大海,暴露出我国海上专业救助能力薄弱和救捞体制已经不适应形势需要的问题,再次成为推动我国救捞体制改革和技术装备建设的重要契机。

1. 救捞体制改革

(1)体制改革动因。救捞事业的公益性决定了救捞发展应该主要由国家投入,但受制于国家经济技术发展水平和国家财力,至20世纪90年代只能"以经营养救助"维持救捞队伍的生存和运作。救捞系统有14个救助站点,救助网络覆盖范围有限;大部分救捞船舶是20世纪70年代建造,缺少在大风浪中实施救助的大功率救助船舶;不具备空中快速搜救能力。进入20世纪90年代,救捞系统设备老旧、技术落后、能力低下的问题越来越突出。1997—2003年仅渤海湾水域连续翻沉5艘客滚船,死亡数百人,特别是1999年11月24日"大舜"轮海难中282人命丧大海,震惊中外,成为引发救捞体制改革的直接动因。

(2)体制改革方案。2000年8月国务院领导批示,现有救捞体制难以适应我国海上救捞的需要,要求交通部会商有关部门制订改革方案。交通部随即对救捞体制进行了全面调研,深刻认识到救助打捞的性质,伴随"5·7"空难的救捞逐步形成了改革方案,统一了人们的认知,应该在建立一支国家专业海上救助队伍的同时保留一支家海上应急抢险打捞队伍。2003年2月28日,经国务院领导批准,交通部、国家发展计划委员会、国家经济贸易委员会、财政部、劳动和社会保障部、中央机构编制委员会等六部委发布《救助打捞体制改革实施方案》,明确了以加强救助为主、同时兼顾打捞发展的改革方向,确定了建立一支国家专业救助队伍和一支国家专业打捞队伍"双事业制"的改革方案,明确组建北海、东海、南海三个救助局,组建烟台、上海、广州三个打捞局,以及北海、东海、南海等四个救助飞行队。体制改革后,新组建的救助局和打捞局及救助飞行队由交通部救助打捞局实行统一垂直领导和管理。经过2003年救捞体制改革实践,救捞系统队伍与装备技术快速发展,专业救助船舶与航空器配备日趋合理,应急反应能力基本满足需要,更加适应经济社会发展对海上应急救助和抢险打捞的需求;救捞力量部署立体化、网格化、规范化体系已经基本形成,严格履行国际公约义务,积极参与海上人命救助,国际合作与交流取得显著成效,尤其是韩国"世越"号打捞成功,国际影响力显著提升;持续弘扬"把生的希望送给别人,把死的危险留给自己"的救捞精神,文化建设取得突破,《碧海雄心》《大寒潮》和《蓝色使命》等影视作品取得社会高度认可。这些成就为构建全方位覆盖、全天候运行、海江兼备、快速反应、处置高效的现代化专业救捞体系奠定了坚实的基础。国家高度重视救捞体制改革工作,有关部委对救捞体制改革给予了悉心指导和大力支持,确保了改革方向的正确性和方案的科学性,这是救捞体制改革得以顺利实施并取得成功的关键。

近10年来救捞系统典型成就

东海和南海维权专项保障、越南撤侨运输保障、马航MH370和亚航QZ8501失事客机跨洋搜寻、长江沉船"东方之星"客轮抢险打捞等任务;奥运会、新中国成立60周年庆典、世博会、亚运会等重大活动安保和神舟系列飞船发射海上特殊保障等工作;汶川抗震救灾,湛江、丹东抗洪抢险等应急救援任务;圆满完成"碧海行动"阶段性沉船打捞及"夏长""锦泽"等重大公益性沉船打捞任务;强台风"蝴蝶"西沙国际大救援、大连港溢油清除、伊朗大型油轮"桑吉"号碰撞燃爆事故应急处置等多起海上重特大突发事件;上海打捞局圆满完成韩国"世越"号打捞,赢得了国内外同行和媒体的广泛赞誉,展现了中国救捞的顽强作风和综合实力。

时任救捞局局长宋家慧谈救捞体制改革历程

改革在筹划过程中,国务院领导确实曾有过救捞体制改革要"事企分开"的批示,后来为什么又变成"事事分开"呢?这个问题要追溯到1999年的"11·24"事件。大家知道,1999年11月24日,一艘名叫"大舜"号的滚装船,由于海况恶劣在烟台海域发生特大海难事故,导致282人遇难。这一事件使大家意识到国家必须有一支海上专业救助队伍。因此,救捞分家,救助由国家财政拨款,打捞则企业化的"事企分家"设想被提了出来,并摆上了议事日程。

然而,就在分家方案的酝酿过程中,2002年5月7日,在大连海域发生了"5·7"空难,整架飞机连同机上112人全部掉入大海。事故发生后,有关部门立即组织对水面进行快速打捞和救援,但是几个小时后,水面的救援就结束,水面上已没有什么东西可以打捞,而水下的飞机残骸还没有找到。接下来的遇难者、飞机残骸和黑匣子的打捞,迅速成为遇难者家属、社会和媒体关注的焦点。当时我们迅速调动了大批救捞力量,并采用专业的海底搜索方法在短时间内找到了飞行残骸,并把飞机机身、遇难者以及飞机上的两个黑匣子打捞上来。这是一项非常艰巨的任务,救捞局因此出动了200多人,其中包括57名潜水员,奋战17昼夜,圆满完成了全部任务。其中,两个黑匣子落到淤泥中,黑匣子上的信标又脱离了黑匣子,因此搜索工作是非常困难的,当时我们请了美国的专家来帮忙,都没有解决,最后还是靠我们自己的办法和努力找到了两个黑匣子。

"5·7"空难的打捞改变了人们认为打捞可以企业化的认识,大家都感觉到,除了人命救助,打捞的装备和力量也是国家应急抢险中不可缺少的。这一认识直接推动了救捞体制改革从"事企分家"向"事事分开"

> 的方向和思路转变。如果说"11·24"事件是救捞体制改革的起因,那么,"5·7"空难可以说是我们的改革最终选择"事事分开"方案的一个重要原因。
>
> 注:源自2008年6月30日宋家慧局长救捞体制改革访谈。

2. 救捞装备建设

得益于国务院的高度重视和有关部委对救捞系统发展的大力支持,国家持续加大对救捞系统的投资,其中"十五"投资突破20亿元,"十一五"投资突破50亿元,"十二五"投资突破90亿元。交通运输部制定全国水上安全救助系统建设规划,大幅度加强水上安全监督和救助系统建设,搜索救助、水下打捞等装备水平和技术水平迅速提高。

在飞行救助方面,2000年5月上海海上搜救直升机机场建设工程开工,这是我国首次建设专门用于海上搜救的直升机机场。经过十几年持续努力,救助航空器数量和性能均得到突破,到2018年我国已拥有4支救助飞行队、20多架救助直升机和1架固定翼飞机,基本形成了能覆盖沿海主要海域的海空立体救助体系,其中折桨救助直升机可与救助船舶配合实施远海救助,电影《紧急救援》更是形象地展现了我国的立体救助能力。

在人命救助方面,为改变救助船舶落后面貌,2000年以来我国不断加大救助船舶发展力度,救助船舶艘数翻了一番达到约80艘。更重要的是通过建造14 000千瓦全天候专业救助船[1]、8 000千瓦全天候专业救助船、6 000千瓦全天候专业救助船、近海快速穿浪型双体救助船和从英国引进全天候救助艇,船舶技术状况得到显著提高,平均船龄下降了9年,平均航速提高9节,大型救助船舶平均功率增加了5 000多千瓦。

---

[1] 可航行于无限航区,配置DP-2动力定位、万米超短基线定位系统和直升机机库等,具备一流的操作性、稳定性和耐波性,可搭载救助直升机,进行联合搜寻、救助行动。

在应急抢险打捞方面，多渠道筹措资金提升打捞能力及关键装备水平，到 2018 年三个打捞局已拥有船舶 120 多艘，平均船龄下降 4 年，单位拖轮平均功率增加 32%，新增 4 000 吨起重船、4 500 吨和 5 000 吨大型抢险打捞起重船，总起重能力提升 2 倍，拥有 50 000 载重吨级自航半潜船、300 米饱和潜水工作母船等。

第三节 突发事件与海运通道安全

我国 90% 以上外贸物资依靠海上完成运输，是世界海运需求最大的国家，进口石油、铁矿石、煤炭、粮食居世界首位，集装箱国际航线需求更是超过 1 亿 TEU。在风云变幻、局部战争不断的世界，马六甲海峡、霍尔木斯海峡等一再成为人们关注的热点，各类突发事件频发的困扰更是引发人们对海运通道安全的忧虑，军事打击、经济处罚、技术封锁、"海盗"与恐怖袭击、承运人"误送"等非常态因素都对海上供应链和通道安全产生影响。我国最大石油来源地中东地区动荡局面长时间内面临无望改变的困境，伊朗石油问题一再揭示一旦某些重大事件发生，仍然存在海上禁运或无法经济地利用世界海运运力的可能；"银河号事件"更是揭示了霸权主义在海上运输的横行；马航 MH370 航班失联，揭示了海上搜寻、救助中一系列需要加强的短板。这一系列事件，一再警示我们，必须系统性地加强军民融合、产业融合，构造中国海运发展生态，实现治理能力和治理体系现代化，推动海运可持续发展，通过遍布全球的船只和网点发挥作用，提升海运通道可得性与经济性。

一、"银河号事件"警示

"银河"号是中国远洋运输总公司广州远洋运输公司所属中东航线上的一艘集装箱班轮。1993 年 7 月 7 日，该船按航行计划在天津新港装货后启航，预计 8 月 3 日抵达位于波斯湾的迪拜港卸货，然后去沙特达曼港和科威特港。

但在7月23日,美国政府自称握有"确凿证据",指认该轮从大连港装载了可制造化学武器的军事物质运往伊朗阿巴斯港,随后动用军舰、军机在印度洋上对航行途中的"银河"号进行跟踪、滋扰和拦截。

"银河"号途经新加坡停靠补充燃油和淡水,代理和一个神秘人员登船,请船长把所载货物清单交给他看。美国中情局在"银河"号到达海湾地区时扣留,理由是美方得到情报船上装有给伊朗的禁运的军事物资,派出2艘军舰与5艘直升机进行监视。美方要求开舱验货,"银河"号已经在海上漂航1个月,物资告急,船员愤慨抗议。我国严正抗议,并派出中远集团雷海船长和其他化学专家6人组成中国政府代表团前往霍尔木兹海峡,登机前雷海船长派人到上海仓库详细调查,并核对了该船的数千张提单和装箱配载图。

8月24日,"银河"号被押到沙特阿拉伯的达曼港,武装人员包围着这艘船,共载有782个集装箱,港口遵照美方要求把相关72箱吊到码头,准备开箱查验。我国外交部官员、驻沙特大使馆官员都达到现场。美国专家、情报人员等共计60多人把72箱拆开逐一查验,结果都无法找到他们指出的违禁品。9月4日,美方依然找不到违禁品,说船员将其丢入海中。雷海船长强烈地斥责了他们。美方无力再辩驳。美军搜查了782个集装箱最终一无所获,我方代表团向美国提出被扣35天的损失,共计1 340多万美元,但美政府态度强硬,坚称"美国的这次行动基于对不同情报来源的信任,尽管(这些情报)全都是错的"。美国政府事后态度强硬,坚持拒绝道歉。

二、马航MH370航班失联搜寻与海上支持保障体系

马来西亚航空公司波音777-200由吉隆坡飞往北京的MH370航班,原定于北京时间2014年3月8日6:30抵达北京,但于当地时间2014年3月8日凌晨2:40与管制中心失去联系。失去联络的客机上载有227名乘客和12名机组人员,其中有154名中国人。失联事件发生后,国际社会紧急动员,先后

有26个国家和地区的国际救援力量参与到搜寻该失联飞机的行动当中。3月24日晚10点,马来西亚总理纳吉布宣称失联的马航MH370客机在南印度洋坠毁,无人幸存。4个月的搜寻,虽曾发现疑似失联飞机的黑匣子信号与物体,但仍没有搜寻到被证实与失联飞机直接或间接相关的任何残骸或物品。2018年5月29日,MH370航班搜寻工作结束,调查无法确定飞机失联的原因。搜寻MH370航班行动过程中暴露出的问题,带给我们诸多启示,值得我们反思与警醒:一是迫切需要提升主动获取信息的能力;二是加快形成布局合理的南海综合基地;三是以现代先进技术武装空中、水上和水下专业救助力量;四是完善国际或国内多方协作机制。

1. 马航MH370航班搜寻行动简要回顾

事件发生后,国家领导人迅速作出指示与批示,指派包括交通运输部、外交部、公安部、民航局、海军、空军等在内的国内多方专业力量参与到失联客机的搜寻行动当中。这是我国首次在境外海域组织远距离、大规模的搜寻行动,在组织飞机、舰船等专业搜寻力量的同时,协调我国商船与渔船以及20多颗卫星等在内的多种装备与人员力量持续参与搜寻,在搜寻区域内,形成水面、水下与空中的立体全覆盖。

交通运输部(中国海上搜救中心)作为此次事件中我国海上搜寻行动的主要指挥力量发挥了关键作用。事件发生后,交通运输部部长杨传堂第一时间组织召开紧急会议,宣布立即启动一级应急响应机制,成立马航失联客机应急反应领导小组,积极与国内相关部门及马来西亚、澳大利亚等国家的海上搜救机构与民航局进行沟通协调,并指派包括南海救助局、广东海事局、上海海事局、东海救助局、上海打捞局等部属单位在内的多个救捞专业力量参与搜寻。

国际社会的搜寻行动可分为两个时期:一是应急搜寻时期,二是长期搜寻和善后处理时期。

(1)应急搜寻时期

第一阶段:3月8日—14日,失联事件发生,并被怀疑是劫机事件而非自然灾难事故。中国政府启动应急机制,联合工作组赶赴马来西亚,中国海上搜救中心确定第一阶段搜寻方案,14艘专业救助船、6艘海事执法船及2架巡航救助飞机应急出动,并在第一时间派出多艘军舰、协调商船渔船赶赴相关海域,调动10颗卫星参与搜寻。

第二阶段:3月15日—20日,国际海事卫星组织在南印度洋的卫星发现MH370航班的飞行轨迹,确认北方(老挝至里海)和南方(印度尼西亚至澳大利亚以西海域)两条空中走廊,参与搜寻国家和地区达到26个,堪称史上最大规模救援行动。中国海上搜救中心迅速调整搜寻方案,10艘船舰兵分两路,分别向南、北两个指定区域出发,开展搜寻行动。同时,中国驻澳大利亚大使馆也启动应急预案,继续协调大量商船、科考船、公务船以及卫星在新划定的搜寻海域展开搜寻行动。

第三阶段:3月21日—28日,马来西亚总理3月24日晚宣布,MH370航班在南印度洋终止飞行,北部走廊的搜寻工作取消,搜寻工作继而转为澳大利亚珀斯以西的南印度洋海域。我国参加第二阶段北部搜寻的力量全部掉头,参与到新划定的南部疑似失联海域的搜寻行动中,中国与澳大利亚等国家展开联合搜寻行动。同时,我国派出外交部副部长张业遂作为特使,前往马来西亚协调搜寻行动。

第四阶段:3月29日—4月28日,搜寻转为距离珀斯西北约1 741公里海域,澳大利亚"海盾"号搜救船、美国的黑匣子探测仪(拖曳声波定位仪"TPL-25"与"Bluefin21"水下无人潜航器)、美军的"蓝鳍金枪鱼"水下自主航行器等高技术装备投入搜寻,仍无任何重大发现。这一阶段,中国海上搜救中心根据澳大利亚公布的搜寻范围,重新对搜寻力量的搜寻区域进行划分。同时,也对一些疑似漂浮物进行确认,但均被否定。

(2)长期搜寻和善后处理时期

第一阶段:4月28日—6月25日,搜寻澳大利亚珀斯以西,以印度洋海底更大范围为重点区域,搜寻工作的重点放在海底搜寻,海上与空中搜寻工作逐步停止。搜寻方式也从飞机和船舰的可视化搜寻转为带有先进传感器的水下设备在海底的搜寻。中国海上搜救中心根据澳方的搜寻方案对我方现场搜寻力量进行了相应调整,协调组织具有水下搜寻探测能力的"海巡01"舰船赴任务水域,参与下阶段水下搜索和后续相关工作。同时,派出具有更强深海扫测能力的"竺可桢"号测量船前往南印度洋海域参与搜寻。

第二阶段:6月25日以后,澳大利亚官方于6月25日确定新一阶段的水下搜寻区域,即距离珀斯西南方1 800公里处的一片印度洋海域。中国"竺可桢"号测量船与澳方"辉固赤道"号商业船正在南印度洋测绘6万平方公里海域的海底地图。马来西亚、中国与澳大利亚商定,计划8月开始雇佣商业机构参与此范围的深海探测与搜寻工作。

后续进展:2014年10月10日,澳大利亚运输安全局公布了对失踪的马航MH370航班的最新调查报告。报告推测,客机可能在燃油耗尽后以螺旋下降的方式坠入南印度洋,地点可能在第七条弧线区域内更靠南的位置;2015年1月29日,马来西亚民航局宣布,马航MH370航班失事,并推定机上所有239名乘客和机组人员已遇难;2015年3月8日,马航发布了584页的中期报告;2015年12月9日,澳大利亚MH370航班调查报告公布,失联客机遭遇了由断电引发的严重技术故障,失联客机的航电系统失效,机组人员无能为力,飞机继续"自动"飞行,直至燃料耗尽;2015年8月2日,法属留尼汪首府圣但尼附近的一处海滩上,发现马航MH370航班新线索;2016年9月5日,莫桑比克马普托市,莫桑比克民航局主席Joao de Abreu在新闻发布会上展示3片疑似马航MH370航班的碎片;2017年1月,中国、马来西亚与澳大利亚三国政府发表联合声明,宣布暂停搜索2014年失踪至今的马航MH370客机,声明表示,对印度洋12万平方公里的搜索区进行搜索后毫无发现,当局以悲痛的心情做出了暂停搜索的决定;2018年1月,马来西亚方面再次启动了搜索计划,并与勘探公司"海洋无限"(Ocean Infinity)达成了一项协议,在原区域以北的一个地区恢复搜索,这是科学家们认为最有可能的坠机地点;2018年5月底,马来西亚政府宣布搜索工作结束。

(3)失联客机搜寻成为展示国家实力和树立大国形象的舞台

马航MH370航班失联事件举世瞩目,先后有26个国家和地区投入了前所未有的搜寻力量,参与到各个阶段的搜寻活动中。为了搜寻飞机黑匣子,各国动用了从太空、空中到海上、水下等多个领域的技术手段和高科技装备,包括高科技舰船、灵巧的超音速飞机、全景卫星,集结了 26 个国家和地区的资源和技术,展开了一场史无前例的国际大搜索。无论是搜寻装备,还是搜寻技术,都反映出各自的搜寻能力和技术水平,也为大国展示综合实力提供了舞台。其中,我国派出史上最大规模的搜寻力量,从飞机到船舰,再到卫星,充分展示了我国大国实力和强大的救捞力量。在 4 个多月的搜寻行动中,以下 12 个国家派出的救援力量起到主导和重要作用(表 3-11)。

马航 MH370 航班搜寻中各国派出的搜救力量　　　　表 3-11

国家	投入装备		
	飞行器	船舰	其他装备
马来西亚	17 架军机,包括 C-130 大力神运输机、CN325 飞机、EC725 军用直升机以及比奇空中王飞机等	3 艘海岸警卫队的海事执法船,7 艘军舰	民航雷达及军方雷达等
中国	16 架飞机,分别是 5 架军机(2 架图 154 侦察机、2 架伊尔-76 和 1 架运-8 运输机)、8 架舰载直升机及 3 架固定翼飞机	18 艘船舰(包括军舰与地方救援船只),并协调过往 66 艘中国商船及 20 艘渔船参与搜寻	海洋、风云、高分、遥感 4 个型号 10 颗卫星支援搜寻,10 多颗空间局或国家空间机构的地球监测卫星
美国	4 架 MH-60R 直升机,1 架 P-3C"猎户座"海上巡逻机,2 架 P-8A 海神式巡逻机	2 艘导弹驱逐舰,分别是"平克尼"号与"基德"号	卫星完全覆盖了 MH370 航班失联区域,包括 kh12 光学卫星、"长曲棍球"侦察卫星、海洋监视卫星、使用合成孔径雷达的海洋卫星等。1 个配备声呐装置的自主水下航行器和 1 个拖曳声波定位仪
澳大利亚	10 架飞机,分别是 8 架 P-3 猎户座巡逻机,2 架商业飞机	3 艘军舰及 8 艘商船,军舰分别是 1 艘补给舰,1 艘海军"海洋之盾"号救援船,1 艘"图文巴"军舰	军方卫星与雷达等。澳大利亚松谷监听站接收重要数据
越南	17 架飞机,分别来自空军、海军、海警和边防,包括 CASA-212 型巡逻机、安-26 中短程运输机、CASA212 海上巡逻机及 DHC6 水上飞机等	35 艘救援船只和 1 支军方潜水队	遥感卫星(VNREDSAT-1)等

续上表

国家	投入装备		
	飞行器	船舰	其他装备
印度	3架飞机,分别是1架P-8I远程海上巡逻机,1架C-130J"大力神"运输机和1架"多尼尔"海上侦察机	4艘船舰,分别是1艘隐身近海巡逻舰"萨尤"号、2艘隐形护卫舰"萨特普拉"号和"萨亚德里"号,外加1艘快速巡逻艇	民航雷达及军方雷达等,外加1支海岸警卫队
新西兰	2架P-3反潜巡逻机	无	军用卫星与雷达等
日本	6架自卫队飞机,分别是2架C-130运输机,4架P-3反潜巡逻机	无	军用卫星等
新加坡	2架C130型运输机,1架S-70B型海事直升机	共计3艘舰船,分别是1艘护卫舰,1艘导弹巡洋舰及1艘救援船	卫星与雷达等
法国	无	无	动用多颗民用和军用卫星,并派出4名航空专家与技术人员参与调查
韩国	2架军用飞机,分别是1架P3侦察机和1架C130运输机	无	无
英国	无	1艘"特拉法尔加"级"不懈"号核潜艇,1艘海军"回声"号测量船	军用卫星等

2. 马航 MH370 航班搜寻启示

(1)提升主动获取信息能力

马航 MH370 航班失联事件发生后,全球媒体高度关注,失联事件的消息常常成为国内外各大媒体的头条新闻。包括154名中国同胞在内的所有机上人员家属承受了巨大的焦虑与悲痛,一方面祈愿亲人们能够平安归来,另一方面不得不面对事实真相。在卫星、雷达多重覆盖现代信息技术十分发达的时代,客机坠落区域不明,更是大众十分关注的客观原因,自2014年3月8日至5月4日一直处于热点排行第一位,成为媒体长时间最关注的事件。

进入第二时期后,虽然报道绝对数量在明显下降,但在每一个关键信息披露之后,就会出现一次报道数量的波峰。交通运输部在此次搜寻中发挥了重要作用,受到各方媒体的广泛关注,各类媒体用大量篇幅报道交通运输部对搜寻行动的组织、部署、指挥、协调等工作,每披露一次关键信息,媒体报道数量也会出现一次波峰。马航MH370航班于胡志明管制区同管制部门最后通话后,ACARS(飞机通信导址与报告系统)关闭、飞机失联,坠落地点可能范围导致各国搜索的目标范围太大,难度过高。在ACARS关闭后,依靠雷达系统依然能够主动监测到飞机,失联事件启示我国应加强雷达系统建设,提高雷达和卫星多重覆盖范围,在面临类似事件中,可保持信息上获取的主动,为世界交通运输安全、搜救作出更大贡献。波音777发动机生产商建立EHM(航空发动机健康管理)系统,可自动接收飞机发动机关键信息,而波音公司则提供飞机每隔1小时自动发送脉冲信号和国际海事卫星建立联系的"隐形"服务,这些问题是在马航事件过程中才披露出来,同样值得我们深思。

(2)南海综合应急救助基地亟须建设

海运船队仍是我国应对国际类似突发事件的重要力量。马航MH370航班失联事件发生后,由于在该区域缺乏综合基地和搜寻、救助力量,中国海上搜救中心积极协调我国过往商船参与搜寻,在应急救援时期的第一阶段,中远"泰顺海"轮在3月9日上午9时最先赶到泰国湾参与搜寻;第三阶段,中海"韶华"轮3月25日首先抵达南印度洋疑似海域参与搜寻。我国先后有66艘商船参与各个阶段的搜寻工作。由此可见,在尚未形成布局合理的应急救助基地前,海运船队仍是我国应对国际突发事件的重要力量。

应急搜救第一阶段疑似海域在泰国湾,我国湛江救助基地至泰国湾大约2 200公里,三亚救助基地至泰国湾大约1 850公里,我国永兴岛救助基地至泰国湾约1 500公里,我国搜寻船舰赶往疑似海域参与搜寻行动的抵达时间平均需要53.5小时,由于救助基地和船舰距离疑似海域较远,严重制约我国迅速开展有效搜寻工作。若类似突发事件发生在我国南海远端海域,我国救援力量从现有基地出发到达事发地的时间势必会晚于南海周边国家。此次马航失联航班搜寻是我国为数不多的远洋军地联合搜寻行动,由于我国在相应海域、航路上没有救助基地,也没有大型远洋救捞补给船舶,"海巡01"等搜寻船舶只能舍近求远,从澳大利亚赶到新加坡进行补给,船舶物料方面的后勤补给能力成为远洋联合救援行动的瓶颈,无法保证搜寻船舶连续作业,影响搜寻的及时性和连续性。和平时期,军舰在外国港口补给相对容易,当局势紧张或冲突时则是另一回事。因此,无论是从维护国家海洋权益,还是应急救援的角度,都需在南海建立综合基地,提升导航、应急救助和补给能力,为区域海运安全贡献力量。

(3)海上搜寻、深海探测、打捞技术与装备亟待加强

深海探测技术、装备能力不足。此次南印度洋搜寻行动中,我国真正参与深海搜寻探测的装备只有"海巡01"上安置的1套黑匣子搜寻仪、2台潜水机器人、1套旁侧声呐和磁力仪等,但均是从国外进口。这些装备在探测深度、连续工作时间、搜寻性能等方面与美国TPL-25、"蓝鳍金枪鱼-21"等装备存在较大差距。如英国"回声"号测量船安置的多波束回声声呐、海洋拖曳声呐、声学多普勒海流剖面仪,美国海军装备的侧扫声呐阵列、自主水下航行器等先进搜寻探测装备,我国都没有。我国南海海域水深、浪高、海况复杂,如果类似事件发生在南海海域,由于目前我们不具备深海方面的搜寻探测能力,只能引入国外的搜寻探测力量。

高性能海上低空搜寻技术、装备能力不足。由于我国缺乏高性能的灵活轻便型反潜巡逻机、水上低空飞机等现代装备,在我国派出大型运输机伊尔-76参与海上搜寻之前,参与海上搜寻的装备只有舰艇、舰载直升机和空军非专业搜寻飞机,而这些非专业搜寻飞机与船舰在低空搜索方面,由于缺乏雷达、磁异探知器等现代观察器材,基本只能采用目视方式,不能长时间、快速高效、准确地搜寻,这与海上执法、维权的需求存在较大差距。而其他国家的海上低空巡逻的主要力量是P-3C反潜巡逻机与C-130大力神运输机。其中,P-3C反潜巡逻机(猎户座、P8)装载有AQS磁异探测器、ASA-64水下异常探测器、ARR-72声呐接收机等先进反潜侦察器,可侦察200米左右的浅水潜艇或异物。

深海打捞技术、装备实际作业能力不足。我国已成功掌握了300米饱和潜水作业技术,但英国、美国、瑞士、挪威、法国、德国、日本、俄罗斯已先后突破

500米饱和潜水作业技术。国外研究遥控深潜器搭载专业机器人(ROV)的国家普遍能实现3 000米以下水深打捞,美国最深可以下潜到10 000米。虽然我国"蛟龙"号试验深度已超过7 000米,但目前只能下海定点作业,进行照相、摄像、勘察、扫描等工作;"海马"号 ROV 在2020年4月成功进行了4 502米试验,但只能完成水下布缆、沉积物取样、热流探针试验、海底地震仪海底布放等任务。对于深海打捞作业而言,国外一般采用遥控深潜器搭载专业机器人(ROV)进行深海救捞。在深潜器方面,美国"阿尔文"号可下潜4 500米,法国"鹦鹉螺"号可下潜6 000米,俄罗斯"和平"号可下潜6 000米,日本"深海6500"号可下潜6 500米。同时,国外深潜器搭载非常先进的专业机器人辅助参与实地打捞,拥有丰富的实战经验,如曾参加2009年法航打捞行动的两家商业公司 Alcatel-Lucent 和 Louis Dreyfus Armateurs 的 "Ile de Sein"号深潜船,其搭载了"Phoenix International Remora 三代"机器人,可下潜6 000米,并最终在3 900米深的海底发现黑匣子及飞机残骸。总体来看,我国深海打捞技术及装备仍处于起步阶段,深海打捞还缺乏实战经验。

救援船舶实时通信能力不足。此次搜寻行动中,我国搜寻船舶没有装配与海事监测相关的信息监测系统或侦察装备,主要依靠目视方式进行搜寻。现有搜寻船舶不具备实时通信的视频监控指挥系统(部分船上租有临时设备),未掌握远洋海底地理测绘信息,不具备海事实时图像卫星传输能力。

(4)强化应急合作机制

加强国内应急沟通与合作。交通运输部作为牵头单位,协调了外交部、海洋局、海警局、总参、海军、中远集团、中海集团等多个部门和企业共同参与搜寻工作,充分发挥了国家海上搜救部际联席会机制牵头单位的作用。但从实际运行来看,各搜寻力量之间的合作还存在不顺畅的情形。在信息共享与合作机制方面,我国在沟通和协同方面还存在差距。类似的应急合作机制有必要由更高层面的机构或领导统一协调各方力量。

建立与当事国的合作机制。马航失联飞机搜寻过程暴露出我国与马来西亚需要更为灵活和有效的沟通渠道,马来西亚很多信息没第一时间向我方提供,我方不能掌握事件的最新信息,只能凭外界发布的"二手信息"做出判断和行动,致使搜寻工作陷入被动。在这次搜寻过程中,美国掌握了更多的信息,最先转向马六甲海峡进行搜寻。因此,在南海保护我国主权领土完整与安全的情况下,有必要与当事国就人命救助建立合作机制,加强海上搜寻信息共享、技术装备与人员的交流与合作,利于开展应急救助行动。

与发达国家建立应急救援合作机制。此次事件中,美国、英国等发达国家掌握了飞机发动机、卫星等很多方面的信息,并未提供给我国共享,我国救援投入力量最大,但并未取得关键线索。因此,我国应与美国、英国等发达国家建立应急救援合作机制,共享一些突发事件的信息资源,提高应急救援的可靠程度和速度。尤其是涉及南海区域的国家,我国应牵头构建一个或多个针对突发重大事件的搜寻系统情报中心或合作协调机构,借助国际救助公约,搭建对话平台,加强多国之间的实时合作与交流,实现与相关国家应急救援的常态化合作。

第四节 市场冲击与海运可持续发展

统计表明,"苦日子长、好日子短"是海运市场长期波动的特征,而供需关系变化是主导市场兴衰的基本力量,在经历2003年下半年到2010年长周期繁荣后,市场处于新一轮长周期漫长调整期。海运市场的每一轮调整,都使人们不断加深对其规律性的认识,政府基于海运在支持国家安全和促进经济贸易发展方面的双重作用,企业则主要从风险管理、回报投资者等角度,共同采取措施,推动海运的可持续发展。

一、市场风险管理与企业可持续发展

海运是一个高投入、高风险、全球化竞争、强周期性的行业,由于受到经济贸易发展、地缘政治、海盗和恐怖袭击等诸多影响,海运需求呈现长期持续性

增长与短期波动的特征,加之运力供给的波动性,这种供需关系的不确定性和船舶使用周期长的特点,使海运市场呈现"苦日子长、好日子短"的波动特征。为实现企业可持续发展,应对不可预期的市场风险,企业应采取各种措施加强风险管理、应对市场危机,实现可持续发展。

1. 海运市场周期性波动与风险

"苦日子长、好日子短"是海运市场长期波动特征。Martin Stopford 在其 *Maritime Economics* 著作中,分析了 200 多年来海运市场经历的繁荣与衰退,从繁荣到衰退的周期看,平均周期长度为 10.7 年,繁荣期与衰退期之比为 1∶1.7,200 多年的兴衰似乎一再重复同样的故事。导致这一规律的原因可以概括为两个方面:一是船舶约 30 年寿命周期,远远长于 10 年的贸易波动周期,一旦运力出现较大过剩,加之兴旺期大量造船在衰退初期集中交付,即使加大了船舶拆解,运力供需不平衡的调节速度也是缓慢的;二是虽然人类发展取得巨大成就,特别是在经济和技术领域,但总是在繁荣市场看不到危机而持续大量增加运力,长周期低谷调整也是上一轮空前繁荣、疯狂造船的必然反应。在经历 1998—1999 年海运市场低谷后,随着中国加入 WTO,"中国因素"推动一轮需求快速上涨,2003 年海运市场开始进入第一轮长周期繁荣,表现为在 2004 年前后,石油、干散货和集装箱等海运市场同时处于历史高峰,特别是干散货运输市场,在经历 2005 年和 2006 年高位盘整后,BDI 指数一度突破万点,呈现空前高峰,虽然也经历金融危机的短暂冲击,但干散货、石油和集装箱市场整体依然繁荣至 2010 年。海运市场的空前繁荣引发造船投资的大幅度增长,船舶新订单屡创新高,2006 年达到 1.87 亿载重吨,2007 年更是达到 2.75 亿载重吨的巨量,引发航运在 21 世纪第 2 个 10 年的问题,即使需求保持 3.5% 左右的持续增长,即使以后不再造船,消化这批订单也要 10 年时间。面对天量订单人们依然麻木,甚至金融危机爆发背景下依然没有警醒,2008 年新订单仍然达到 1.88 亿载重吨,在金融危机全面爆发、海运市场出现明显转衰的背景下,2010 年新订单仍然达到 1.49 亿载重吨。随着运力的快速增长和需求的放缓,海运市场进入一轮漫长调整,企业效益也随着市场巨幅波动而起伏,如表 3-12 所示。虽然 2010 年后三大市场各自曾有过短暂兴旺,但整体处于低谷期,到 2019 年已经持续 9 年,并仍然没有看到新一轮繁荣的迹象。

2005—2015 年部分上市海运企业效益(百万美元)　　表 3-12

年份	2005	2006	2007	2008	2009	2010	2011	2012	2013	2014	2015
马士基班轮	1 278	-568	217	205	-2 088	2 598	-602	461	1 510	2 341	1 303
日本邮船	784	551	1 142	572	-188	945	-887	200	322	397	162
商船三井	968	1 025	1 904	1 294	137	701	-317	-1 897	559	354	-1 513
海丰国际	—	—	39	35	32	112	94	94	112	121	143
长荣海运	372	13	320	20	-309	521	-102	4	-50	37	-134
东方海外	651	581	2 547	272	-402	1 867	182	296	47	271	284
中国远洋	510	157	2 615	1 585	-1 104	1 021	-1 659	-1 521	39	59	44
中海集运	419	86	455	19	-950	635	-436	83	-434	173	-454
中海发展	336	355	630	786	156	259	166	12	-377	51	60

注:源自上市公司年报。

2. 创新与精细化管理

面对高度波动的市场,海运企业通过服务创新和精细化管理、提升服务质量、降低服务成本和减少不必要开支等举措,从而改善企业现金流和利润,增强市场低谷期的生存和发展能力。

技术与服务创新。通过技术进步应用,有效控制成本,包括船舶大型化、专业化提升规模经济效益,船型优化、节能技术的应用有效降低船舶能耗,现代信息与自动化技术的应用不断减少配员,从而减少成本。大型航运公司通常更能发挥规模优势降低单船成本。如希腊纳维奥斯海事控股集团总经理安吉利基·法拉贡在航运市场极为惨淡的 2016 年表示:"得益于规模优势,我们的运营成本比行业平均水平低 42%。过去一年中,我们大约减少了 30% 的一般性和行政性开支,今年我们将继续缩减至原先的 60%。这将使我们成为成本最低的上市干散货运输公司之一。"创新运输组织方式,结合信息技术、金融服务等,全面融入供应链服务,为客户提供全方位服务。

精细化管理。根据市场需求,通过优化航线路径规划、制订合理的维修保养计划、改进船舶加油方案、规模化采购船用备件、在港期间减少燃油消耗、利用培训等途径提升新船员技能、合理组织货源,以减少船舶空载和压缩人员规模等途径实现经营的精细化。挪威航运巨头约翰·弗雷德里克森的合作伙伴托尔·奥拉夫·特让姆在办公室桌上每天显示着公司所拥有的各艘船及所赚取的现金,现金被分解为合同价格、现货市场租金水平、经营成本、本金还款部分、利息成本,计算出成本达到收支平衡,确定每艘船每天在营运开支和资金成本上花费了多少钱。通过详尽的成本测算,有助于企业合理作出运营和投资决策。近年来,借助大数据、云计算、物联网和区块链技术,航运业成本管理的颗粒度进一步细化,如根据天气状况合理规划航路以降低燃油成本。

3. 市场判断与理性决策

市场供求关系受到多种因素影响而具有不确定性,企业家对市场的判断和理性决策对企业在跌宕起伏市场中实现可持续发展十分重要。一些经历过几个周期的企业家,往往对市场充满敬畏,对即将到来的风暴往往能预感到"山雨欲来风满楼",并作出理性决策。希腊船东具有优良的航运传统,部分船东对海运市场周期的嗅觉十分敏锐,能及时调整策略,实现效益最大化与风险管理的平衡,这样一批企业家和船东,是希腊这一海运需求规模小、产业链要素并不具优势的国家,海运运力规模长期位居世界首位的重要原因。

国际干散货船东协会前主席和时任马耳他国际航运理事会主席尼古拉斯·帕帕达里斯的家族已经从事了5代航运事业,他说:"我的祖母把周期简单概括为98艘船对101批货等于繁荣,101艘船对98批货等于萧条。"他的父亲在教导他租船时,说"运费永远是所运载商品价值的一部分",他一直记住这个平衡,这帮助他在航运周期判断时更为理性和精准。"繁荣从2003年开始并持续到2008年,这是史无前例的。一艘船每天可以赚取8 000美元,而6周后同一艘船每天可以赚取40 000美元,再后来变成难以置信的每天100 000美元。我知道这种趋势是不可持续的,这就是为什么我个人决定在2007年时出手船舶并且等待、观察哪些新型的船舶会出现,然后我会订购以备将来之需。"

在应对2008年国际金融危机带来的冲击时,世界著名粮食贸易商路易·达孚集团主席菲利普·路易·达孚也表现出色。他曾经营家族的航运事业,并担任过欧洲共同体船东协会主席,2007年他预测到航运市场将会经历衰退,于是在2007年出售了一半的干散货船,一共出售了12艘,并在2011年后期订购了价值4亿美元的新船从而重新进入市场。

20世纪70年代初,作为全球最大船东的包玉刚先生看到油价上涨认为会影响油轮运输需求,大量出售了船舶,成功度过了20世纪70年代后期的航运衰退危机,船队规模收缩但减轻了债务并保有现金储备。

4. 保本微利与长期合同

基于货主和船东的互信,双方签订长期甚至船舶终身合同,守信经营。海运企业按照保本微利方式通过长期合同稳定收益水平,并根据合同优化定制专用船舶,提供可预期的优质服务;货主可实现运输保障及可预期的成本,从而双方均可不受即期市场运价波动的影响,实现穿越市场周期的目标,这也是十分传统的模式。我国海运企业与货主之间海运服务大量是即期市场,长期合同比重低的原因主要有三个方面:一是贸易合同中海运权益往往被放弃,即出口大量FOB货、进口大量CFR、CIF货;二是货主和海运企业缺乏互信;三是年度考核机制。

在世界油轮市场上,董浩云被认为是一位稳健的保守派人物,他主张采取长期租赁的经营方式,租期短则一两年,长则十多年。这种方式的特点是租金较低但收入可靠,相对来说比较保险。虽然这种经营形式往往被人们认为过于保守,但却使他安全避过了石油危机的打击。1973年的石油危机致使超级油轮丧失了优势,全球有3 000多万吨油轮闲置,但董氏旗下75%的油轮却因持有长期租约非但不致停航,而且运营良好,同时他还利用这一机会有所扩张。正是由于以董浩云为代表的香港船东力主谨慎的租船政策,以致手中现金充足,银行也乐于发放贷款。

日本更是依托其财团经济特点,将这一传统模式发挥到极致,形成了发展海运的"协同保障模式"和稳健的经营风格。在财团内部钢铁、石化、电力、造船、金融和海运等企业形成合作机制,长期包运合同是其重要组织方式,实现了双赢。2017年日本海运进出口货物9.3亿吨,其中进口7.7亿吨,本国船队(国籍船+控制)承运66.5%,其中进口干散货本国船队承运比例为69.7%,进口液体散货本国船队承运比例为61%,其中原油占88.6%。日本航运公司不光在本国开展长期包运合同,也与中国、印度、巴西、法国等知名大宗商品进出口商签订了大量长期合同,在大型干散货、能源运输中成功运用了这一模式。在干散货航运市场运价最为疯狂时,日本航运企业与中国钢铁企业签订长期运输合同,锁定了长期合作关系。2004年,日本邮船公司开始与宝钢集团签订长期包运合同,每年运输150万吨巴西矿石和120万吨澳大利亚西部的铁矿石。截至2007年5月,商船三井有6艘海岬型船与宝钢集团签订了为期25年的包运合同,巩固了其宝钢主承运人的地位。基于这些合同建造适合该航线运行的船舶,从2009年开始投入和执行合同。截至2009年,日本邮船已经与巴西淡水河谷签订了两批从巴西运往中国的铁矿石长期包运合同协议。2012年起,日本川崎汽船开始为印度JSW公司以包运合同的形式每年承运1 200万吨煤炭,还与印度Gujarat NRE公司签订了5年的煤炭运输合同。日本商船三井集团在LNG长期运输领域与世界需求方均建立了良好的合作关系,基于达飞集团2017年新建造的超大型LNG动力集装箱船舶与道达尔公司签订了为期10年的每年加注30万吨LNG合同。2018年2月商船三井与法国道达尔海洋燃油公司签订了一艘18 600立方米的长期LNG运输合同,这艘船在沪东中华船厂建造并于2020年交付。这是道达尔集团旗下的首艘LNG加注船。2019年日本商船三井与中国香港LNG接收站签订了长期合作合同。

5. 多元化经营与分散风险

"不要把鸡蛋放在一个篮子里"是企业分散风险的措施之一。海运企业通过投资海运关联业务提升产业链竞争力实现纵向直接相关多元化,通过相对稳定、长期收益高于海上运输行业的横向间接相关多元化(主要包括资源、金融和地产等)实现可持续发展,完成多元化的预期目标,要求有企业文化和人才队伍的支撑。

一是纵向相关多元化。海运企业将业务链条延伸至码头、陆上配送、燃油工业和修造船等行业,从而可以通过关联企业互动,通过需求推动传导便捷性,共同提升市场稳定性;通过技术与服务需求互动,提升技术创新和装备水平;相互协作有利于彼此延伸服务链条,提升客户服务质量。如马士基集团除了拥有全球最大的集装箱船队,还是世界排名前列的集装箱码头运营商,航运公司和码头公司之间合作日趋密切,为马士基航运和2M联盟提供稳定、优先的集装箱装卸服务,到2018年8个转运码头被马士基航运纳入统计范围内,从而支持马士基航运向全程物流供应商转型。中远海运集团运力规模居世界首位,运输服务涉及干散货、液体散货、集装箱和特种运输,同时中远海运港口是名义集装箱吞吐量最大的全球码头运营商,与世界第三的中远海运集装箱班轮形成互动。中远海运重工年造船能力为1 100万载重吨,年可承建海工产品12个、海工模块20组,年修理和改装船舶可达1 500余艘,在中国沿海任何港口都能为客户提供优质、快捷的专业技术服务。在船舶燃料供应上,拥有中国船舶燃料有限责任公司和中石化中海船舶燃料供应有限公司,在国内各港口和全球重点枢纽港均有较为完善的船舶供油、供水系统,船舶燃料销量排名世界第一。招商局集团拥有庞大的大型散货船和油轮船队,招商局港口名义集装箱吞吐量超过1亿TEU,与中远海运集团一样,在相关多元化上发展造船和船舶燃料供应等海运关联产业。

二是横向相关多元化。金融保险、地产和采掘业长期投资收益远高于海上运输(表3-13),且波动风险低于海运,又与海运横向关联,是海运企业多元化选择的主要领域。A·P·MOLLER MAERSK GROUP 就是典型案例,其既有集装箱班轮、散货运输、码头业务等纵向海运关联业务,又有庞大的石油产业和连锁零售业,相互补充,实现集团稳定发展。1962年,其获得了丹麦在北海地区油气勘探和生产的特许证,正式进入了油气行业,成立了马士基石油公司。1986年马士基石油公司接收了丹麦地下集团的油田运营权,在北海地区开展运营。2015年8月31日,英国石油天然气局准许马士基石油公司在苏格兰阿伯丁地区开采油田。中国招商局集团是我国长期坚持多元化发展并取得成功的代表,经过多次业务板块调整形成当前交通、金融、城市和园区综合开发运营三大核心产业。其中招商局集团创办了全国第一家股份制商业银行招商银行,取得了良好的经济社会效益,2018 年招商银行(中国 A 股,600036)净利润 805.6 亿元,通过投资招商银行,我国航运与码头企业有效平抑了市场的剧烈波动。针对对外开放中国内保险市场存在许多空白点和巨大发展潜力,招商局推动创办了中国平安保险,2018 年中国平安(中国 A 股,601318)净利润 1 074 亿元,招商局集团和中国远洋运输集团都曾是中国平安保险的大股东,遗憾的是 21 世纪初均转让了所持股份,两大集团的决策不免让人感到惋惜。招商局集团"前港—中区—后城"的蛇口模式,将基础设施建设、运营与城市和园区开发有机结合,成为平衡海运市场风险的又一重要业务领域,2018 年招商蛇口(中国 A 股,001979)净利润 152.4 亿元。针对海运市场的巨大风险,中国远洋运输集团 20 世纪 90 年代也曾提出并实施"下海、登陆、上天"战略,大力发展陆上产业,开拓海外业务,组建区域化公司。但由于种种原因淡出城市园区开发、地产项目。海上运输、陆上仓储等综合服务规模优势,成为中国远洋运输集团拓展陆上项目的有利条件,中远房地产开发有限公司注册资本 10 亿元,资产总额超过 60 亿元,拥有全资及控股企业 11 家,形成了以房地产开发为主导产业,集物业管理、酒店管理、建筑装饰、房屋中介、营销策划为一体的多元化产业链,成为当时国内最具实力和市场影响力的房地产开发商之一。太仓中远国际城在长江三角洲的太仓市沿长江的 40 万平方公里的区域内,开发建设一座以港口为依托,集工业、高科技产业、运输、贸易、金融、旅游、科研、物业、信息等为一体的以外向型经济为主的现代化国际城。1998 年 12 月 18 日,中远国际城第一个 2.5 万吨级的多用途码头隆重开业(中远集运"丽涛"号首航日本)。进入 21 世纪,中国远洋运输集团制定了"两个转变"战略,即"从全球承运人向全球物流经营人转变,从跨国经营向跨国公司转变",集中力量发展主业,抓住了海运市场百年不遇的繁荣,获得了良好的社会效益和巨大的经济效益。但随着海运市场进入新一轮长周期漫长调整,其他业务板块不足以平衡海运市场波动的矛盾再次显现,也使海运船队持续稳定增长、逆势扩张的能力面临严峻挑战。可以想象,如果中国远洋运输集团没有过早转让中国平安、坚持发展地产业务,太仓中远国际城40平方公里带来的效益,将成为平抑海运市场风险的重要板块。上港集团(中国 A 股,600018)也是码头公司横向相关多元化的成功案例,2018 年税前利润总额143.3 亿元,投资邮储银行、上海银行净收益32.4 亿元,出售招商银行8.2 亿元,瑞泰地产公司、星外滩商业地产投资收益31.8 亿元。

表3-13 不同行业上市公司净资产收益率(%)

年份	2005	2006	2007	2008	2009	2010	2011	2012	2013	2014	2015	2016	2017	2018	平均
农、林、牧、渔业	-1.8	2.9	7.4	4.7	5.1	8.8	8.0	4.7	2.5	2.1	7.4	16.1	8.5	4.8	5.8
采掘业	19.4	21.4	21.2	15.8	14.8	17.2	15.9	13.1	11.6	8.3	2.7	2.1	5.7	7.1	12.6
制造业	6.5	9.4	13.9	6.5	8.6	12.4	11.7	7.6	8.5	8.1	6.4	8.7	10.8	9.1	9.2
电力、煤气及水的生产和供应业	9.1	11.2	11.3	-1.0	8.6	8.8	6.7	10.4	13.1	13.1	12.5	9.7	6.6	7.0	9.1
建筑业	4.5	7.6	10.4	6.6	13.5	12.3	13.1	11.2	13.3	12.7	11.8	11.2	11.4	10.6	10.7
交通运输、仓储业	9.2	10.5	17.9	4.4	5.2	15.9	8.6	7.1	5.9	9.4	8.9	7.4	10.5	7.9	9.2
码头上市公司	15.2	13.1	13.2	14.0	10.5	12.0	9.8	9.4	9.6	9.7	8.4	7.9	9.7	8.5	10.8
航运上市公司	25.8	10.8	34.2	16.9	-10.4	11.6	-10.9	-10.8	-17.9	6.0	0.3	-4.6	7.9	4.4	4.5
信息技术业	-0.7	2.1	11.2	19.1	8.6	8.4	8.0	5.5	7.8	8.8	9.6	7.4	6.1	2.1	7.4
批发和零售贸易	4.1	9.8	15.4	11.7	12.1	13.4	14.5	9.6	9.7	8.3	6.0	7.6	8.5	7.2	9.8
金融、保险业	13.3	14.1	18.1	16.7	18.8	19.7	19.7	18.9	18.9	17.8	16.3	13.4	12.9	11.8	16.5
房地产业	7.9	10.2	14.2	11.2	12.9	14.0	14.5	14.7	14.8	12.9	11.6	13.4	14.0	14.3	12.9
社会服务业	4.9	8.4	9.9	7.1	10.8	11.7	12.1	12.6	12.6	11.1	10.6	10.9	11.2	7.5	10.1
传播与文化产业	0.5	-0.1	8.9	9.0	8.6	11.3	11.4	11.7	11.7	10.9	10.6	10.1	4.3	0.0	7.8
综合类	1.1	0.8	9.8	4.0	8.8	11.5	8.7	9.5	7.6	8.1	7.1	6.5	6.9	5.8	6.9

注:资料来源于WIND。

招商银行

  20世纪80年代中期,中国初步形成了以中央银行为领导、专业银行(中国工商银行、中国农业银行、中国银行、中国建设银行)为主体,其他各类金融机构相互补充的金融体制,而深圳金融业十分落后,全市仅有4家国有银行的分行,建设资金极为匮乏,资金短缺已成为制约特区经济发展的重要因素。招商局蛇口工业区开始尝试金融体制改革,1984年4月,蛇口工业区首先成立内部结算中心,1985年9月,在内部结算中心的基础上成立财务公司,既可向银行拆借资金,又可吸收企业存款,从而扩大了工业区的融资渠道和金融企业的业务范围。1985年12月10日,国务委员兼中国人民银行行长陈慕华视察蛇口,袁庚等汇报了蛇口工业区设立内部结算中心和财务公司的情况,提出可否在这一基础上创办一家完全由企业持股、严格按照市场规律运作的中国式的商业银行,这得到了陈慕华的肯定和支持。1986年5月5日,招商局蛇口工业区管理委员会递交《关于成立"招商银行"的报告》和《关于成立"招商银行"的请示》,8月11日,中国人民银行总行正式下文批准成立招商银行,按照国家的金融方针、政策,筹集和融通国内外资金,经营人民币和外币的有关金融业务。1987年3月6日,中国人民银行发给招商银行经营金融业务许可证,董事长由袁庚兼任,招商轮船股份有限公司代表招商局集团出任独家出资人,我国第一家由企业法人创办的商业银行宣告诞生。招商银行成立之时,资本金1亿元,随着业务的开展,招商银行取得了良好的社会效益和经济效益,经过增资扩股,1988年底,资产规模达24亿元,存款余额14.9亿元,实现税前利润3 246万元。1989年1月17日,中国人民银行同意招商银行资本金由1亿元增加到4亿元,股东扩大为招商局集团、中国远洋运输总公司、广州海运局、秦皇岛港务局等7家,招商局所占的股份降为45%,从此真正成为全国第一家由企业法人持股的股份制商业银行,走出了中国股份制商业银行组织和管理的新路子,打破了国有银行的统一天下,初步形成了多种经济成分的银行良性竞争格局,为深圳的经济建设和各项改革发挥了独特的支撑作用,成为深圳经济发展的重要支柱。2002年4月9日招商银行上市,盈利保持持续快速增长,2019年净利润928.7亿元,我国航运和码头公司通过投资招商银行,有效平抑了市场周期的影响。

中国平安保险

洋务运动时期,招商局曾发起创办了仁和保险公司,开创了中国人自办保险的先河。20世纪80年代,在成功进军银行业后,面对中国保险市场一直为国有保险机构垄断的局面,保险市场存在许多空白点和巨大发展潜力。1986年7月16日,招商局向中国人民银行深圳经济特区分行递交了一份申请成立保险公司的报告,得到答复是"建议很好,但目前条件不够成熟";袁庚又先后致函国务院财经小组副组长张劲夫、中国人民银行行长陈慕华、常务副行长刘鸿儒等领导,详述成立平安保险公司的必要性。针对国内金融界的一些权威人士对此的异议,在国务院特区办主任胡光宝和中国人民银行等支持下,招商局在北京召开两次座谈会,就成立保险公司的法律、法规、业务范围及再保险等问题开展研讨,取得了广泛共识。工商银行深圳分行行长刘鉴庭表示将"全力以赴支持"创办平安保险公司。1988年3月21日,中国人民银行行长陈慕华、常务副行长刘鸿儒正式签发中国人民银行银复〔1988〕113号文件,同意由蛇口工业区和中国工商银行深圳信托投资公司合资成立平安保险公司。

1988年5月27日,中国第一家由企业参与创办的商业保险机构——平安保险公司正式开业,工商银行深圳分行行长刘鉴庭被推选为董事长,招商局马明哲任总经理。1989年9月平安保险首次增资扩股,引入中国远洋运输(集团)总公司(持股25%)、深圳市财政局(持股14.91%)、平安员工合股基金(持股10%)等新股东,摩根士丹利、高盛两大国际财团于1994年6月参股中国平安,取得13.7%的股份,中国平安成为国内第一家外资参股的保险公司。1997年中国平安第二次资本扩张,高盛和摩根士丹利继续增持至各持7.63%的股份,此时招商局蛇口工业区有限公司和中国远洋运输(集团)总公司占比分别降至17.79%和11.55%。2001年11月10日,招商局金融集团有限公司与竣华控股投资有限公司签署《平安保险股份转让协议》,将集团持有的平安保险股权转让,2002年末中国远洋运输(集团)总公司出售全部所持中国平安保险的股权。2019年中国平安(601318)净利润1 494亿元。

6. 联营体与资源整合

"抱团取暖"是市场低谷时期的基本策略,不仅涉及上下游企业之间,更涉及海运行业内部的细分市场。航运市场进入低谷时,通过联合乃至整合通常可以发挥规模优势,降低单位成本。20世纪90年代,好望角型船联营体(Capesize International)经营75艘、1 200万载重吨的好望角型船,灵便型船联营体(International Handybulk Carriers)经营35艘灵便型船。联营体通过统一经营,能够降低成本和提升议价力。2019年马士基集团旗下的40条MR型油轮和嘉吉集团旗下的20条MR型油轮共同组建64艘成品油轮联营体,以更多获得嘉吉集团旗下货物。马士基油轮还在积极探索成立一个由100艘MR型油轮组成的联营体。

国际集装箱运输市场的联盟化、集中化水平进一步提升。航运联盟通过舱位互换、统一调度,提升了主干航线超大型集装箱船舶的使用数量和满载率,有效降低了单位运输成本和污染排放,减缓了航运公司之间的恶性竞争,在需求增长放缓、环保要求不断提升的背景下,航运联盟的发展推动行业形成较为稳定的发展局面。自2015年以来经历了达飞轮船收购美国总统、中远与中海合并、赫伯罗特收购阿拉伯航运、日本三大航运公司合并集装箱及港口业务、马士基收购汉堡南美、中远海运收购东方海外和韩进破产,同时航运联盟由原先的2M联盟(马士基航运与地中海航运)、G6联盟(现代商船、商船三井、美国总统、日本邮船、赫伯罗特和东方海外)、CYKHE联盟(中远集运、阳明海运、川崎汽船、韩进海运和长荣海运)和O3联盟(达飞海运、中海集运和阿拉伯轮船)四大联盟转变为三大联盟,包括2M联盟(马士基航运与地中海航运)、海洋联盟(中远海运集运、长荣海运、东方海外)和THE联盟(ONE、赫伯罗特、阳明海运以及2020年4月刚加入的现代商船)。

二、政府政策与海运行业可持续发展

针对海运长期投资回报低于资本平均回报、船舶和国际海运企业在全球流动的特点,一些小国为促进经济贸易发展,20世纪40年代制定开放登记政策、极为宽松的监管和低税收政策,吸引了大批船舶、企业;而经济贸易大国面对复杂多变的地缘政治形势和各类突发事件,基于海运在维护国防安全和促进经济贸易发展中的双重作用,根据自身比较优势和国情特点,结合世界治理体系、多极化格局形成、综合国力演变和世界海运发展趋势,制定海运业相关政策维护海运业可持续发展,以应对突发事件和保障供应链安全。其中,美国依托强大的综合国力,形成"海权控制模式",以保障海运服务于海权控制、保障供应链安全为主要目标进行政策设计,维护基本海运力量,一般贸易需求则通过配置全球海运资源实现经济性;欧盟则依托综合实力和几百年形成的海运业优势,形成"政策引导模式",注重巩固海运业保障能力,持续提升国际竞争力和话语权,整体保持远大于自身需求的海运船队;日本则依据第二次世界大战后地缘政治新格局、海运作为生命线战略定位、大和民族文化和特有的财阀经济模式,形成稳健的经营风格和产业链企业间互动机制为特色的"协同保障模式"。尽管这些海运强国发展模式不同、具体政策选择有所区别,但均实施必要的经济支持政策、沿海运输权保护,不断推动海运业技术进步和鼓励安全绿色发展的政策是共同的,而对国际海员和海运企业进行所得税优惠,则是使海运获得资本平均回报的基本政策❶。

1. 国际海员个人所得税

海运的特点决定了国际海员职业特有的国际性、专业性、离群性和任重性,在国际航行期间,不能享受政府利用税收建立的公共福利,因此界定为非纳税居民,对于海员国际航行期间给予所得税减免,以鼓励本国海运业发展,已经成为一项国际惯例,通常做法是对一个纳税年度在船航行超过183天的远洋船员的在船航行工资薪金收入免除个人所得税。

(1)美国,国际海员适用于美国个税法的 Foreign Earned Income Exclusion (FEIE)制度。对纳税人在任何12个月周期内超过330天不在美国境内的收入,10.4万美元以下的收入免税(2018年标准,该标准根据通胀水平每年调整)。

(2)英国,国际海员适用于英国个税法的 Seafarers' Earnings Deduction (SED)制度,该海员一个365天的报税年度,其中应有超过一半的时间在英国之外。在外的时间可以用来工作或休假。其中下列行为将失去免税资格:连续183天在英国境内,或者365天内累计在英国时间超过在船时间。

(3)丹麦,按照属地兼属人原则,对在丹麦拥有居住地的人的全球范围内的收入和逗留丹麦超过6个月的人的收入征收所得税。丹麦居民船员,原则上受雇于丹麦船舶的居民船员按照丹麦居民的原则纳税。但是,对于丹麦船舶和外国船舶在境外运输货物的船员每年可享受56 900克朗❷的扣除额。受雇于在丹麦国际船舶注册机构(DIS)登记注册的丹麦船舶的居民船员可免除在该船上产生的所得税;非丹麦居民船员,受雇于丹麦船舶的非居民船员因外

---

❶ 对这两项给予国际海运的所得税优惠政策,我国尚未解决,一定程度影响了企业竞争力。另外,美国对涉及国家安全的船队,大多有直接补贴政策。

❷ 正常的扣除额为38 500克朗,18岁以下为28 600克朗,38 500~265 500克朗约占39%(5.5% +33.3%),265 500~318 700克朗约占40%,318 700克朗以上约占50%。

运货物产生的所得按照30%的固定税率征收所得税,不允许减免。受雇于登记注册于丹麦国际船舶注册机构(DIS)的船舶上的非居民船员可享受完全免丹麦税。

(4)希腊,长期对海员实施优惠税收政策,新的政策于2006年12月22日开始,启用新的船员所得税税率,对高级船员和低级船员采用的实际税率分别为3%和1%。

2. 海运企业所得税

面对开放登记国的税收优惠政策,主要船东国相继建立船舶吨税制度作为所得税的纳税方式。吨位税制是在对国际海运企业征收所得税时,以船舶吨位为依据设定累退的利润率计算利润作为应纳所得税的一种方式。吨位税制涵盖船舶经营和船舶买卖所得,通常设定的利润率较低,最终目的是降低国际海运企业的实际有效税率。通常国际海运企业根据其对市场的判断,选择按船舶吨位缴纳固定金额的税或者选择缴纳企业所得税,从而大大降低了企业税负。希腊于1950年引入吨税制,并得到效仿❶,目前吨税制已经推广到希腊、塞浦路斯、荷兰、德国、美国、日本、保加利亚、挪威、丹麦、英国、西班牙、芬兰、爱尔兰、比利时、法国、意大利、波兰、马耳他、印度、韩国和新加坡等。由于航运企业具有国际性的特点,以及船舶吨位税的申请和管理程序、计算方法的特殊性和复杂性,现行引入吨位税制的国家基本都将吨位税的管理放在中央一级的税务部门,直接负责受理适用吨位税的申请和后续资格的监管,如英国税务及海关总署(HM Revenue & Customs)、美国国税局(Internal Revenue Service)、荷兰税务局(Dutch Tax Authorities)等。

一些国家和地区虽没有引入吨位税制,但提供了多种多样优惠和激励的税收措施,如缩小计税基数的范围、降低税率或者进行税收返还,也达到了减

---

❶ 1996年荷兰创新吨税模式,以船舶净登记吨位为基础,计算从事海运业务的航运公司的应纳税利润。其中,1 000净吨以下船舶每千净吨天9.08欧元,1 000～10 000净吨船舶每千净吨天6.81欧元,10 000～25 000净吨船舶每千净吨天4.54欧元,25 000～50 000净吨船舶每千净吨天2.27欧元,5万净吨以上船舶每千净吨天0.5欧元。

轻海运企业税负的目的。此类国家和地区包括中国香港特区、新加坡、马来西亚、菲律宾、中国台湾省、土耳其和俄罗斯等。其中中国香港特区的企业所得税税率为16.5%，但应纳税所得限于源自中国香港特区内且在香港经营的业务的利润，源于中国香港特区外的收入无须缴税，对海运业有特别的优惠政策。对于挂中国香港特区旗的船舶，从中国香港特区上船的货物，从事国际航运业务取得的收入全部免税。对于非中国香港特区居民，注册在中国香港特区的海运企业，只要其居民国与中国香港特区签有税收互惠协议的，就可以免税。新加坡企业的统一所得税率为17%，为发展国际海运、巩固国际航运中心地位，对在新加坡注册船舶经营所得的大部分收入免税，而且是自动享有，无须申请。对于新加坡居民拥有的、注册在新加坡的企业，即使是外国旗船，也可以申请核准国际航运企业计划，在有效期内从国际贸易和船运活动中赚取的收入，享受优惠税率缴税。

第四章
海运业历史性转变的巨大成就

改革开放 40 多年来,我国海运业抓住改革开放政策实施、邓小平南方谈话、加入 WTO 和建设社会主义现代化强国的历史机遇[1],通过由封闭到开放、由政府主导计划到市场发挥决定性作用、由面向国内到全球网络化布局、由注重融入全球海运发展向积极参与全球海运治理体系改革和建设的分阶段梯度推动,海运业率先进行了一系列对内对外开放政策、政府体制改革、法规和技术标准建设等,我国成为世界重要的海运大国。

面对经济社会发展对海运业发展提出的历史任务,抓住历史机遇,实现了由运能不足的老旧船队到规模居世界前列现代化船队的转变,由吞吐能力不足到适度超前的现代化沿海港口的转变,由封闭到积极参与全球海运治理的转变,由瓶颈制约到基本适应经济社会发展运输服务的转变,形成了海运强国发展的实力。海运发展之所以能够取得巨大成就,是坚持改革开放,积极探索

---

[1] 2014 年国务院 32 号文对海运强国建设作出部署。

中国特色海运发展之路;是坚决贯彻国家重大战略决策、对外重大举措;是坚持调动各方面积极性,合力发展;是坚持强化创新发展,提升能力适应性,调整供给结构与安全绿色发展;是坚持建立长效机制,建设中国特色海运文化的结果。

面向未来,面对社会主义现代化强国对海运业提出的历史任务,要充分发挥我国制度优势、海运业各要素和产业链完整的优势,抓住新一轮世界海运技术变革和制度变革的历史机遇,形成安全、便捷、高效、绿色、经济的具有国际竞争力的海上运输系统,满足社会进步、经贸发展、人民生活水平提高和国家安全不断提升对海运业的需求,对世界海运发展作出显著贡献,实现由海运大国向海运强国新的历史性转变。

第一节 海运业历史性转变的基础

海运业发展的初步成就、积累的经验、所经历的磨难和重大历史事件影响,共同形成了海运业历史性转变的基础。

海运需求与经济社会和对外贸易发展高度相关期。在恢复发展和以外延式扩大再生产为主的推动下,海运需求稳步增长,沿海港口吞吐量由1950年的近800万吨稳步增长到1957年的4 400多万吨,沿海港口需求也于1959年达到9 700万吨的高峰,对外贸易努力冲破封锁,外贸吞吐量突破1 000万吨。1959—1961年海运需求出现大幅度波动,1962年沿海港口吞吐量较1959年下降46%。随着对国民经济进行"调整、巩固、充实、提高"的落实,海运需求恢复增长,于1971年再次创出近亿吨的新高。1972年我国对外贸易迅速发展,加之东北石油的开发和外运,沿海港口和外贸吞吐量分别保持了年均8%和11%的较快增长,1977年分别达到1.6亿吨和4 200多万吨,最大港口上海港货物吞吐量近6 100万吨。

新中国海运白手起家、克服重重困难、艰苦创业、艰难经营,建立了计划经济管理体制,初步创立了海运发展格局。海运发展重点追求"运得了",同时注重以安全生产和货损、货差为标志的货运质量。海运基础设施特别是经过三年大建港,形成了一批万吨级码头,有效支持了我国外贸快速发展;海运船队实现了从打破封锁、租船发展到"造买结合"发展船队的转变,闯出了一条发展海运船队的道路,形成一支初级规模的船队,冲破敌对势力对新中国的封锁和禁运,积极服务经济社会和对外贸易发展。1977年我国海运船队规模居世界第17位,远洋国轮承运海运外贸进出口货物的62%,"光华"轮印尼成功接运受难华侨更是展示了海运在应对国际事件中的作用。

1. 恢复发展海运业,构建计划经济管理体制的基本框架

针对我国面临的几乎是有海无船的窘迫局面,政府按照生产资料公有制社会主义改造要求,通过接管遗留下来的官僚航运资本,对民族航运资本进行公私合营改造;通过国家投资壮大国有航运企业,逐步建立起以全民所有制为主导、政企合一的企业,参照苏联经验通过一系列办法、章程、指示等构筑了计划经济管理体制。在企业发展上,在努力发挥招商局作用恢复沿海以及远洋运输航线的同时,相继成立了中国对外贸易运输公司(1950年,租用外籍商船开展对外贸易运输)、中国外轮代理公司(1952年,外轮代理业务)、中国远洋运输公司(1961年,远洋运输及船舶物资供应)、沿海各个港口管理局和海运总局(并分设北洋、华东、华南区海运管理局)。在科研教育上,将吴淞商船专科学校与上海国立交通大学航行管理系合并成立国立上海航务学院(1950年),成立交通部水运科学研究院(1956年)和水运设计院。在工程建设上,至1953年形成交通部航务工程总局及下属公司(筑港工程公司、设计公司、疏浚公司、打捞公司)。1950—1952年相继恢复了渤海湾内、华南以及福建等沿海航线60条,通过租用船舶恢复发展远洋运输。

2. 努力突破封锁,积极探索海运发展

由于意识形态上的对立,以美国为首的西方集团对新中国采取政治上不承认,经济上实施"封锁"和"禁运"政策,1951年5月18日第五届联合国大会通过了对新中国禁航禁运的决议案。面对复杂国际格局,为发展贸易、打破封锁,一方面充分发挥香港的作用,相继成立"香港远洋轮船公司""益丰船务企业有限公司",发展海运业务,鼓励香港私营企业发展沿海港口航线;另一方面通过合资公司发展海运,1951年中国和波兰两国政府本着互利合作的原则,组建中波轮船股份有限公司(中波海运公司)❶,成为新中国第一家中外合资企业。这些举措为打破以美国为首的资本主义国家对新中国的封锁禁运、发展对外贸易起到积极的作用,也使得海运业成为最早的国际化业务。

3. 克服重重困难,抓住机遇,初创海运业格局

针对租船外汇支出受制于人的局面,从保障本国航海权益、应对国际事件维护生命财产安全、开辟新的外贸航线、突破封锁禁运、贯通南北航线的立场出发,均需发展自有船队,为此,国家确定"买造并举"的方针,注重把向国外购买新船与考察外国新的造船技术结合起来,以迅速提高我国的造船技术和造船能力。1971年10月中华人民共和国在联合国合法席位的恢复标志着中国国际地位显著提高,帝国主义孤立中国政策的彻底失败。1972年2月,中美两国发表了《中美联合公报》,中美关系取得突破,推动了我国同绝大多数西方国家建立外交关系。随着国际环境得到明显改善、东北石油的开发和外贸发展,我国外贸海运需求量结束2 200万吨徘徊局面,1972—1978年实现年均14%的快速增长态势,出现了普遍的港口严重堵塞,沿海港口外贸船舶在港停时1973年上升到11.6天。与此同时,受到石油危机冲击,航运市场出现需求疲软、运力过剩、价格惨跌的行情,显现购船良机。针对海运发展出现的瓶颈和历史机遇,我国海运业克服重重困难,呈现一轮发展高潮。

从港口看,1970—1972年年均建设投资仅1.3亿元,1973年突破3亿元,1975年突破10亿元❷。在大连港、秦皇岛港、青岛港、南京港等港口建设了一批原油装船码头,在全国扩建、新建了一批万吨级码头。针对集装箱运输发展,1974年6月开始在天津新港兴建我国专业化集装箱码头(1981年底投入使用)。1977年沿海港口万吨级以上泊位达到128个,港口面貌得到很大改善。外贸船舶在港停时由1973年的11.6天降为8.5天,吞吐量和外贸吞吐

---

❶1959年成立中捷海运公司,1962年成立中阿轮船公司两家合资海运企业。
❷三年大建港后投资有所回落,再次突破10亿元是1983年。

量分别达到1.6亿吨、4 000多万吨。

从船队看[1]，1977年海运船队规模上升至世界第17位[2]，直属远洋运输企业船队船舶达到405艘、655万载重吨、2 700多客位，完成货运量2 500多万吨、900多亿吨海里，占外贸进出口货物的62%，改变了外贸运输方面主要依靠租用外轮的局面。直属沿海运输企业[3]运力达244艘、200万载重吨、22 000客位，完成货运量近4 600万吨、300亿吨公里。结合国际集装箱运输发展趋势，积极探索集装箱运输，1977年12月，杂货班轮"丰城""盐城"两轮在上海至日本航线上试行装载20英尺集装箱运输。

第二节 规模居世界前列的现代化船队

面对经济社会发展快速增长的需求和运力瓶颈制约状况，通过制度变革极大调动了各方发展运力的积极性，营造了全球化发展良好国际环境；通过技术变革，全面提升了驾驭大规模船队的能力及船舶大型化、专业化及技术水平，从而抓住需求增长和市场繁荣的发展机遇。经过艰苦努力，供给能力、结构与质量得到全面发展，2018年底海运运力规模达到2.7亿载重吨，是1977年的31倍，由世界第17位上升为世界第2位[4]。船舶实现以干散货、液体散货、集装箱和特种船为代表的专业化，船舶平均吨位大于世界平均水平10%，平均船龄低于世界平均水平2.9年，实现了大型化、年轻化的超越。强大的海运船队既是海运大国的重要标志，也是促进经济贸易发展、有效应对国际突发事件和支持国家安全计划的重要力量。

---

[1] 招商局资料：1970—1977年，招商局受交通部及中国远洋运输总公司委托，在香港共买船306艘、502万载重吨，1978年买、造船240万吨，在远洋船队初期发展起到了关键作用。另根据1981年7月20日《人民日报》，1960年运力规模仅20艘、18万载重吨，1965年达到41艘、38万载重吨，1970年达到70艘、75万载重吨，1975年达到214艘、404万载重吨，1980年达到413艘、792万载重吨。

[2] 虽然规模得到较快发展、承运比重显著提高，但由于主要靠贷款买船发展二手船，船舶专业化、船龄和大型化等方面依然与海运强国存在很大差距。

[3] 地方尚有沿海运力约5万载重吨。

[4] 干散货、液体散货、集装箱三大专业化船队规模均居世界第2位。

一、海运船队发展的环境

1. 需求环境

20世纪60年代以来,全球贸易发展总体持续增长,90年代以来全球化加速发展,到2008年全球金融危机爆发前贸易额占全球经济总量的比重呈现加速上升趋势。贸易全球化发挥了各国的比较优势,全球化的分工和布局促进了全球经济增长,各国经济的相互依存度提升。近年来部分发达国家加强贸易保护,全球贸易占全球经济总量比重有所波动(图4-1)。

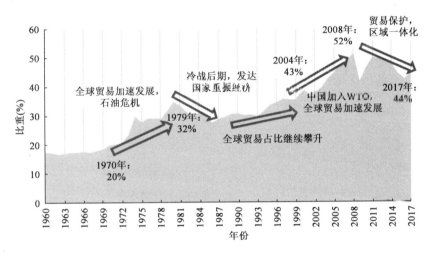

图 4-1 全球贸易占全球经济总量比重

数据来源:由世界银行数据整理。

伴随经济全球化和发达国家跨国公司的产业转移,全球海运量与全球商品出口额增速总体保持同步变动,在1998年世界金融危机和2009年世界金融危机后国际贸易出口和全球海运量均出现短暂下滑,随后恢复正增长(图4-2)。

改革开放政策的实施逐渐使我国成为世界工厂。20世纪80年代我国的乡镇企业率先发展,经济活力逐渐释放。1978—1990年沿海港口货物吞吐量年均增长8.3%,外贸货物吞吐量年均增长4.8%。邓小平南方谈话后,对外开放步伐加快,亚洲金融危机并未带来显著影响,同时改善了基础设施条件,

1990—2000年沿海港口货物和外贸吞吐量分别实现年均9.7%和11.8%的快速增长。随着我国加入WTO,我国的人口红利、制度红利释放,到2010年我国的国内生产总值超越日本成为全球第二,沿海港口吞吐量和港口外贸吞吐量年均增长分别实现了15.9%和15.7%的一轮加速增长。我国继续通过加大改革开放力度,推进经济增长迈向高质量发展阶段。2011—2018年沿海港口货物和外贸货物吞吐量分别实现年均增长6.6%和6.4%。

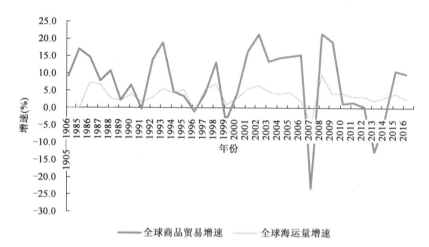

图4-2 全球商品贸易增速和海运量增速

数据来源:WTO,Clarksons。

到2018年,我国海运进口原油占全球原油海运量比例超20%,铁矿石海运量占全球海运量的72.1%,集装箱外贸发运量占全球的28.5%。以总吨计,全球约13%的船舶挂靠中国港口,"中国因素"对全球海运业的影响巨大。

2. 市场环境

(1) 20世纪80年代全球经济贸易低速增长,世界海运需求低速增长

1985年起波罗的海航运交易所开始发布BFI指数(BDI指数前身),初始值为1 000点。世界几大发达国家对外贸易在1986—1987年均处于收缩区间,随后反弹(图4-3)。BFI指数从1985年持续下滑,1985年三季度均值仅为763点。到1986年8月4日下滑至554点,伴随全球经济贸易回暖,BFI指数波动回升。1987年二季度起指数回升至1 100点,1988年延

续回升态势,均值为1 385 点,1989 年运价指数均值达到1 543 点,航运市场较为繁荣(图4-4)。

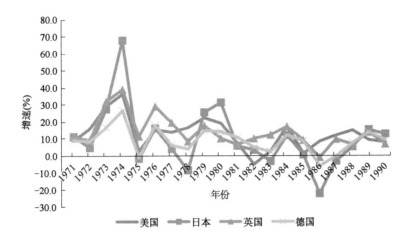

图 4-3　1971—1990 年主要发达国家对外贸易增速

数据来源:IMF。

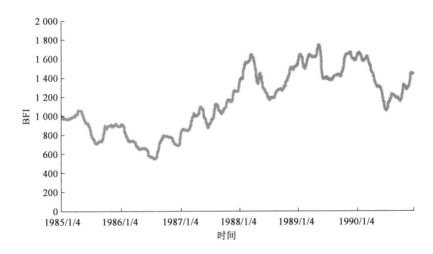

图 4-4　1985—1990 年 BFI 指数走势

数据来源:波罗的海航运交易所。

(2)20 世纪 90 年代航运市场平稳发展

20 世纪 90 年代初海湾战争对全球经济增长带来一定影响,随后美国通过"信息高速公路"的战略大力发展信息产业,经济保持较快增长,BFI 指数围绕 1 500 点波动。到 1998 年亚洲金融危机爆发,东南亚地区的泰国等国和俄罗斯等国经济受到较大冲击,BFI 指数再度跌破 1 000 点,1998 年三季度均值仅为 838 点,BFI 指数在 1999 年三季度回升(图 4-5)。1998 年 BFI 指数均值仅为 945 点,1987 年首次再度低于 1 000 点。我国及时采取了相应政策,保持了市场稳定和金融稳定,同时国内基础设施建设网络逐渐完善,为承接国际产业转移做好准备。1996 年起,我国铁矿石进口量开始出现较快增长。到 2000 年,美国的互联网泡沫破灭,给实体经济带来影响。

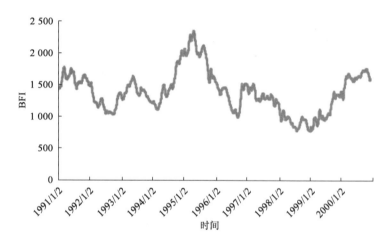

图 4-5　1991—2000 年 BFI 指数走势

(3)2001—2010 年我国加入 WTO,"中国因素"助推 BDI 指数出现历史新高

我国加入 WTO 后,充分发挥人口红利,承接大量国际产业转移,逐步成为"世界工厂"。同时,我国的城镇化需求快速发展,带动对铁矿石、煤炭、原油等大宗原材料的进口,世界干散货运输需求较快增长,由于运力增长受到船厂建造船舶能力的制约,短期内推动 BDI 指数屡创历史新高,2004 年最高达 6 051 点,2007 年 11 月最高达 11 025 点,2008 年 5 月 20 日 BDI 指数达到历史新高 11 260 点。由于市场运价处于非理性高位,吸引了全球投资者,船东大量投放船舶订单。中国进口铁矿石占全球铁矿石海运量超 70%。到 2008 年

美国次贷危机导致全球爆发金融危机,运输需求大幅下滑。国际干散货运输市场运价快速下跌,到 2008 年 12 月 5 日仅剩 663 点,较年内峰值下滑了 94%。2009 年 BDI 指数表现相对低迷,世界各国纷纷出台刺激政策,我国加快建设相关项目再次刺激了全球干散货运输市场的繁荣,BDI 指数在 2009 年四季度均值回升至 3 400 点(图 4-6)。

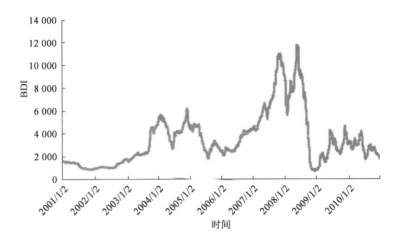

图 4-6　2001—2010 年 BDI 指数走势

(4)2011—2018 年,后金融危机时代消化过剩运力

世界经济缓慢复苏,经济增长动力不够强劲,欧洲债务危机、恐怖主义等影响全球复苏进程。美国通过推动页岩气革命和新一代信息技术发展在发达国家中率先复苏;中国经济持续保持较快增长,在全球经济增量贡献保持较高比例,通过"一带一路"倡议等在全球影响力不断提升。全球海运业需求保持低速增长(增速在2%~3%),由于航运企业、货主企业、金融企业投放的订单逐步投放,运力过剩使得干散货市场运价持续低迷,大量船舶拆解。部分航运企业破产,行业过剩产能加快出清。2016 年 2 月 11 日 BDI 指数创有史以来最低水平,为 290 点。下半年起,国际干散货市场运价缓慢回升,2017 年和 2018 年运价均值约为 1 100 点,航运企业通过不断节约成本,维持行业微利经营(图 4-7)。

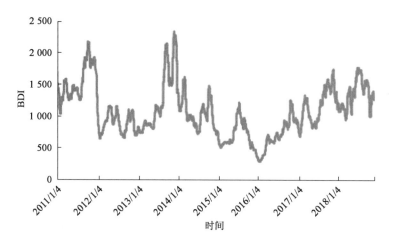

图 4-7　2011—2018 年 BDI 指数走势

二、海运船队规模发展

我国海运船队规模在四个阶段不断发展,持续迈上新台阶。

1. 1978—1990 年,船队规模快速增长,运力不足缓解

在改革开放、经济贸易快速发展的背景下,海运需求快速增长,海上客货运输一度出现一票难求、一船难求的局面。20 世纪 80 年代中期南方沿海地区电煤海运频频告急,由于电力不足,运输一度出现开四停三、甚至开三停四的状况,影响了经济潜力的发挥。为改变海上运力不足的状况,在多渠道推动直属企业大力发展海上运力、调整运输结构的同时,交通部落实国家探索交通运输发展道路、改革管理体制等要求,1983 年提出了"有水大家行船""各地区、各部门、各行业一起干,国有、集体、个体一起上"的发展政策,在体制上全面推进政企分开。改革开放一系列政策极大调动了发展海运船队的积极性,打破了沿海运输的直属海运企业、外贸货物和远洋运输船舶由中国外运和中远公司垄断经营的局面。

由于 20 世纪 80 年代世界贸易总体增长缓慢,船队出现大量闲置和拆解,1978—1990 年全球船队规模按照总吨计年均增长 0.4%。同期,我国市场化改革推动海运运力实现了快速增长,到 1990 年运力达到 2 200 多万载重吨,比改革开放初期增长1.5倍以上,高于全球平均增速。在运输能力快速增长的背景下,沿海运输紧张状况得到缓解,运距长的优势得以发挥,1988年海运完成货物周转量(沿海+远洋)超过铁路。1988年放开货载保留政策时,国际海运改革开放迈出一大步,标志着我国海上运输企业走向自负盈亏、自主经营、自我发展的历史性转变。自1996年开始,已经停止执行含有货载份额的双边协议。

2. 1991—2000年,稳步增长,进入大国行列

到2000年底我国海运运力达到近3 987万载重吨,整体居世界第5位,排名有所提升,标志着我国进入世界海运大国行列,运力规模累计增长81%,年均增长6.2%。同期世界船队规模年均增长2.0%,到2000年末达到7.62亿载重吨,我国船队规模占世界比例达到5.1%。由于货载保留政策放开后,企业市场化改革不断推进,此阶段是增长相对平稳且缓慢的阶段。由于亚洲金融危机的影响,国际海运贸易量受到影响,我国海运船队增长有一定放缓。

3. 2001—2010年,新一轮快速增长

2010年底我国运力规模达到1.06亿载重吨,是2000年底的2.66倍,年均增长10.3%,位居全球第4位,其中干散货船、油轮船和集装箱船队规模分别位列世界第3、第5和第4位,我国船队占世界船队规模比例达到7.9%。伴随我国加入WTO,"中国制造"快速发展,出口集装箱和进口铁矿石、煤炭、原油、粮食等原材料快速增长,国际航运市场运价高涨,全球投放了大量新造船订单,迅速增长的海运需求和繁荣的海运市场双重因素推动我国船队规模快速增长,船东手中充裕的现金流和银行支持信贷推动新造船订单的投放,到2008年全球船队手持订单占船队规模比例超40%。

4. 2011—2018年,船队规模取得新突破

2018年底我国控制运力规模达到2.7亿载重吨,居世界第2位,占世界船队规模比例达到14.4%。希腊、日本长期居运力前两位,2010年分别高出我国113%和90%,到2019年初希腊作为第一大国高于我国41%,而我国超越日本,高出日本11%(图4-8)。

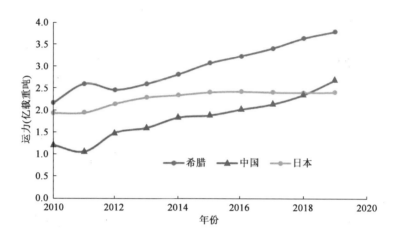

图 4-8 2010—2019 年希腊、中国和日本海运船队运力

数据来源：ISL，为年初数据。

一方面得益于"中国因素"在世界海运业需求中占比提升，前期新造船订单陆续交付，船队规模进一步扩张；另一方面 2013 年交通运输部、财政部、国家发展和改革委员会、工业和信息化部制定《老旧运输船舶和单壳油轮提前报废更新实施方案》(交水发〔2013〕729 号)，2014 年财政部、交通运输部、国家发展和改革委员会、工业和信息化部联合发布《老旧运输船舶和单壳油轮报废更新中央财政补助专项资金管理办法》(财建〔2014〕24 号)，航运企业抓住这一机遇进行了运力更新，降低了平均船龄。我国控制船队规模的扩张促进了航运企业服务本国运输和开展第三国运输，伴随"一带一路"倡议的推进，我国航运企业的国际化和全球化程度进一步提升。

三、船队结构调整

1. 方便旗船比重持续增长

我国控制运力中方便旗船占比始终低于世界平均水平，但 1995—2018 年这一差距总体在缩小。方便旗船具有注册便利、运营成本低、运营航区受限制少的优势，是世界各航运国家船东为降低船舶运营成本所选择的必然趋势。随着我国放弃货载保留政策，海运企业更愿意选择方便旗船以降低运营成本，提高交易便利性。方便旗船队规模所占比重持续上升,2000年底方便旗比重增长到46%;到2010年,方便旗比例达到约60%,而世界平均水平达70%;到2018年,方便旗占比突破65%,世界平均水平达75%(图4-9)。一方面,随着我国承运国际货物比例的提升,有较多船舶选择注册方便旗或新加坡旗、中国香港旗。另一方面,我国拥有规模较大的沿海运输船队,必须悬挂五星红旗才能从事内外贸兼营运输资质,开展三角航线降低运输空载率,从而使得我国国旗船队仍将保持高于世界平均比例。

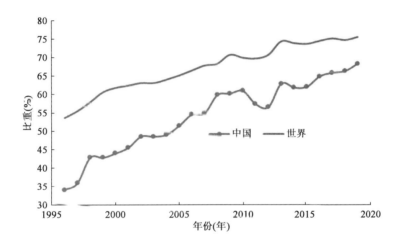

图4-9 世界和中国方便旗船舶占船队载重吨比重变化

数据来源:ISL。

2. 船队实现专业化

受我国经济技术水平制约,海运船队以造买结合,在改革开放初期采购部分国外二手船舶进行运营,有相当部分是普通货船和干散货船。伴随全球港航业专业化水平的提升,我国航运企业也逐步推进专业化船队建设。1992年底以来,我国逐步允许国外航运企业在中国境内成立外商独资或合资公司,市场竞争加剧推动了国内航运企业专业化船队建设。到1995年初三大专业船队所占比重达到77%,2010年底突破90%,2019年初维持在94%,三大船队实现均衡,均居世界第2位。

(1) 集装箱运输船队迅速发展

20世纪70年代时全球杂货班轮承运人逐步转型,开始建造专业化集装箱船。1973年起中远总公司在中日航线上用5吨集装箱进行试运行,1978年"平乡城"轮装载着162个国际标准箱(TEU)驶离上海开往澳大利亚,正式拉开了中国远洋集装箱运输船队发展的序幕。伴随20世纪80年代开辟了多条集装箱航线,我国采用滚装船和新建集装箱船进行运输。20世纪80年代上半叶建造了10余艘超1 000TEU的全集装箱船,20世纪80年代末接收了5艘新建的第三代集装箱船,单船载箱量达2 761TEU。1992年,中远全集装箱船增至89艘,载箱能力达9.2万多箱,集装箱船队的扩张支持了集装箱班轮化,运输实现了良好起步,多条航线达到了周班频率。上海海运局也在1985年用多用途船开展集装箱运输。

20世纪90年代中远总公司将内部业务按照业务线划分,中远集运成立,投入了10余艘3 800TEU和3 500TEU的第四代集装箱船,又接收了9艘1 702TEU和3艘564TEU的集装箱船,并投入近洋航线运输。1997年中海集团成立后,也将集装箱运输作为重点发展方向,首先通过改造27艘船舶和租入20余艘集装箱船舶,实现了集装箱运输起步。同时向船厂投放集装箱船订单,实现了船队的更新。

2000—2010年全球集装箱船队加速大型化,中远集运也先后订造了大量船舶,并通过技术改造提升了原有船舶的装载能力或增加了冷藏箱运输能力。到2003年中远集运运力达23.68万TEU,实现了船舶的较快更新,2005年末订造了一批5 100TEU、5 600TEU的集装箱船和部分冷藏集装箱船,2010年已经运营部分10 000TEU的集装箱船,自有船队达到35.8万TEU,船队规模跻身全球第5位,同时通过租入和租出船舶,灵活调整了运力结构。2004年中海集运公司8 500TEU的"中海亚洲"号投入运营,是当时最为先进的大型集装箱船。中海集运先后接收了一批4 000TEU、5 600TEU、8 500TEU、9 600TEU和14 000TEU的集装箱船,实现了船队专业化和大型化的快速蜕变,名列世界集装箱船队第6位,在远洋、沿海和长江市场均实现了较快增长,到2010年集装箱船队规模达到46.3万TEU。

2010年后,马士基集团订造的18 000TEU的"3E"级集装箱船使得班轮公司进一步订造大型集装箱船。中海集团成为全球第2个订造18 000TEU集装箱船的集装箱班轮公司。到2015年末,中远集运和中海集运的集装箱船队规模分别列世界第6和第7位,自有运力规模分别为46.6万TEU和47.99万TEU。2016年两大集团合并,集装箱船队规模位列世界第4位,在收购东方海外后运力规模首次达到世界第3位。至此,我国构建了具备国际竞争力的远洋集装箱船队。此外,海丰国际控股有限公司、中谷海运集团和安通控股股份有限公司在全球集装箱公司整合背景下扩张船队,也纷纷进入世界前20大集装箱班轮公司行列。

1997年中远已拥有集装箱总运力23.4万TEU,成为中国最大的现代化集装箱船队,集装箱总吨位列世界第4位。2018年末世界集装箱班轮公司运力排名见表4-1。

2018年末世界集装箱班轮公司运力排名　　　表4-1

排名	公司名称	船队规模		自有运力规模		手持订单		市场份额(%)
		TEU	艘数	TEU	艘数	TEU	艘数	
1	马士基航运	4 065 468	714	2 275 403	312	73 606	6	17.9
2	地中海航运	3 312 944	523	1 092 542	194	403 552	23	14.6
3	中远海运集团	2 771 792	463	1 372 407	162	186 224	15	12.2
4	达飞	2 664 669	508	1 015 326	129	232 500	20	11.7
5	赫伯罗特	1 651 855	230	1 047 266	112	0	0	7.3
6	海洋网络快线	1 514 913	216	565 924	76	42 156	3	6.7
7	长荣	1 191 872	200	588 042	118	457 968	72	5.2
8	阳明	631 978	97	187 835	41	208 330	24	2.8
9	太平船务	418 298	131	230 265	95	24 446	3	1.8
10	现代商船	412 971	70	129 439	14	396 000	20	1.8

注:数据来源于Alphaliner。

(2)油轮运输顺应我国油气进口趋势快速发展

2000年初,我国油轮船队规模达567万载重吨,到2010年达到2 070万载重吨,年均增长13.8%,到2019年初达到5 836.8万载重吨,2010—2018年年均增长13.8%。

1978年中远大连分公司成立,以石油运输为主营业务,整合了中远内部若干艘原油船舶和成品油轮,并订造了6万吨级和9万吨级的原油油轮及1.5万吨级的成品油轮,有力支撑了20世纪80年代我国大庆油田、胜利油田等向外运输的国内运输体系。到1993年,我国油田产量减少并转变为净进口国,"威望"号事故发生后要求油轮转变为双层壳,这推动了油轮船队规模扩大和运力更新。中海集团成立后,共有96艘各类油船,238.75万载重吨,以沿海油品运输为主要市场,并通过各种方式扩大运力。

2000年后,我国航运企业加快发展VLCC,扩大在远洋市场原油进口运输份额。2002年末,第一艘VLCC"远大湖"号在大连远洋交付,到2004年3艘VLCC均已投入运营。到2008年,大连远洋运力规模达500万载重吨,其中油船29艘,液化气船6艘,化学品船3艘,规模为国内第一。中海集团在2004年接收了第一艘悬挂五星红旗的VLCC——"新金洋"轮,该船总长330米,型宽60米,货油仓容量达34万立方米,最大航速可达16.7节。2010年底,中海油运输控制运力72艘、666.1万载重吨,排名世界第10位,其中VLCC达到11艘、329.1万载重吨。中远集团和中海集团均建立起一支具备国际竞争力的油轮船队。到2018年末,招商局集团和中远海运集团的VLCC船队规模分别位列全球第1和第2位,分别有48艘和43艘,占全球VLCC船队的12.3%。

此外,国内航运企业进一步完善气体船队和化学品船队以积极适应能源结构调整。1997年中远大连公司接收了第一艘液化石油气船,开启了我国航运企业的液化气体船运输。2004年中国天然气运输公司(CLNG)成立,中远集团开始探索LNG运输。伴随我国能源结构调整和LNG消费比例不断提升,中国和俄罗斯亚马尔LNG项目也由CLNG公司运输。

(3) 滚装船队专业化发展

中远总公司在20世纪70年代末签订了8艘滚装船订单。20世纪80年代以进口国外二手船为主,与旅客和集装箱共同搭载,如广州海运从希腊购置的2艘二手滚装船有60个车位。20世纪90年代后随着客运航线短途化发展,客滚船主要在渤海湾、琼州海峡等区域运营,并逐渐向豪华船型发展。

我国滚装船队起步于20世纪80年代,配合汽车物流发展构建了长航滚装公司。到20世纪90年代,伴随我国汽车工业的发展,汽车出口开始采用滚装船舶。日本邮船、商船三井、川崎汽船等企业开始进入我国汽车出口市场。2002年10月,中远航运股份有限公司率先与日本邮船公司成立了中远日邮汽车船运输有限公司,国内最年轻、承运能力最大、硬件设备最好的汽车运输船相继投入营运,标志着广州远洋正式进军汽车运输专业市场。2003年,中海集团与日本川崎合资成立了中海川崎汽车船运输有限公司,滚装运输开始发展。

2009年中海集团公司开展外贸自营业务的3艘汽车船,运力规模合计13100车位。我国滚装运输市场以日韩为代表的航运企业市场份额较高,沿海地区运输以上海安盛、深圳长航、中远海运滚装和中甫航运的规模较大。

(4)水上客运船队转型升级

我国水路旅客客运量总体规模先升后降,随后再度攀升。在全社会客运量比例中占比总体呈现下滑趋势,到2010年后伴随邮轮旅游的增长和水上旅游出行人数的增加,我国水路旅客量呈现小幅上升。20世纪70年代末广州远洋用明华轮、耀华轮等开展旅游。1977年南海琼州海峡首次用客滚船从事客运。

20世纪80年代我国铁路、公路运力不足,客船是环渤海、长三角和珠三角地区等沿海地区重要的出行工具和旅游方式,如长三角地区往返于省内和苏、浙、沪之间的客运班线,往返于上海和宁波之间的茂新、鸿新、展新等姊妹船。广州海运几艘600~700客位的船舶还航行于南北航线,并在珠江各市间往返。中日轮渡公司的"鉴真"轮开展中日航线间客运。

到1990年我国水上客运量占全国客运量比例下降至3.5%,但客运量有小幅上涨,渤海湾、长三角、珠三角区域内的航行,如往返于无锡和杭州之间的"二泉"号、"湖辉"号等6条姊妹船,共787个客位,实现了联通太湖和西湖的"夕发朝至",满足了人们出行和游玩的需求。航行于我国上海港和日本港口间的客运"新鉴真"轮可装载集装箱和 355 名旅客,船内设施也更为舒适。普通客船进一步向客滚船发展,到 1999 年烟大轮渡"大舜"轮"11·24"海难事故的发生加速了客船的淘汰和升级,水上客运行业进入门槛进一步提升。

2003 年"非典"疫情影响给水上客运经营再度带来打击,同时公路、铁路等便捷出行的方式更加受到人们青睐,传统水上客运持续减少,到 2010 年水上客运量占全国客运量比例仅为 0.68%。长距离沿海客船逐渐减少,主要在渤海湾、琼州海峡、台湾海峡两岸开展,交通运输部对于客运船舶的经营进行准入审批,市场新建造的船舶技术水平也不断升级,内部设施也更加舒适和豪华。中海集团成立之初客运板块共有 28 艘船,但大多是老旧船舶,后通过淘汰老旧船舶和更新船队,到 2004 年末尽管船舶数量仅剩 9 条,但运力结构大幅调整。渤海轮渡公司也先后订造了多艘先进、舒适的客滚船舶。

伴随"有钱有闲"阶级不断增加,水上客运发展成为消费升级、满足人们多样化需求的载体,游艇业、邮轮经济、海上观光、钓鱼、体育赛事等休闲娱乐业的发展,成为沿海地区消费转型升级的热点。以邮轮为例,2006 年邮轮旅客人数仅为 1.8 万人,到 2018 年达到 469.6 万人,呈现出爆发式增长态势,成为水上客运消费升级的代表,后受到一些突发事件影响增速总体放缓。中远海运客运、招商局集团、渤海轮渡、海航集团等企业探索经营邮轮业务。水上客运量和占社会客运量比例如图 4-10 所示。

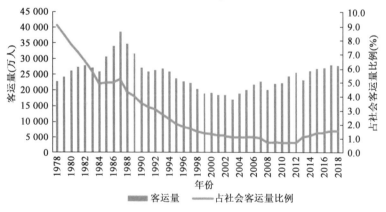

图 4-10　水上客运量和占社会客运量比例

(5) 发展特种运输船队

广州远洋公司自20世纪80年代开始发展半潜船、滚装船、重吊船、冷鲜船等,4艘重吊船投入运营后开始承接大型设备运输,使得广州远洋在特种船舶运营中具备特色。1992年起,中远集团广远公司将内部划分为4个专业船队,在20世纪90年代末改制时保留了特运船队,并于2002年3月成立了中远航运上市公司,上市时有24艘船,平均船龄20.125年,包括1艘重吊船、2艘半潜船、2艘滚装船、15艘多用途船和4艘杂货船,共计38.6万载重吨,还有2艘半潜式子母船,利用上市筹集的资金又购买了4艘二手多用途船。特种船可以针对重大件货物、成套设备、超长超宽设备进行定制化运输,运营技术含量较高,具有很强的进入壁垒。到2007年,中远航运经营和管理包括重吊船、汽车船、半潜船、多用途船、杂货船等各类船舶100多艘。公司船队经营水平进一步专业化,中远集团和中海集团整合后中远海特到2018年船队规模和综合实力位居世界前列,经营管理半潜船、多用途船、重吊船、汽车船、木材船和沥青船等六大主要船型,船舶100多艘,近300万载重吨❶,航线覆盖全球,船舶航行于160多个国家和地区的1600多个港口之间,为服务我国"一带一路"倡议作出积极贡献。随着集装箱船队发展,大量杂货船退出市场,但为满足非标准机械运输,部分多用途船、重吊船公司持续运营,形成了一些具有特色的专业化公司。

到2018年末,我国基本完成了船队的专业化建设,在各个领域都建立了专业化船队。我国运力规模在世界的排位变化见表4-2。我国干散货、液体散货和集装箱三大专业船队所占比重如图4-11所示。

我国运力规模在世界的排位变化　　　　表4-2

年份	1995	2000	2005	2010	2015	2019
总运力	5	5	4	4	3	2
干散货	3	3	3	3	3	2
液体散货	9	14	9	3	3	2
集装箱	6	5	7	4	4	2

❶ 中远海特,2018年年报。

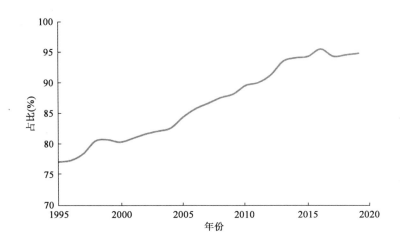

图 4-11 我国干散货、液体散货和集装箱三大专业化船队所占比重

数据来源：ISL。

3. 大型化与年轻化实现突破

总体来看，船舶大型化和年轻化的船队被认为是结构更加合理和具有竞争力的船队。

船舶大型化后造船成本、船舶配员、燃油消耗、备件物料费用、保险费用等成本并不随着载货量的增加而线性增加，而是小于载货量增加幅度，因此具备一定规模经济优势。伴随全球经济发展和海运量的持续增长，近几十年来干散货船和集装箱船呈现显著的大型化趋势，而原油油轮则由于原油价格上涨和能源结构调整等因素影响，最大船型尺度未见突破。

国际航运业的船龄受到市场影响，船龄增加后船舶的油耗增长较快，维修保养所耗费时间增长，但船舶的折旧成本基本为零，运营中直接产生的成本占比提升，因此船东会拆解船龄较大的船舶。但在市场运力短缺、运价高涨的背景下，航运企业会通过延长船舶使用年限来获得短期的较高收入。在市场运力过剩、运价低迷背景下，航运企业会加速淘汰老旧船舶，从而降低平均船龄。

2013 年后，针对金融危机和新一轮漫长海运市场低谷，得益于 2014 年财政部、交通运输部、国家发展和改革委员会、工业和信息化部联合发布的《老旧运输船舶和单壳油轮报废更新中央财政补助专项资金管理办法》(财建〔2014〕24号),有力促进了我国海运运力结构调整,实现了船舶的大型化和年轻化,赶超了世界平均水平。

我国海运船舶平均载重吨长期以来低于世界平均水平,1995—2005年单船差距约5 000载重吨,到2005年后随着我国航运企业投资新船比例上升,与世界的差距进一步缩小,船队更新后从2016年起船舶平均载重吨高于世界平均,且差距在进一步扩大(图4-12)。

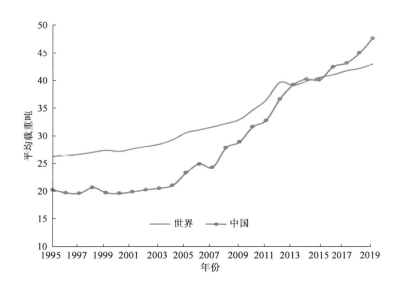

图 4-12 世界与中国海运船舶平均载重吨变化

数据来源:ISL。

世界船队的平均船龄保持在15.5年左右,而我国船队的船龄在2013年前总体高于世界平均,随着老旧船舶拆船政策的实施,运力结构加快更新,2013年后平均船龄开始低于世界均值,船队年轻化实现了突破,当前已经降至11年左右,大幅提升了我国船队的竞争力(图4-13)。

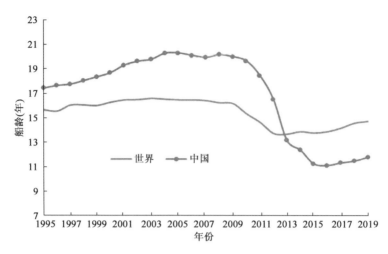

图 4-13　世界与中国海运船舶平均船龄变化

数据来源：ISL。

第三节　吞吐能力适度超前的现代化沿海港口

改革开放极大推动了经济、对外贸易的快速发展，港口需求快速增长，基础设施建设增长速度扩张不及需求的高速增长，沿海地区出现压船、压车、压货的"三压"现象，通过对外开放、设立港口建设费等政策以及以下放地方、政企分开为标志的港口体制改革，极大调动了行业、地方政府、货主以及外资投资发展港口的积极性，形成了良好的资本、岸线、陆域等资源供给环境。通过一系列技术变革，解决了港口建设中深水筑港、河口深水航道建设、深海筑岛、码头装备等技术问题，抓住了改革开放实施、邓小平南方谈话、加入WTO和"走出去"发展的四次历史机遇。经过艰苦努力，吞吐能力实现了由瓶颈制约到基本适应、再到适度超前的转变，大型专业化码头基本适应了船舶大型化发展需要，现代化装备和管理技术进步使码头作业效率达到世界领先水平，安全绿色发展取得显著进展，现代化港口成为沿海地区率先发展、融入经济全球化的战略资源。

一、吞吐能力实现适度超前

1. 1978—1990 年吞吐能力适应性明显改善

沿海港口在改革开放中起着先行官作用,"要开放、先建港""以港兴市"更是成为港口城市的战略选择。但港口建设速度、吞吐能力提升不及需求的高速增长,使港口通过能力不足的矛盾、大型化专业化水平低的问题进一步显现,多次出现能力全面紧张和压船、压车、压货的"三压"现象,1985 年沿海吞吐能力适应性(吞吐能力/吞吐量)仅有 0.78(图 4-14),沿海港口外贸船舶平均在港停时高达 11.1 天(图 4-15)。"三压"现象暴露出政府计划、政府直接管理带来的弊病,为适应发展需要,1983 年明确提出"有水大家行船"的开放政策,积极实行"谁建、谁用、谁受益"政策,鼓励在沿海港口集资建设码头、货主单位自建专用码头,调动了社会各方面的积极性,并开始引入外国政府贷款和世界银行贷款等外资,使沿海港口建设投资迅速增长。20 世纪 80 年代后期持续保持在 20 亿元以上,较三年大建港最高年份还高出 1 倍以上,而中央统一安排资金比例逐步下降至 1990 年的 68%。1984 年开始交通部先后将直属的 14 个沿海港口全部下放到所在城市,实行"双重领导,地方为主"的管理体制和"以收抵支,以港养港"的财务管理体制。这一改革有利于协调港城关系,有利于城市政府对港口工作的支持,有利于增强港口自我发展能力。1986 年,交通部决定对进出 26 个沿海港口的货物征收港口建设费,成为沿海港口发展特别是公共基础设施投资的重要来源。这些改革措施极大调动了港口利益相关方的积极性。在码头建设上,围绕 14 个对外开放城市,开发建设了新的深水港区和码头泊位,重点建设外贸码头和煤炭码头,相继建成一批万吨级以上码头,包括北仑 10 万吨级矿石接卸码头,秦皇岛、青岛、日照、连云港等煤炭装船码头和上海、宁波、厦门、广州等煤炭卸船码头。港口吞吐能力适应性、码头专业化生产能力和技术水平得到快速提升,1988 年吞吐能力适应性上升到 0.92，外贸船舶平均在港停时降到 6.7 天❶，吞吐能力适应性明显改善。

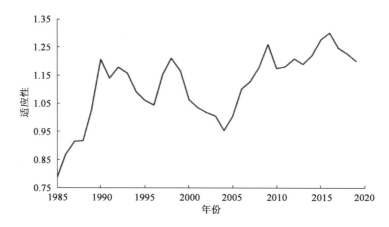

图 4-14　沿海港口吞吐能力适应性变化

注：适应性为吞吐能力/吞吐量。

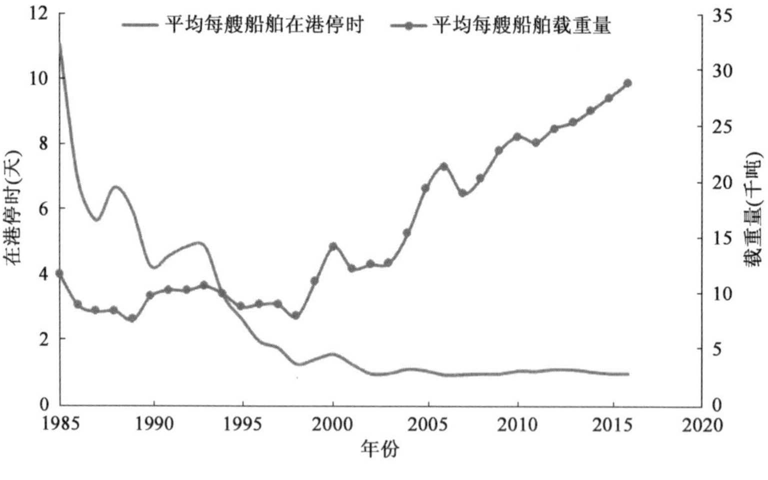

图 4-15　沿海港口外贸船舶在港停时

---

❶1989 年需求增速明显下降，能力供给稳定增长，从而使吞吐能力适应性迅速上升，1990 年达到 1.21 的适度超前水平，外贸船舶平均在港停时降到 4.3 天。但这种适应性提高是在需求调整的情况下被动实现的。当达到 1.2 适度超前水平时，受到舆论"码头晒太阳"的影响，码头建设有所放缓。

2. 1991—2000年吞吐能力"瓶颈制约"状况得到缓解

邓小平南方谈话推动我国进一步扩大对外开放,沿海港口进一步开放提升利用外资水平,同时深化港口体制改革。1993年和记黄埔集团与上海港务局合资组建了上海集装箱码头有限公司,总投资56亿元,双方各占50%的股权,合作期为50年,成为当时最大的码头合资项目,也是外资比例首次达到50%;盐田港集团与香港和记黄埔合资成立了盐田国际集装箱码头有限公司,合资经营盐田港区一、二期工程,这是当时深圳最大的合资项目,进一步实现了外资在港口业务控股的突破;推进以政企分开为标志的改革,进一步扩大企业经营自主权,建立了现代企业制度,引导企业以资产为纽带实行兼并重组。这一时期国民经济和对外贸易持续高速增长,工业化与结构调整进程显著,要求沿海港口进一步提高综合服务能力,沿海港口以主枢纽港建设为重点,投资力度进一步加大,20世纪90年代后期达到80多亿元水平,而中央资金占比下降到5%水平。沿海港口通过大型专业化码头建设和航道整治,取得了新中国成立以来最显著的成效,到2000年沿海万吨级以上泊位达到651个,吞吐能力适应性提高到1.06,全面紧张的"瓶颈制约"状况得到缓解❶。在沿海港口吞吐量年均增长9.7%、到港船舶平均吨位提高50%的背景下,2000年沿海港口外贸船舶平均在港停时降至1.6天。

3. 2001—2010年吞吐能力实现基本适应

经过长达15年的谈判,我国于2001年加入WTO。我国政府遵循WTO规则,加快政府职能转变,进一步深化经济体制改革,扩大开放,融入经济全球化,发挥劳动力资源的比较优势,充分利用国际国内两个市场、两种资源,使进入21世纪的头10年成为我国经济社会发展史上来之不易、极不平凡的10年,GDP和外贸进出口总额分别实现了年均10.5%和20.2%的高速增长。这一时期沿海港口货物吞吐量和集装箱吞吐量分别实现了年均15.9%、20.1%

---

❶ 由于受到1997年亚洲金融危机冲击,1998年吞吐量增速降至不足2%水平,而吞吐能力供给稳定增长,使1998年吞吐能力适应性再次达到1.21的适度超前水平,形成新一轮"码头晒太阳"舆论,使21世纪头4年码头建设受到一定影响,吞吐能力适应性一度跌到1.0以下。

的高速增长,增速明显超过前20多年的水平。2003年颁布《港口法》并相继完成了以下放地方、政企分开为标志的新一轮港口体制改革等一系列体制改革,极大调动了地方发展港口的积极性,"以港兴市"成为沿海港口城市的普遍战略选择,沿海港口建设投资由2000年的约80亿元持续上升到2010年的700多亿元(图4-16),使吞吐能力持续保持快速增长。虽然于2004年一度出现能力不足的状况,但吞吐量增速较前一个10年明显加快,吞吐能力适应性平均达到1.17,在到港外贸船舶平均吨位较2000年提高69%的背景下,船舶停时由1.6天降为1.09天,实现了由瓶颈制约缓解到基本适应的转变。

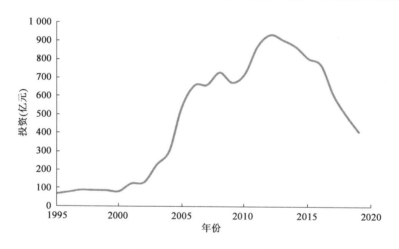

图4-16 沿海港口建设投资

4. 2011—2018年吞吐能力实现适度超前

2011—2018年沿海港口货物吞吐量、港口集装箱吞吐量年均增速分别降至6.7%和7%的水平,港口建设进入以增加10万吨级以上大型化、专业化码头为重点,调整供给结构的有序发展阶段。2011—2018年吞吐能力适应性平均保持在1.2以上,实现了由基本适应到适度超前的转变。在到港船舶平均吨位增长20%的背景下,外贸船舶平均停时由1.09天降为1.01天。更为值得关注的是市场自我调节功能发挥的作用,在吞吐能力适应性进入适度超前个别年份甚至触及近1.3超前水平时,面对需求增速减缓的趋势,2012年后建设投资连续6年出现下降,2018年降至不足500亿元,吞吐能力适应性逐步趋向1.2的适度超前水平。

二、吞吐能力供给的大型化、专业化

我国沿海建港自然资源丰富，除少数海湾具有天然深水良港条件外，大部分港口普遍自然水深较浅，长江口、珠江口只能满足2万吨级船舶乘潮进出，影响了我国港口的效益和综合竞争力，成为制约我国码头大型化、提高海运经济性和竞争力的主要因素之一。通过长期技术研究，从整体上看，我国海运业基本具备了独立研究和解决基础设施关键技术的能力。一是形成了巨型复杂的河口治理和深水航道整治等关键技术与装备，实施了长江、珠江口等河口整治工程，特别是长江口深水航道治理和长江南京以下12.5米深水航道工程向世界展示了我国航道整治技术的领先水平，水深可满足5万吨级船舶全天通航、10万吨级船舶乘潮通航、20万吨级船舶减载乘潮通航，是长江口码头大型化、"江海联运"系统化的重要基础，为沿线深水资源利用、码头效率提高创造了有利条件，大大提升了长江黄金水道的通过能力和效能。二是形成了港口深水航道成套技术，有效支撑了天津港、广州港和黄骅港等一批人工深水航道建设。2008年，宁波舟山港虾峙门口外30万吨级深水航道建成，是我国首条人工疏浚形成的30万吨级深水航道。截至2018年底，沿海主要港口中，除海口港外均可通航10万吨级及以上船舶。三是形成了深水筑港整套关键技术，其中离岸深水码头建设（如洋山深水港区）、淤泥质海岸深水码头建设（如天津港）、粉沙质海岸深水码头建设（如黄骅港）等特殊自然地理条件建港方面积累了大量成功技术。

需求和经济技术条件支撑港口在提升能力的同时，持续新建码头和技术改造推动大型化与专业化，2018年5万~10万吨级、10万吨级以上泊位分别达到2000年的7.5倍和20倍（表4-3），万吨级以上泊位中专业化（原油、成品油、液体化工、散装粮食、金属矿石、煤炭、散装水泥、集装箱、旅客和滚装）占比达到53.1%，码头大型化、专业化供给结构明显改善，基本适应了船舶大型化发展需要，其中8大集装箱干线港可适应20 000TEU船舶挂靠需要，主要铁矿石进口港口可适应30万吨船舶靠泊(其中大连港1个泊位、唐山港2个泊位、青岛港1个泊位和宁波舟山港3个泊位可以接卸40万吨船舶),主要进口原油接卸港可适应30万吨级船舶靠泊需要,特别是长江口12.5米航道整治顺利完成、洋山深水港区成功开发,基本解决了长期困扰上海港、江苏长江下游港口的深水化问题,对船舶大型化的适应性跨上一个大台阶。通过大型化、专业化、规模化发展,作业效率提高,2018年沿海港口单位码头长度完成吞吐量达到2000年的2.9倍,岸线利用效率大幅度提高。

沿海港口码头分吨级数量分布(个)　　　　表4-3

年份	1996	2000	2005	2010	2015	2018
10万吨级	12	19	49	191	322	385
5万~10万吨级	38	90	167	407	600	672
3万~5万吨级	69	105	155	207	266	294
1万~3万吨级	407	437	476	538	619	656

三、系统配套、能力充分、运行高效的专业化运输系统

港航业服务于全国的生产消费格局,以沿海港口为节点,基本形成了系统配套、能力充分、运行高效的运输系统。

1. 煤炭运输系统

我国的沿海煤炭运输系统是我国"北煤南运"生产消费格局的重要组成部分。截至2018年底,我国环渤海区域建成了世界煤炭吞吐量最大、煤炭专业化码头泊位密度最高的煤炭装船港群。由大秦铁路、黄骅铁路、朔黄铁路、瓦日铁路等构成东西向煤炭专用运输通道,北方煤炭装船港形成了以北路秦皇岛、唐山、天津、黄骅四港为主,中南路青岛、日照、连云港以及服务蒙东地区的锦州港为补充的格局。南方煤炭接卸维持直达为主、分散接卸的总体格局。除长江三角洲和珠江三角洲水网地区外,沿海煤炭运输维持以直达为主的方式,形成了以电力、冶金等大型用煤企业自备码头为主、公用码头为辅、分散接卸的格局,公用码头主要为沿江和水网地区社会中小用户服务。2018年沿海港口内贸出港量共计9.17亿吨,外贸接卸进港量共计2.06亿吨。

2. 石油运输系统

为了适应进口原油的快速增长,我国专业化原油码头建设加快。自2006年大连港和青岛港的30万吨级油品专业化码头建成投产,到2012年宁波舟山港大榭港区实华二期亚洲最大、中国首个45万吨级原油码头投产,依托大连、曹妃甸、连云港、上海、宁波舟山、古雷和惠州的七大炼化基地的布局,我国原油码头布局不断完善,沿海形成了以30万吨级大型原油专业化接卸码头为主体、以海管联运为主要方式、与炼油产业布局及原油管网布局相适应的专业化进口原油运输系统港口格局。2018年末,沿海港口原油外贸进港量达4.16亿吨。其中青岛港原油外贸进港量超8 500万吨,宁波舟山港进港量超7 200万吨。

3. 铁矿石运输系统

我国矿石专业化码头已达到国际先进水平。外贸铁矿石进口运输系统港口布局已经形成以20万吨级及以上大型接卸码头为主体,沿海一程接卸和长江海进江中转运输的基本格局。其中,环渤海湾地区已经形成以大连、营口、唐山、天津、烟台、青岛、日照等港为主的外贸铁矿石接卸港的布局;长江三角洲地区已经形成由外海宁波舟山港和长江口内上海、南通、苏州等港口组成的外贸铁矿石运输体系港口布局;华南沿海基本形成以湛江、防城、珠海、福州4个港口专业化泊位为主的矿石接卸系统港口布局。同时在大连、唐山、青岛和宁波舟山港有7个铁矿石泊位,可接卸40万吨级大船。2018年我国沿海港口接卸10.08亿吨外贸进港铁矿石。

4. 专业化集装箱码头系统

1974年我国在天津港启动集装箱码头建设,我国第一个专业化集装箱码头于1981年底投入使用。为加快我国集装箱运输的发展,交通部主持了"国际集装箱运输系统(多式联运)工业性试验",在上海口岸通过设备配套、技术开发、制定规章、统一单证等方式,发展和完善了以上海港为枢纽港,向国外和内陆两个扇面辐射的干支线相衔接的国际集装箱运输系统和示范模式,取得了值得推广的集装箱成套运输经验,并于"八五"期间在大连、天津全面推广"上海工试"成套技术,在青岛、广州等18个口岸推广使用集装箱运输新单证。通过"工试"技术的推广应用,我国集装箱运输走上了正规化、标准化的道路,管理水平有了明显提高,迈上了一个新台阶。

到2018年底,我国已成为全球集装箱海运规模最大、港口最繁忙的区域,在全球前10大集装箱港口中占据7席。上海港、宁波舟山港、深圳港、厦门港、天津港、大连港等港口建设了一大批设备先进、作业效率高、吞吐能力大的集装箱专业化码头,能够适应全球最为先进的2.4万TEU大型化船舶靠泊,以青岛全自动化集装箱码头、洋山深水港区四期全自动化集装箱码头建成投产为标志,我国沿海港口大型化、深水化、自动化程度不断提高。伴随集疏运结构调整,原先采用公路集疏运的港口加快推广应用铁路和水运进行集疏运,如上海港构建了完善的与长江沿线互动的喂给体系,而以宁波舟山港、青岛港为代表的港口则大力拓展海铁联运,提升对内陆的辐射能力,减少公路集疏运带来的拥堵和污染。同时在全球集装箱海运网络体系中,上海港、宁波舟山港、深圳港等已成为全球集装箱运输枢纽港,我国沿海港口在全球航运网络中的竞争力不断提升。2018年沿海港口完成集装箱吞吐量2.21亿TEU。

5. 粮食装卸系统

形成了与国家粮食流通、储备、物流通道配套的,以东北、华北地区为主要装船港,以华东、华南地区为主要接卸港的专业化运营、集约化的粮食运输系统,港口粮食物流与公路、铁路粮食物流共同构成了国家粮食物流大布局。2018年粮食沿海港口内贸出港量为6 889万吨。

6. 商品汽车运输及物流系统

依托国内汽车产业布局和内、外贸汽车进出口口岸,我国形成专业化、便捷的商品汽车运输及物流系统。2016年起我国成为全球最大的汽车消费市场,在沿海地区形成以大连、天津、上海、广州港等为主要支点的港口体系,与铁路、公路、水路运输系统有效衔接开展多式联运,有力服务了我国汽车生产、消费体系。2018年我国沿海港口滚装吞吐量近7亿吨。

加入WTO后,我国整车进口量快速增加,以上海港、天津港、广州港等为代表的平行汽车进口口岸业务量快速增长。围绕东北、华北、长江经济带和华南地区的全国汽车产业布局,我国汽车出口伴随汽车工业的发展也实现了较快增长。二手车物流也伴随汽车存量市场不断扩大从无到有发展起来。新能源汽车的推广使用将进一步促进汽车整车物流布局的调整,推动港口滚装体系的完善。

7. 旅客运输系统

在满足岛屿出行要求的前提下,建成适应沿海岛屿社会经济发展要求的陆岛滚装运输系统。在我国沿海地区如舟山、大连等地,形成了较为完善的陆岛运输体系。沿海大型港口均将邮轮发展作为港口转型升级的重要方向,形成了以大连、天津、青岛、上海、厦门、广州、深圳和三亚等为主的邮轮码头布局,以人为本、安全、舒适、便捷的旅客运输系统不断完善。

第四节 上海国际航运中心基本建成

现代国际航运中心就是国际航运船舶流、国际航运信息流和国际航运资金流集聚规模位于世界前列、具有突出创新能力的国际化港口城市。现代国际航运中心是港口城市在国际海运服务业竞争中取得成功的标志。结合国际航运向亚太转移和我国作为世界重要海运大国的特点,为进一步促进区域经济发展,1996年国家提出建设上海国际航运中心的目标。得益于长三角、沿长江经济带经济贸易发展推动和上海市城市功能的提升,上海港集装箱吞吐于2004年实现对釜山港的超越,长江口深水航道整治和洋山深水港建设使上海港基本适应了船舶大型化要求,为国际航运中心建设奠定了坚实的基础。2010年上海港集装箱吞吐量如期实现对新加坡港的超越,基本确立了国际航运船舶流集聚规模世界前列地位。面对2008年金融危机新形势和国际航运新一轮调整,按照《推进上海加快发展现代服务业和先进制造业建设国际金融中心和国际航运中心的意见》(国发〔2009〕19号),结合上海市更具创新活力、更加绿色宜居、更可持续发展、更加包容共享的国际大都市建设,国际航运船舶流集聚规模世界前列地位更加巩固,国际航运信息流和资金流取得显著成效,基本建成上海国际航运中心。

1. 国际航运船舶流集聚规模居世界前列

得益于长江与沿海 T 字形交汇点优势、长江三角洲地区高速增长的集装箱运输需求和基础设施改善的优势,上海港 2010 年以来集装箱吞吐量规模连续 9 年居世界第 1 位,2018 年达到 4 210 万 TEU,其中国际中转突破 300 万 TEU,并且在新开港的洋山港区四期建成运营全自动化集装箱码头,水平居世界前列。邮轮挂靠艘次与邮轮游客人数高速增长,2019 年接待国际邮轮靠泊 403 艘次、旅客吞吐量 275.9 万人次,居亚洲第 1、世界第 3 位。截至 2017 年底,上海共有国际航运及其辅助企业 2 679 家,其中国际船舶运输企业 59 家,国际船舶代理企业 148 家,国际船舶管理企业 110 家,无船承运人 2 323 家,外商独资船务公司 38 家,交易服务机构 1 家,形成了以保障船舶客货运输正常运转为目标、劳动密集型的航运基础服务产业,包括理货、引航、船舶代理、货运代理、船舶供应、船员劳务、船舶管理、船舶检验等航运服务集聚区。

2. 国际航运资金流快速集聚

上海作为我国航运金融保险中心,业务种类实现众多突破,业务规模明显扩大,居于国内领先水平,国际地位不断提高,据 THE GLOBAL FINANCIAL CENTRES INDEX 2019,上海居全球金融中心城市第 5 位❶,已进入全球金融中心引领城市,超越东京,位于纽约、伦敦、中国香港和新加坡之后。得益于航运业的发展,上海股票交易所上市的航运企业市值超过新加坡股票交易所和伦敦股票交易所;上海金融机构持续支持上海国际航运中心建设,2017 年底主要银行对航运产业授信总额 3 460.5 亿元,覆盖航运、船舶制造、港口等专业业务;航运相关企业贷款余额 1 565.22 亿元;融资租赁余额 420.17 亿元,融资租赁 420.17 亿元,经营租赁 418.43 亿元,其他融资方式租赁 134.07 亿元。2017 年上海共有 59 家财产保险公司经营航运保险业务,其中包括全国唯一

---

❶北京列第 7 位,深圳列第 9 位,广州列第 23 位,青岛列第 33 位。

一家航运类自保公司,此外还有176家保险中介机构以及大量航运法律、海损精算机构提供中介咨询服务。登陆上海证券交易所的A股港航企业有17家,市值达3 968.31亿元。

3. 国际航运信息流集聚取得突破

随着上海国际航运发展环境的日趋完善,在国内已经呈现出显著的"虹吸效应",仅虹口区集聚航运及相关服务企业就达4 295家,集聚了波罗的航运公会上海中心、波罗的海交易所分支机构和Inmarsat中国区总部等国际组织的二级机构。特别是世界第一大海运企业中远海运集团落户上海,其核心集装箱运输、能源、码头和重工等核心板块相继落户北外滩;在中国港口协会、上海航运交易所、中小航运企业联盟等功能性机构基础上,吸引中国船东协会、中国船东互保协会等相继转移到上海,北外滩集聚的航运功能性机构达到35家;上海共有20所高校在本科及以上开设12个航运领域的学科专业,7家大学布局航运中心研究机构,航运人才培养稳步推进。上海航海博物馆在文物收藏、社会教育、航运科普宣传等方面作用日益显现。依托世界集装箱吞吐量第一和第一海运企业落户上海的优势,国际航运中心发展指数、上海航运交易所发布的上海出口集装箱运价指数(CCFI)、"一带一路"货运贸易指数与"海上丝绸之路"运价指数等得到国际市场认可,海运"达沃斯"国际海运年会、BIMCO(波罗的海国际航运公会)全球会员大会、中国航海日等相继在上海举办,"上海声音"在世界海运的影响力日益提高。

第五节 基本适应经济社会发展

面对海运需求持续快速增长,20世纪80年代海运业基础薄弱、供给能力和质量不足的矛盾再次显现,一度出现瓶颈制约的状况,通过制度变革、技术变革,极大激发了海运发展潜力,抓住海运全球化发展的机遇,海运业保障能力和网络化服务水平显著提高,形成专业化运输系统和全球化品牌,支持保障体系和安全绿色发展取得显著进展,实现了由瓶颈制约向基本适应经济社会发展的转变。

一、海运业保障能力和网络化服务水平显著提高

1. 布局合理、吞吐能力适度超前的规模化港口

1978年,沿海港口生产性泊位仅有311个,其中万吨级以上泊位133个,货物吞吐量仅为2.0亿吨,没有一个亿吨级大港,港口吞吐能力不足的问题长期制约着国民经济发展。改革开放以来,按照"三主一支持"长远战略规划和全国沿海港口布局规划,以主要港口为重点,以集装箱、煤炭、外贸进口原油、外贸进口铁矿石四大专业化码头为代表,以大型深水专业化码头为主体,全面加快深水码头建设,形成与区域经济、产业布局、开放型经济相适应的沿海港口布局。到2018年沿海港口万吨级以上泊位达到2 007个,其中5万吨以上1 057个、10万吨级以上385个,适应了船舶大型化、专业化发展,吞吐能力适应性由不足实现适度超前。2018年全国港口外贸吞吐量为41.6亿吨、集装箱吞吐量2.51亿TEU,沿海吞吐量达到94.6亿吨,形成8个集装箱干线港,亿吨以上港口达到25个,其中5亿吨以上港口6个,世界货物吞吐量和集装箱前10大港口中,中国占7个。在到港船舶平均吨位大幅度提高约2倍的背景下,外贸到港船舶平均停时从9.4天降为1.01天[1]。港口吞吐量规模遥居世界首位,港口联通度连续多年保持世界首位,有效支撑了我国90%以上外贸物资转运,成为对外开放的主要门户、综合交通运输体系的重要枢纽和现代物流系统的基础平台。2018年有效支撑了25亿吨物资的沿海运输,12.9亿吨金属矿石、3.8亿吨原油、2.2亿吨煤炭、1亿吨粮食的外贸进口以及1.2亿TEU集装箱国际运输。

2. 全球化存在、规模居世界前列的现代化船队

改革开放初期海运船队不足900万载重吨,且船舶老旧、大型化专业化水平低,经过改革开放40多年的发展,形成了以液体散货、干散货、集装箱三大

---

[1] 1975—1985年沿海港口外贸船舶平均停时9.4天,2010年后降至1.01天。

专业化为代表、规模居世界第 2 位的现代化船队,船舶平均吨位、船龄均实现了对世界平均水平的超越。2018 年中国远洋海运集团有限公司船队综合运力、干散货船队运力、杂货特种船队运力居世界首位,液体散货船队运力居世界第 2 位,集装箱班轮规模居世界第 4 位;招商局集团散货船队运力居世界第 4 位,液体散货船队运力居世界第 9 位,海外网点有 3 个。我国海运船队规模持续壮大。①我国贸易通道穿越诸多海上咽喉要道,如马六甲海峡、霍尔木兹海峡、巴拿马运河、苏伊士运河和好望角等,也涉及长期不稳定乃至动荡的中东地区,遍布全球的船只、全球性存在的海运网点,提高了对海运通道的影响力,对国际政治、军事和经济突发事件,能迅速做出有效应对,例如在亚丁湾护航、海上联合搜救、维护海洋权益、2011 年利比亚撤侨、2014 年越南撤侨和 2014 年马航 MH370 航班海上搜寻等行动中,海运船队均发挥了重要作用。②大量能源、原材料需要从国外进口,铁矿石、石油、煤炭、粮食进口量居世界首位,大量制成品需要通过集装箱、滚装和大件运输船运往全球各地,完全依靠他国控制的"海运市场"构筑了我国与世界的海运通道❶,将直接影响我国战略物资的可得性和经济性,世界第二的庞大海运船队及其海上网络,支持了我国比较优势的发挥和利用国际市场、国际资源的效率。③在世界经济全球化发展趋势下,人们的交往日益增多,海运可充分发挥其遍及全球的网点优势,充当我国与世界各国人民的友好使者。如中国远洋海运、招商局集团等大型海运企业即为我国充当了这一角色。

3. 各港探索形成内陆无水港网络

多个港口建设了较为完善的无水港网络。以天津港为例,截至 2018 年底,在北京、河北、河南、内蒙古、宁夏、甘肃、新疆等地设立了 42 个无水港,无水港集装箱操作量为 41.5 万 TEU。无水港具备口岸监管功能、国际港口服务功能、物流信息功能,实现了货物在其中集散、中转、配送,有力拓展了天津港的腹地,提升了港口服务功能。此外,宁波舟山港、青岛港、深圳盐田港、广州

---

❶2012 年、2018 年和 2019 年伊朗石油运输问题就是对此最好的说明。

港、大连港等港口也在内陆地区建立了多个无水港。

从水路辐射网络来看,以上海港为例,自2003年以来上海港实施"长江战略",依托长江黄金水道在沿线投资了10余个港口,包括南京、苏州太仓、江阴、芜湖、岳阳、九江、武汉、重庆、宜宾等港口,对上海港进行水水中转的喂给。

4. 北极航运逐渐常态化

我国航运企业积极探索开通了北极航线。中远海运集团自2013年起到2018年共有10余艘次船舶开展了北极航行,实现了双向对开,也探索了组队航行模式,为提高北极东北航道商船通航能力做出了积极有益的尝试,进一步扩充了全球海运网络。

5. 我国物流联通度世界第一

我国物流联通度全球第一,成为从发展中国家进口大宗原材料,再生产制成品运往全球各国的重要枢纽,同时我国市场的超大规模性也使其成为越来越受关注的全球消费地,货物流和船舶流集聚程度较高。

二、形成专业化运输系统和全球化品牌

1. 码头运营商跻身世界前列

以中远海运港口和招商局港口为代表的两大码头运营商已跻身领先的全球码头运营商行列,在全球五大洲均投资了集装箱码头,名义吞吐量均突破1亿TEU,居全球前两位(表4-4),权益吞吐量也已接近行业领先者。

2018年全球码头运营商完成集装箱吞吐量 表4-4

码头运营商	名义(百万TEU)		权益(百万TEU)	
	2018年	增速(%)	2018年	增速(%)
中远海运港口	117.37	17.1	37.1	15.8
招商局港口	109.09	6.0	41.0	7.3
和记港口	84.6	−1.0	46.7	−0.2
PSA	81	9.0	44.7	9.3
马士基码头	78.6	3.1	42.8	7.8
迪拜环球	70	1.9	44.2	3.3

注:数据来源于各码头运营商年报、德路里码头运营商报告。

中远海运港口在全球的36个港口经营283个泊位,其中192个为集装箱泊位。1994年中远太平洋在香港上市,到2003年成为香港恒生指数成分股。2018年在国内的环渤海、长三角、珠三角、东南沿海和西南沿海地区共投资23个港口,而海外投资了13个港口,占总吞吐量的31.7%。已经形成以中国市场为主,海外市场持续增长的态势,海外布局已遍布全球五大洲。中远海运港口在希腊比雷埃夫斯港集装箱量快速增长,到2018年集装箱吞吐量为491万TEU,成为区域领先的集装箱枢纽港,排名全球第32位。阿布扎比哈里发港是中远海运在海外投资建设的首个绿地码头,已成功开港运营。

招商港口重点投资区域枢纽港,发展基于保税业务的物流业务,并通过吸引外资带动进出口贸易增长。通过收购达飞旗下Terminal Link的集装箱码头快速扩张了全球港口网络。在吉布提构建辐射东非、中东、红海及印度西岸地区的枢纽港,并将"前港—中区—后城"的蛇口模式在海外复制推广。在斯里兰卡科伦坡港口城也应用了这一模式,使其成为印度洋上重要的集装箱码头。

截至2018年底,中远海运集团和招商局集团旗下全球布局的港口有力支撑了中欧物流大通道,沟通了"一带一路"沿线国家的贸易流和物流。

2. 海运企业排名世界领先,形成了专业化规模化船队

20世纪90年代中远集团组建了四大专业化船队。中远集团自1994年以来实行大规模资产重组,组建专业化船队,到1997年这一工作基本完成。1994年1月1日正式组建了"中远集装箱经营总部",对分散在广州、上海、天津的远洋分公司集装箱船进行"集中经营、分散管理",把总部设在北京。1997年1月1日,以天津远洋运输公司、青岛远洋运输公司为基础正式组建了中远散货运输有限公司,总部在北京;广州远洋运输公司成为以经营杂货船、特种船为主的专业化公司;大连远洋运输公司成为经营油轮业务的专业化公司。

经过2016年的整合,中远海运集团构建了"航运、物流、航运金融、装备制造、航运服务、社会化产业及互联网+相关业务"的"6+1"产业集群。到2019年2月18日中远海运集团成立三周年时,船队规模达到1 285艘,突破1亿载重吨(1.02亿载重吨),成为全球规模最大的综合性航运集团。集团总资产达到8100亿元,营业总收入达到2850亿元。通过重组集团实现了综合运力、干散货船队、油轮船队、杂货特种船队、集装箱码头吞吐量和船员管理6个世界第一。通过收购东方海外公司,集装箱船队规模跻身全球第三。

招商局集团在改革开放中从蛇口起步,业务领域逐渐扩展,在2016年整合了中国外运长航集团,截至2018年在央企考核中连续15年获得A类。招商局集团将内部的各项业务进行重新梳理,形成交通、地产和金融三大业务板块。航运业是交通板块的重要组成部分,以招商轮船、南京长油这两大上市公司为主体。2018年底集团的干散货船队规模达到110艘,1277万载重吨,排名世界第4位。集团的油轮船队规模达到101艘,船队规模达到1757万载重吨,排名世界第3位。招商局集团的航运业务重点发展依托长期包运协议的超大型矿砂船队和服务国家能源运输的超大型原油船队,这两大船队规模均名列世界第一。

3. 中国交通建设集团成为世界最大的港口设计和建设公司

中国交通建设集团有限公司由中国路桥集团、中国港湾集团和中房集团等合并成立,在国内外交通建设中承担了大量难度大、创新度高的工程,攻克了诸多技术难题,研发建造了一批国之重器,在"一带一路"沿线建造了大量友好工程。

从支撑我国海运业发展来看,一是承担了国内外多个港口的设计和建造,建成了我国最早的集装箱码头——天津港集装箱码头,建成了世界最大的离岸深水港——洋山深水港。通过20世纪90年代长江口航道治理、长江南京以下12.5米深水航道治理,支撑了我国沿海与长江运输的高效衔接。二是在丰富的建设实践中攻克了多项水运工程建造领域的难题,在离岸深水港建设、水下隧道、大型挖泥船建设等领域的技术水平达到全球领先,振华港机研发的集装箱岸边起重机于1992年便打入温哥华市场,在全球集装箱岸桥市场的份额多年蝉联世界第一。三是建造了一批国之重器,20世纪70年代建造了我国第一艘万吨级自航耙吸式挖泥船"险峰"号,20世纪90年代构建亚洲最大铺排船队,近年来建造了亚洲最大的重型自航绞吸船"天鲲"号、具有自主知识产权的盾构机等。四是在"一带一路"沿线建造了大量友好工程。自20世纪80年代在海外施工开始,建造了以科伦坡港口城、巴基斯坦瓜达尔港等为代表的121个深水泊位。集团的海外贡献率近30%。当前,中交集团是亚洲第一、世界第三的国际工程承包商,跻身全球领先的基础设施建造商行列。

4. 中国船级社向世界一流船级社迈进

1978年,中国船检局(中国船级社的前身)的入级船舶规模超过500万总吨,并已经可以开展水运集装箱业务的检验。改革开放后中国船检局加大了改革和开放的力度。1982—1985年,在全国沿海和内河城市设立了多个分支机构,由北京总局垂直领导。1986年1月1日,中国船级社正式成立,主要按照国际规则和要求开展各项业务。

为尽快推动中国船级社的国际化发展,我国在1988年加入了国际船级社协会(IACS)。面对国际船级社协会要求达到国际质量管理体系ISO 9001的强制性要求,中国船级社迎难而上,在1993年顺利完成考核,名称改为CCS,同时入级的最高等级船舶可享受与世界著名船级社同等的保险汇率优惠待遇。美国海岸警卫队(USCG)和欧盟(EU)也将中国船级社作为首批认可的船级社。

1998年,中国船级社将船舶检验管理中属于政府职能的管理职权移交给中国海事局。中国船级社的定位和职责进一步明确,其是我国唯一从事船舶入级检验业务的专业机构,积极在相关工业界开展检验、认可、审核、认证、监理等业务。

截至2018年底,中国船级社先后于1996年、2006年和2016年三次担任国际船级社轮值主席,国际化网点数量进一步增加,到2014年入级的非五星红旗船队规模占到总入级规模的51%。不断提升在船舶建造等技术领域的话语权和影响力,在超大型干散货船舶入级检验、LNG动力船舶检验等领域占据优势地位。出台了全球首部《智能船舶规范》,提出全球首部《绿色船舶规范》,并顺应机构改革新增了渔船、海事船检的职责。

三、海运安全与绿色发展取得显著进展

改革开放40多年来,随着经济社会持续高速发展,海运安全发展、绿色发展价值日益提高❶,围绕人的不安全行为、物的不安全状态、环境的不安全条件和管理缺陷,持续通过健全法规、标准与技术装备进步,不断强化企业安全主体责任、政府监管责任和企业主体责任,全面提升海上救助打捞能力,成功处置在我国及周边海域自然灾害、事故灾难的应急救助,完成国家重大任务,实现海上安全形势持续稳定改善。2018年水上交通事故、沉船和死亡失踪人数比1978年分别下降96.8%、95.2%和80.6%。围绕调整运输结构、用能结构、技术装备进步,不断健全绿色发展体制机制、标准体系、法规与政策激励,推动海运绿色发展跨上新台阶。

1. 海运安全形势持续稳定改善

一是我国海事监管的法律法规体系框架基本形成,持续推进监管装备建设,强化依法行政、执法监督和"放管服"改革,为我国交通运输发展和社会主义现代化建设提供强有力的水上安全保障。

(1)持续推进监管现代化装备与系统建设,提高监管能力。改革开放以前,我国海事监管主要依靠数量不多的小型船艇进行港区现场巡逻,狭窄航路通过信号台采用灯光和人工瞭望的形式进行监管。经过改革开放以来的持续建设,基本实现沿海AIS信号全覆盖,VHF安全通信系统基本可连续覆盖沿海25海里水域;海巡船艇向系列化大型化发展,至2017年底,直属海事系统已拥有大型优质巡逻艇5艘、中型巡逻艇72艘、小型巡逻艇720艘,形成了以千吨级海巡船为骨干、以中型巡逻艇为主体、以小型巡逻艇为支持的海事巡逻艇编队,监管覆盖由港区延伸至沿海离岸100海里范围以外的专属经济区;飞机立体巡航监管从无到有,以海巡31船正式列入中国海事船艇序列为标志,

---

❶ 人的生命、劳动能力、肢体完整性和环境价值日益提高,超出社会经济发展阶段和技术发展水平的安全、绿色是不切实际的。

开启了我国海空立体巡航;信息化带动海事管理现代化,迈出了海事管理从"信息化管理"到"智能治理"转变的步伐,实现了"现场成图、监控成网、数据成链,支撑有力、服务便捷、管理智能"的建设目标。

(2)持续强化监管业务,维持安全形势总体稳定。改革开放40多年来,逐步建立起海运安全生产标准体系,指导企业依法依规安全生产,建立起以客运船舶、危险品船舶、易流态化固体散装货物运输船舶、砂石船等4类重点船舶和水上突出问题整治为抓手的管理体系;持续推进船舶登记制度,形成中央直属船检、地方船检两种类型检验机构和法定、入级、公证3种检验性质为一体的统一的船检体系,造就了一支相对稳定、高水平的验船师队伍,实现了"技术权威性、服务公正性、业务国际性"的目标。

(3)督促企业加强安全设施建设、维护和保养,提高设施设备安全可靠性。鼓励先进、可靠的技术和工艺的推广和应用,推动高危作业场所和环节逐步实现自动化、无人化。

(4)形成培训、考试、发证、检查、管理和处罚等各个环节在内的船员闭环管理机制,有效支撑我国成为世界第一海员大国,外派规模居全球第2位。

(5)形成部门协调制度,严厉打击危险货物瞒报、谎报、漏报行为,健全危险品申报、集装箱装箱等领域的诚信管理制度,逐渐树立起关口前移的管理理念,防患于未然,船舶载运危险品管理全面加强。

(6)形成完善的事故调查体系。秉承"查明原因、判明责任"的原则,参与或主持了1999年"大舜"轮海难事故、2002年四川合江特大翻船事故、2007年"金盛"(JIN SHENG)轮与"金玫瑰"(GOLDEN ROSE)轮碰撞事故、2010年"7·16"大连新港原油储备库输油管道爆炸起火事故、2015年长江"东方之星"客轮翻沉事故、2017年天津港"8·12"特别重大火灾爆炸事故和2018年"桑吉"轮与"长峰水晶"轮碰撞事故等重特大事故的调查,扎实推动典型事故案例企业活动,持续压实企业安全主体责任,已初步建成适合我国国情的多层次、全方位、全覆盖的水上安全管理网络,推动海运安全发展。

二是形成国家海上搜救应急和重大海上溢油应急处置体系,最大限度地减少海上突发事件造成的人员伤亡、财产损失和环境污染,为促进经济社会发展和维护人民生命财产安全提供了可靠的海上应急保障。

(1)按照国务院关于海上搜救工作的重要决策部署,逐步形成了国家、省、市、县四级海上搜救应急预案体系,国家海上搜救和重大海上溢油应急处置两个部际联席会议制度,国际、部际、部省、区域4个联动机制以及"军地结合、专群结合"的良好机制,全面加强海上搜救和重大海上溢油应急处置工作,妥善处置海上突发事件。

(2)实施《国家水上交通安全监管和救助系统布局规划》和《国家重大海上溢油应急能力建设规划》,全国沿海及长江沿线溢油高风险区组建了31个溢油应急设备库,形成了以专业救助力量、军队和国家公务力量为骨干,社会力量为补充的海上搜救队伍。

(3)持续强化信息化建设,推进搜救决策指挥科学化。经过长期努力,形成了海事卫星系统(INMARSAT)地面站、海上安全信息播发系统(NAVTEX)、数字选择性呼叫系统(DSC)和搜救卫星系统(COSPAS-SARSAT)等海上遇险与安全信息系统,全力实现北斗卫星导航系统在海上搜救领域的应用,形成我国海上遇险及安全信息接收与播发网络。全国沿海主要港口和长江干线建成水上交通管制系统(VTS)和海事电视监控系统(CCTV),沿海实现AIS信号全覆盖和卫星AIS信号的有效接收,沿海及长江干线各主要城市开通了"12395"全国海上遇险救援电话,可实时接收遇险现场视频图像信号,实现了气象预警信息及时发布和对沿海船舶自动识别、对全球范围中国籍船舶进行远程跟踪。

(4)强化海运安全、搜救国际合作交流。认真履行保安报警和国际反海盗应急值守工作,截至2018年9月,累计协助海军完成1 164批6 531艘船舶的护航任务。积极发挥海上搜救民生关联度高、政治敏锐性低的特点,构建多层次、多方位、多领域的国际交流合作格局,积极参与国际搜救事务和国际搜救组织活动,体现了大国认真履职的综合实力,贡献了中国智慧和中国方案。

三是形成了一支国家专业救助打捞力量,关键时刻发挥了关键作用,承担着对我国水域发生的海上事故应急人命救助、船舶和财产救助、沉船沉物打捞、海上消防、清除溢油污染及为海上运输和海上资源开发提供安全保障等多项使命。

(1)救捞系统装备能力实现从无法出动的力不从心到高海况下的快速出动、有效应对的大跨越。1980年,救捞系统共拥有各类船舶121艘,总吨位110 731吨,总功率166 081千瓦,打捞浮筒107个,总抬浮力43 140吨。至"十三五"初期,救助船舶总量达到78艘,共拥有各类打捞船舶123艘,救助直升机20架,14 000千瓦的海区救助旗舰"东海救101"轮、"北海救101"轮以及一批8 000千瓦新型海洋救助船相继列编,300米饱和潜水工作母船"深潜"号、5万吨半潜打捞工程船"华洋龙"、大型溢油回收作业船"德憬"轮、5 000吨起重能力抢险打捞工程船"德合"轮等先后交付使用。技术装备的进步,大大提升了我国救助能力,大型救助船9级海况(风力12级、浪高14米)能够出动,6级海况(风力9级、浪高6米)能够实施有效人命救助。救助直升机能够在昼间复杂气象条件下(能见度3 000米以上、云底高300米以上)实施有效人命救助,夜间飞行救助已启动试点。打捞作业能够在60米水深整体打捞5万载重吨沉船,一次溢油综合清除回收能力和深水钻孔抽油能力分别达到3 000吨、300米。300米水深饱和潜水作业能力实现突破,利用水下机器人(ROV)初步具备了3 000米水深作业能力。

(2)形成"三精两关键"和"救捞精神"。形成以"人员精干、装备精良、技术精湛,在关键时刻发挥关键作用"为目标,大力发扬"把生的希望送给别人,把死的危险留给自己"的救捞精神,在我国及周边海域自然灾害、事故灾难的应急处置中,特别是在最危险、最紧迫、最艰巨的海上救助和应急打捞任务中,充分发挥国家海上专业救捞队伍的关键作用,为保障人民群众生命财产安全,维护社会稳定和国家海洋权益作出了应有的贡献。

改革开放40多年来,我国海事、搜救和救助系统,在南海维权专项保障、越南撤侨运输保障、马航MH370和亚航QZ8501失事客机跨洋搜寻、长江沉船"东方之星"客轮抢险打捞等任务中发挥了关键作用。承担了2008年北京奥运会、新中国成立60周年庆典、世博会、亚运会等重大活动安保和"神舟"系列飞船发射海上特殊保障等工作。参与了汶川抗震救灾,湛江、丹东抗洪抢险等应急救援任务。圆满完成"碧海行动"阶段性沉船打捞、"夏长""锦泽""长航探索"等沉船打捞重大公益性打捞任务。救助、打捞和飞行队伍联合行动,成功处置了多起海上重特大突发事件,如强台风"蝴蝶"西沙国际大救援、大连港溢油清除、伊朗大型油轮"桑吉"号碰撞燃爆事故应急处置等。上海打捞局通过全球竞标,成功中标并圆满完成韩国"世越"号打捞工程,赢得了国内外同行和媒体的广泛赞誉,展现了中国救捞的顽强作风和综合实力。交通运输部和地方各级政府不断加大水上安全监管力度,坚持依法行政、严格监管、严格落实生产单位的主体责任、政府部门的监管责任、领导干部的领导责任、从业人员的岗位责任,特别从法定代表人对安全生产负总责、规章标准落实、安全组织管理、安全资金投入和员工队伍建设等5个方面入手,严格落实安全生产主体责任,在船舶数量骤增、通航环境更加复杂的情况下,实现了我国水上安全形势的大幅度改善。技术和管理的进步,推动安全事故持续呈现稳定下降态势,如图4-17、图4-18所示。水上交通事故、沉船和死亡失踪人数由1978年的5 602件、1 719艘、1 219人下降为2018年的176件、83艘、237人,分别下降96.8%、95.2%和80.6%。

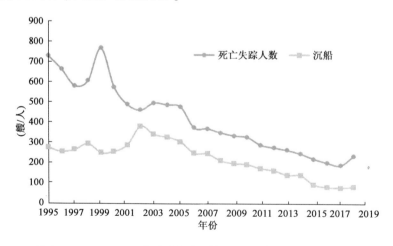

图4-17　1995—2018年水上沉船(艘)和死亡失踪人数(人)变化

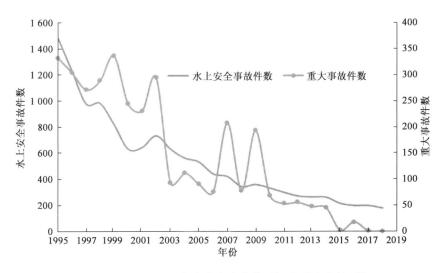

图 4-18　1995—2018 年水上安全事故(件)和重大事故(件)

2. 海运业绿色发展取得显著成效

(1) 全面谋划,持续以法规标准、规划系统推进海运绿色发展

海运具有运能大、成本低、占地省、能耗低和环境友好的比较优势,追求绿色发展也是其使命所在,我国持续沿着适应国家和国际组织对海运绿色发展的要求,全面谋划,以法规、技术标准、规划和政策等,分阶段、不断提升海运发展绿色水平。一方面,针对海洋污染和日益严峻的气候变化挑战,当今世界越来越重视海运减排、提高能源利用效率,IMO 更是通过相关规则包括油船双壳化、船舶能效、船舶压载水排放和限硫令等,持续大力推动海运绿色发展。为适应这一国际海运发展趋势,我国政府和海运企业纷纷通过各种措施,满足国际法规要求,减少能源、资源的消耗和温室气体、污染物的排放。另一方面,通过区域集群发展,完善主要港口总体规划,统筹港口岸线与其他岸线利用需求,合理确定港口岸线开发规模、开发强度和锚地等资源使用,使港口与城市实现由"港城共生""港城共兴"向"港城共荣"的转变,与区域产业融合发展。同时,随着经济社会发展和对海运绿色发展的日益重视,海运业按照国家绿色发展部署,通过规划、技术标准、政策等,推动海运绿色发展。其中在规划建设上,20 世纪 80 年代末开启了规划阶段环境保护,明确在港口规划管理工作中

要求开展环境保护论证分析,从源头上减少了对生态环境的影响。根据《中华人民共和国环境影响评价法》和《规划环境影响评价条例》的相关要求,自2004年起全国沿海、内河港口和航道均在规划阶段开展了环境影响评价工作,从环境保护角度对规划方案提出了优化建议和措施,在规划层面上避免了产生重大的环境污染和生态破坏。

推动海运业绿色发展的举措

2012年,环境保护部与交通运输部联合发布《关于进一步加强公路水路交通运输规划环境影响评价工作的通知》(环发〔2012〕49号),出台了港口和航道规划环境影响评价要点。

2013年,交通运输部发布《关于推进水运行业应用液化天然气工作的指导意见》(交水发〔2013〕625号)。

2014年,交通运输部发布《水运行业应用液化天然气试点示范工作实施方案》(交办水〔2014〕192号)。

2015年,交通运输部发布《原油成品油码头油气回收试点工作实施方案》(交办水函〔2015〕474号)。

2016年,交通运输部发布《港口和船舶污染物接收转运及处置设施建设方案编制指南》(交办水函〔2016〕976号)。

2016年,交通运输部、国家发展和改革委员会联合发布《国家重大海上溢油应急能力建设规划(2015—2020年)》,2018年发布《国家重大海上溢油应急处置预案》(交溢油函〔2018〕121号)。

2016年,交通运输部发布《珠三角、长三角、环渤海(京津冀)水域船舶排放控制区实施方案》(交海发〔2015〕177号),分阶段推进排放控制区建设。

2017年,交通运输部发布《港口岸电布局方案》(交办水〔2017〕105号),系统性推进岸电设施建设改造。

2017年,环境保护部等4部委及6省市联合发布《京津冀及周边地区2017年大气污染防治工作方案》,明确天津港不再接收公路运输煤炭。

2017年,国务院办公厅印发《推进运输结构调整三年行动计划(2018—2020年)》(国办发〔2018〕91号),明确推动大宗货物集疏港运输向铁路和水路转移,大力发展内河和沿海集疏运、多式联运和甩挂运输。

2018年,环境保护部与国家质量监督检验检疫总局联合发布《船舶水污染物排放控制标准》(GB 3552—2018)。

沿海港口岸线利用效率显著提高,能耗持续下降

随着布局合理、配套设施完善、现代化程度高、沿海港口形成和码头大型化、专业化发展,作业效率整体居世界领先水平,单位岸线吞吐量持续提高,2018年达到1.1万吨/米,岸线利用效率约是2000年的2.8倍(图4-19)。全国主要沿海港口生产单位吞吐量综合能耗指标呈逐年下降趋势,2007年综合单耗为5.66吨标煤/万吨吞吐量,比"十五"初期下降13%。

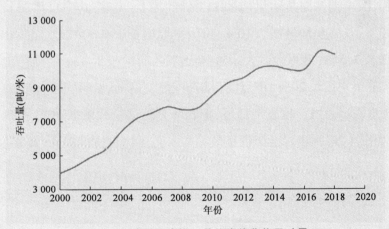

图4-19 我国沿海港口单位岸线货物吞吐量

(2) 持续调整运输结构

结合各种运输方式的技术经济特征,以及能源消耗、污染物排放和资源占用水平等,通过经济、法律和行政等手段,调整港口集疏运结构,推进海运业绿色发展。在港口集疏运结构中,各级政府一直十分重视发挥各种运输方式的比较优势,特别是随着港口吞吐能力紧张的缓解,在注重经济性的同时,更加注重与城市的协调发展,加强运输结构调整,推进大宗货物运输"公转铁、公转水",以控制港口集疏运的大气环境污染。例如,《京津冀及周边地区2017年大气污染防治工作方案》[1]明确提出:"加快推进进港铁路煤炭联运。充分利用张唐等铁路运力,大幅降低柴油车辆长途运输煤炭造成的大气污染。7月底前,天津港不再接收柴油货车运输的集港煤炭。9月底前,天津、河北及环渤海所有集疏港煤炭主要由铁路运输,禁止环渤海港口接收柴油货车运输的集疏港煤炭。"我国长期十分重视运输结构调整和多式联运发展,2018年国务院办公厅进一步发布《推进运输结构调整三年行动计划(2018—2020年)》(国办发〔2018〕91号),明确:"铁路、水路承担的大宗货物运输量显著提高,港口铁路集疏运量和集装箱多式联运量大幅增长,重点区域运输结构调整取得突破性进展,将京津冀及周边地区打造成为全国运输结构调整示范区。与2017年相比,全国铁路货运量增加11亿吨、增长30%,其中京津冀及周边地区增长40%,长三角地区增长10%,汾渭平原增长25%;全国水路货运量增加5亿吨、增长7.5%;沿海港口大宗货物公路运输量减少4.4亿吨。全国多式联运货运量年均增长20%,重点港口集装箱铁水联运量年均增长10%以上。"集装箱铁水联运量虽一度发展缓慢,但在一系列国家政策推动下,呈现良好发展态势,如图4-20所示。上海港集装箱水水转运比重持续提高(图4-21)。

---

[1] 环境保护部联合国家发展和改革委员会、财政部、国家能源局,以及北京市、天津市、河北省、山西省、山东省、河南省政府印发《京津冀及周边地区2017年大气污染防治工作方案》。

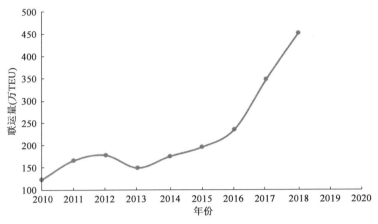

图 4-20　港口集装箱铁水联运量

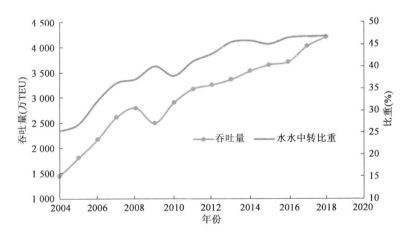

图 4-21　上海港集装箱吞吐量与水水中转比重变化

(3) 持续调整用能结构

为实现可持续发展和绿色发展，我国单位 GDP 能耗呈现持续下降态势，2018 年较 2000 年下降 35%（图 4-22）。同时大力推进能源消费结构调整，煤炭、石油占能源消费的比重由 2000 年的 90.5% 下降为 2018 年的 77.9%，而天然气和水电、核电、风能等占消耗比重由 9.5% 上升为 22.1%（图 4-23）。海运业在降低单位能耗的同时，根据不同能源消耗排放水平的不同，通过经济、法律、行政等手段，调整海运业用能结构，提高清洁能源利用等举措，降低污染物排放，包括：

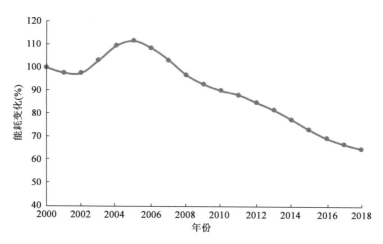

图 4-22 我国单位 GDP 能耗变化

注:以 2000 年为 100%,根据国家统计局数据测算。

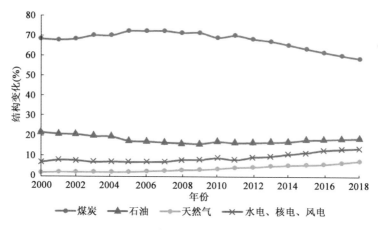

图 4-23 我国能源消费结构变化

注:根据国家统计局数据测算。

①推进"油改电"技术改造。对轮胎式集装箱龙门起重机进行技术改造,用清洁的电能取代传统的柴油发电机组,达到节能、降低噪声、减少温室气体排放的显著效果。

②推进港口岸电应用。船舶靠泊期间,通过使用岸电替代船舶辅机发电用于照明、制冷和工程作业等,从而降低船舶靠泊后对城市造成的大气污染。为推进岸电使用,发布了《船舶与港口污染防治专项行动实施方案(2015—

2020年)》(交水发〔2015〕133号);2017年印发了《港口岸电布局方案》(交办水〔2017〕105号),系统性推进岸电设施建设改造;制定发布了《码头船舶岸电设施建设技术规范》(JTS 155—2018)、等行业标准,并推动上升为国家标准;2019年修订《港口工程建设管理规定》(交通运输部令2019年第32号),明确要求新改扩建码头必须同步建设岸电设施。交通运输部与国家能源局、国家电网公司签署了三方战略合作协议,建立了推进岸电的部门合作机制,会同财政部出台了资金奖励政策,以经济政策鼓励大力推进船舶靠港使用岸电。

③推进LNG应用。为推广LNG动力船、移动加注船、港区车辆应用LNG、车船用LNG加注站建设等,2013年发布《关于推进水运行业应用液化天然气工作的指导意见》(交水发〔2013〕625号),2014年印发《水运行业应用液化天然气试点示范工作实施方案》(交水办〔2014〕192号),并依托试点示范项目开展了相关政策和标准规范的研究,组织制定了国家标准《船舶液化天然气加注站设计标准》(GB/T 51312—2018)等,为LNG在水运行业的应用打下坚实基础。

④推进低硫油使用。为降低船舶硫氧化物、氮氧化物和颗粒物的排放,改善我国港口城市的环境质量,2015年在珠三角、长三角、环渤海(京津冀)水域设立船舶排放控制区,强力推进船舶使用低硫燃油。

(4) 全面推进环保技术、装备应用与工程实施

针对石油化工储运中有毒有害气体空气污染和煤炭、矿石储运中粉尘污染问题,开展了喷洒水抑尘、化学抑尘剂抑尘、防风网、防护林带、全封闭装卸储运工艺等多项防尘技术的研发与应用,有效推进港口油雾气和粉尘防治以及空气环境的改善;按照交通运输部印发的《原油成品油码头油气回收试点工作实施方案》(交办水函〔2015〕474号),推动了油品运输重点港口安装码头油气回收装置;全面推动港口生活污水、含尘污水、化学品污水处理设施建设,截至"十二五"末全国港口污水处理设施超过700套,污水年处理能力超过2亿吨;港口码头建设和航道整治过程中,采取生态护坡、透水结构、"毫秒微差"爆破和声驱法等方式,减少对水生态环境和水生生物的影响;实施"碧

海行动"计划❶,清除碍航沉船沉物,消除潜在重大污染源,保障海上交通安全,保护海洋环境。

沧州港黄骅煤炭码头安全绿色发展实践

(1)节约资源。黄骅煤炭码头四期工程,水工结构利用三期工程已建的1 072.5米码头岸线,在北侧新建煤炭专业化泊位10万吨级1个、7万吨级2个和3.5万吨级1个,利用煤炭港区三期工程北侧的310米岸线新建5万吨级专业化煤炭泊位1个,可实现双侧靠船、装船机轮换作业,大大提高了岸线利用效率和资本利用效益。

(2)封闭筒仓。黄骅煤炭码头三期、四期工程在国内首次采用封闭筒仓储运工艺系统及突堤码头两侧靠泊装船机轮换作业的方案。工程率先践行了"绿色、环保、智能"的港口建设新理念,其筒仓堆场采用全封闭方案,基本达到了粉尘零排放。

(3)煤炭防尘。抑制粉尘产生的翻车机采用了本质长效抑尘技术、洗带技术(减少了皮带机沿线98%的撒漏)、堆料机大臂散水技术、"防风网+绿化"的防尘综合治理。

(4)循环利用。充分利用闲置的场地资源,建设了以"两湖""两湿地"为基础的生态水循环利用系统,收集雨水和靠港船舶压舱水,2018年实现了雨污水收集55.6万吨,压舱水回收59.1万吨,污水再利用99.5万吨,实现水资源的循环利用,节约用水成本1 000万元,满足港区绿化和喷淋除尘需要。通过堆场路面硬化、建设堆场周边挡煤墙、机械化清扫、煤粉尘回收制饼等配套方案建设,系统解决了粉尘回收问题,既创造了经济价

---

❶其中烟台打捞局克服重重困难分批打捞碍航沉船,2014年打捞沉船7艘,2015年打捞沉船19艘,2016年打捞沉船10艘,2017年打捞沉船14艘,2018年打捞沉船12艘。

值,也杜绝了粉尘的二次污染。

(5)以智能化推进安全、绿色发展。2015年实现了翻堆作业远程集控,2016年实现首台取料机的无人化作业,2017年无人堆场全面投入使用,港区内所有堆场内都已实现了自动化取料,2018年实现了首台装船机远程作业,2019年智能装船系统全面投入使用,装船作业的远程控制系统基本建成,通过智能化使操作配员减少62%,职工远离噪声大、粉尘含量高的工作环境,劳动强度大大降低。智能化措施港区堆存能力提升10%,取料作业效率提升10%,配煤精度得到保障。

(6)强化供应链管理。"矿路港航电"一体化运营的供应链管理模式大大提高了周转效率和服务水平,不断提升煤炭船舶运输班轮化水平,筒仓内煤炭约1.5天周转一次,利用筒仓和460万吨堆场能力适应了2亿吨装船量的需要。

港区建成环境在线监测系统平台,能够实时、全面地监测港区粉尘排放强度,通过大面积绿化、建人工湖等措施,综合港区成为国家3A级工业旅游景区,为港城协调发展打下了良好基础。

(5)持续提升运输装备绿色环保水平

我国持续推动海运船舶绿色发展,于1983年编制出台了《船舶污染物排放标准》(GB 3552—1983),对船舶污染物水上排放限值和条件进行了规定。2012年中国船级社发布《绿色船舶规范》,是全球首部针对节能、环保、工作环境的绿色船舶规范,进一步推动了我国船舶的绿色环保水平。在海运船队规模增长的同时,2013年交通运输部、财政部、国家发展和改革委员会、工业和信息化部制定《老旧运输船舶和单壳油轮提前报废更新实施方案》(交水发〔2013〕729号),加速拆解一批高能耗、高成本的老旧船,建造一批节能、减排的CAPESIZE(好望角型散货船)、VLOC、VLCC、超大型LNG运输船和超大型集装箱船,海运运力大型化、年轻化实现了对世界平均水平的超越,节能、减排水平得到明显提高。2018年,印发了修订的《船舶水污染物排放控制标准》(GB 3552—2018),全面提高了船舶污染物排放控制要求,促进船舶低排放装备的更新配备。根据《水污染防治行动计划》(国发〔2015〕17号),港口城市出台了船舶污染转移联单制度和多部门联合监管制度,逐步建立起跨部门、覆盖污染物接收处置各环节的全链条监管体系。

第六节　由海运大国向海运强国新的历史性转变展望❶

经过改革开放40多年的努力,我国成为世界重要的海运大国。当前,海运内部支持要素发展问题基本解决,加快海运强国建设就是要发挥中国特色社会主义制度优势,依托"中国因素"市场规模优势、国家创新体系建设和研发投入增长,进一步推动制度变革,构建系统完备、科学规范、运行有效的海运制度体系,海运相关政策、机制更加成熟定型,形成中国特色的海运生态融合模式,更加有效地配置海运要素,抓住一轮技术变革的机遇,推动我国海运业设施、技术、管理和服务全面进入世界一流水平,到2035年实现由海运大国向海运强国新的历史性转变。

1. 形成与经济贸易大国地位相当的海运保障能力,有效维护区域海运安全

(1)具有较强的海运通道影响力。与伙伴关系国家秉承共商、共建、共享的全球海运治理观,共享全球网点和应急运力响应能力,有力打击海盗、海上恐怖活动,有效应对区域海上突发事件,共同维护区域海域安全和海运秩序。我国重要商业海运通道影响力显著提升,形成通向孟加拉湾、日本海和鄂霍次克海的海上通道。

(2)形成安全、高效的海上通信导航系统和信息服务平台。建成以北斗卫星导航系统为核心,空天地海无缝覆盖,多种手段融合的高精度、安全可靠

---

❶ 参考笔者2013年出版的《海运强国战略》,2018年出版的《海运强国发展模式》。

的国家综合定位、导航、授时(PNT)体系。形成安全通信与网络安全系统,主动抗击黑客攻击和蓄意破坏,非常态下正常运行。

(3)海运保障能力基本适应国家战略需要。形成一支具有相当规模、装备精良、绝对控制、信息安全性高的专业化国防安全船队,适应国家全球战略投送、稀缺战略物资和重大装备运输对海运的要求。海上搜寻、救助和打捞力量居世界前列,充分满足国家海洋开发保护、维护海洋权益对海运系统的需要。海运船队规模在世界比重不低于海运需求份额的80%,结构合理,海上能源、资源运输保障力明显提升,海运进口原油中我国承运比重达到60%以上。

(4)港口实现现代化。港口吞吐能力保持适度超前,全球联通度保持世界首位,进口资源储备能力适应国家战略需要。形成现代技术武装、集疏运有效衔接、服务功能完善、与经济社会融合发展的港口群,港口系统弹性显著提高❶,综合服务效率居世界先进水平,融入全程供应链和网络化管理。在沿海港口群的基础上,形成协调互动的台湾海峡港口群(厦门港、高雄港为国际集装箱干线港),与周边友好国家合作发展沿边沿海港口群取得突破。形成亚洲具有较强竞争力的LNG移动加注系统,适应LNG动力船发展需要。港口煤炭、矿石、散粮等货类作业粉尘控制达到世界先进水平,港口和船舶单位硫氧化物、氮氧化物排放控制达到世界领先水平。形成资源高效利用、生产与生态协同演进机制,单位岸线吞吐量达到世界领先水平,单位吞吐量经济贡献与发达国家水平相当,与区域实现融合发展、共兴发展。岛屿海上交通基础设施能力实现适度超前,满足经济社会发展需要。港口充分满足国防和应急交通运输需求。

(5)支持保障能力达到发达国家水平。深远海探测、海上低空搜寻、深远海打捞等技术、装备基本达到欧美发达国家水平,有效保障救援船舶实时通信,水下探摸打捞深度达到800米,满足国家应对远海非常态突发事件、适应

---

❶指港口群内能力适度超前,集疏运实现网络化,港口间具有一定相互协同性,一港由于种种原因出现能力大幅度下降,港口群整体转运服务效率依然高效。

海上经济活动、基本适应个性化休闲娱乐(游艇)、探险活动等对支持保障系统的需要。

2. 海运业具有较强国际竞争力,海运服务贸易基本平衡

(1)海运服务贸易出口位于世界前列,进出口实现基本平衡。

(2)形成两家以上具有"百年企业"的核心价值观与运营机制,规模位居世界500强中游、效益位层世界一流水平的大型海运集团公司。海运服务可预期性、安全性、高效性、便捷性、风险管理与控制达到世界一流企业水平,自如应对危机和突发事件,具有较强的对市场的影响力和资源控制、配置能力,获得相对于市场更加稳定和更高的效益。技术创新、管理创新、服务创新成为大型海运企业的渴望,在优势领域成为最先进技术的创造者、应用者和最优秀服务提供者。核心(领头)海运企业实现由"经济型企业+社会型企业"向"经济型企业+社会型企业+生命型企业"转型。

(3)形成网络化全球码头运营商。结合综合国力提升,码头运营商形成全球化、网络化经营布局,两家全球码头运营商权益吞吐量规模位居世界前三位。

(4)形成具有国际影响力的国际性航运中心。依托需求规模和海量数据优势,大幅提升航运基础服务增加值,巩固国际船舶流的世界领先地位。国际航运海运融资环境达到其他海运大国水平,专业化海运保险公司适应我国各类物资海运对保险的需要,并且服务全球海运需求。依托海量海运信息资源优势,国际航运中心城市和区域航运中心城市形成区域海运信息服务平台,国际航运信息流居世界前列,口岸贸易合同中供应链的控制水平特别是出口CIF和进口FOB与发达国家相当。力争实现国际海运相关组织落户的突破,国际海运组织亚洲分部、大型海运企业总部或亚洲总部数量、中介机构、教育咨询机构等积聚规模位于亚洲港口城市前列。

(5)邮轮经济发展实现规模化突破。邮轮码头布局、沿海及海上游、海岛游航线基本形成,邮轮母港口岸服务功能完善。形成经营规模居国际前列的运营商,洲际及环球航线取得突破。

(6)海南形成营商环境优化、法律法规体系健全、风险防控严密的自由贸易港制度体系和运作模式,以自由、公平、法治、高水平过程监管为特征的现代社会治理格局基本形成,实现贸易、投资、跨境资金流动、人员进出、运输来往自由便利和数据安全有序流动,成为我国开放型经济新高地。

3. 全球海运治理体系地位显著提高,中国方案引领性作用全面显现

(1)维护海运安全、秩序的作用显著提高。切实发挥综合国力、支持保障能力、北斗卫星导航系统和海运产业链完整的优势,维护国家权益、履行国际公约和承担国际义务的能力达到世界领先水平,在维护国际重要海运通道安全、打击海盗、打击恐怖活动等方面作出更加重要的贡献,在维护区域海运安全、应对常态突发事件、区域海运治理体系中发挥主要作用。与海运欠发达国家合作发展救捞等支持保障基地取得显著进展,并提供更为全面的人员培训、技术与装备支持。

(2)在国际标准和规则制定中具有影响力。形成完善的参与国际海运规则、技术标准机制,依托综合国力,对重要规则具有一定强制执行力。突破并率先应用一批制约智能航运发展的关键技术,成为全球智能航运发展创新中心。派驻世界主要海事机构人数和高级职位人数整体达到世界前5位,成为国际海运事务决策的重要成员。确保在海运有关国际规则方面的话语权,提案数量、质量达到世界前列;有效推进全球海运自由化和世界海运技术标准、规则的建立。

(3)CCS进入国际一流船级社。形成完备的技术规范标准体系,服务种类、行业覆盖和规模、高新技术和深海海洋工程装备核心技术等达到IACS第一集团水平,力争实现绿色船舶、智能航运的超越。全球网络化水平、船旗国授权和国外大客户等数量显著增长。组成亚洲船级社协会,引领世界船舶规范、技术标准的制定。

4. 形成海运发展核心能力

(1)形成中国海运文化。海运在经济社会中的双重作用、海员的贡献得到全社会高度认同,并在航海日公告全面展现,不惧风险、奉献海运、成就辉煌、渴望创新和开放合作的海运文化在影视作品和媒体得到全面展现。

（2）形成中国特色海运强国发展模式。海运核心企业在文化建设、激励机制、服务创新、管理进步、资源整合和沟通协调中的主要作用进一步发挥。形成完善的海运产业政策和激励、考核机制，推动海运业内部有序竞争，与上下游形成博弈和协同演进机制。

（3）形成海运技术创新体系和创新发展机制。形成知识产权创造、保护、运用政策，建立以企业为主体、市场为导向、产学研深度融合的技术创新体系，造就一大批具有国际水平的战略科技人才、科技领军人才、青年科技人才和高水平创新团队。形成法治、透明、公平的政策环境、舆论环境和创新容错机制、薪酬制度，依法保护企业家创新精神，造就一批具有国际视野和战略思维，善于从国际海运形势发展变化中把握发展机遇、应对风险挑战的企业家。

（4）基本实现海运治理现代化。基本建成法治政府和大部门协同制，海运管理和行政执法机构、职能、权限、程序、责任法定化，对行政权力进行有效监督。结合海运发展规律和双重作用，形成中国特色、与国际接轨的海运基础设施、公益设施融资政策以及科学的海运融资、税收政策。建成完善的海运发展基础数据库和公共信息服务平台，形成一批有国际影响力的海运发展智库，健全海运发展和管理重大决策依法决策机制。

参考文献

[1] 贾大山,金明.海运强国发展模式[M].北京:人民交通出版社股份有限公司,2018.

[2] 道格拉斯·诺思,罗伯特·托马斯.西方世界的兴起[M].厉以平,蔡磊,译.北京:华夏出版社,1989.

[3] Douglass C North. Sources of Productivity Change in Ocean Shipping,1600—1850[J]. Journal of Political Economy,1968,76:953.

[4] 中华人民共和国商务部.2017年度中国对外直接投资统计公报[EB/OL]. http://www.mofcom.gov.cn/article/tongjiziliao/dgzz/201809/20180902791492.shtml.

[5] Z/Yen Partners,China Development Institute. The Global Financial Centres Index 2019[R]. London, 2019.

[6] 中国远洋海运发展史编委会.中国远洋海运发展史[M].北京:人民交通出版社股份有限公司,2020.

[7] 中华人民共和国交通运输部.中国交通运输改革开放30年——水运卷[M].北京:人民交通出版社,2009.

[8] 邓小平.邓小平文选(第三卷)[M].北京:人民出版社,1993.

[9] 贾大山.中国水运发展战略探索[M].大连:大连海事大学出版社,2003.

[10] 交通运输部水运科学院课题组.深水航道效益年度评估报告[R].北京,2019.

[11] 本书编写组.岁月留痕:吴邦国工作纪事[M].北京:人民出版社,2017.

[12] 张国宝.筚路蓝缕——世纪工程决策建设记述[M].北京:人民出版社,2018.

[13] 克劳斯·斯瓦布.第四次工业革命:转型的力量[M].北京:中信出版社,2016.

[14] 刘锋.崛起的超级智能[M].北京:中信出版社,2019.

[15] 吴军.浪潮之巅[M].4版.北京:人民邮电出版社,2019.

[16] 吴军.智能时代[M].北京:中信出版社,2018.

[17] 盛田昭夫.日本制造[M].北京:中信出版社,2016.

[18] 沃尔特·艾萨克森.史蒂夫·乔布斯传[M].北京:中信出版社,2014.

[19] 中共中央党史和文献研究院.中华人民共和国大事记(1949年10月—2019年9月)[M].北京:人民出版社,2019.

[20] 吴军.全球科技通史[M].北京:中信出版社,2019.

[21] 中国科学院.2018年科学与工程指标[R].北京,2019.

[22] 麦肯锡.中国创新的全球效应[R].2018.

[23] 美国信息技术与创新基金会.中国在创新方面是否要赶上美国[R].2019.

[24] 郑见粹.我国港口机械的技术进步与发展展望[J].港口装卸,1999(6):9-12.

[25] 吴光宇.浅谈港口装卸工艺的发展趋势[J].科技论坛,2014(1):65-65.

[26] 李延军,殷勇,朱大奎.中国沿海深水港现状及发展趋势[J].港工技术,2010(06):10-13.

[27] 赵冲久.近海动力环境中粉沙质泥沙运动规律的研究[D].天津:天津大学,2003.

[28] 赵冲久.我国水运工程科学研究的现状[J].水道港口,2008(4).

[29] 孙连成.淤泥质港泥沙研究技术创新与实践[J].水道港口,2014,35(4):286-293.

[30] 叶青,翁祖章.黄骅港建设中若干问题的探索[J].水运工程,2003(351):25-37.

[31] 曹银.水深动态维护在天津港的应用[J].水运工程,2005(381):18-20.

[32] 张志明,杨国平.我国沿海深水港口建设技术进展、发展趋势和面临的关键技术问题[J].水运工程,2011(458):57-63.

[33] 乐嘉钻,周海,郭豫鹏.长江口深水航道治理工程前期研究工作综述和总体治理方案的确定[J].水运工程,2006(12):1-9.

[34] 曹民雄,应翰海,钱明霞.长江南京以下12.5 m深水航道建设一期工程的主要技术问题与研究成果[J].水运工程,2012,000(011):5-13.

[35] 张瓅鸣.淡水河谷40万吨级大型船舶船队对铁矿石供应链的影响[J].水运管理,2014,036(003):8-10.

[36] 上海船舶研究设计院.35 000吨级浅吃水肥大型散货船[EB/OL].http://sdari.cssc.net.cn/component_product_center/news_detail.php?id=20.

[37] 国际船舶网.CCS:国内大型矿砂船规范标准的发展[EB/OL].http://www.eworldship.com/html/2018/classification_society_0320/137347.html.

[38] 邢丹.马士基组合拳的多米诺效应[J].中国船检,2011(10):44-47.

[39] 刘建峰,张海甬,孙建志.18 000TEU集装箱船关键建造技术[J].船舶与海洋工程,2017,33(1):65-71.

[40] 徐凯.建世界一流船厂,造世界一流船舶——南通中远川崎实现跨越式发展的思考[J].中国海事,中国远洋航务,2003(08):26-27.

[41] 中国船检编辑部.中国船级社检验的20 000TEU超大型集装箱船顺利交付[J].中国船检,2018(9):2.

[42] 史春林.努力实现从造船大国向造船强国的转变[J].中国国情国力,2011(7):17-18.

[43] 何炎平,冯长华,顾敏童,等."天鲸"号大型自航绞吸式挖泥船[J].船舶工程,2009,31(5):1-5.

[44] Chris Jephson, Henning Morgen. Creating Global Opportunities: Maersk Line in Containerisation 1973—2013 [M]. London: Cambridge University Press,2014.

[45] 陈琳,杨龙霞.世界主要造船国家智能船舶发展现状[J].船舶标准化工程师,2019:10-14.

[46] 李志建,马文杰,贾志平.码头装卸用500t门式起重机的研制[J].起重运输机械,2011(6):47-48.

[47] 杨宇华,张氢,聂飞龙.集装箱自动化码头发展趋势分析[J].中国工程机械学报,2015(6):571-576.

[48] 张澎.超级港口建成了[M].北京:北京科学技术出版社,2018.

[49] 彭传圣.靠港船舶使用岸电技术的推广应用[J].港口装卸,2012(6):1-5.

[50] 彭传圣,乔冰.控制船舶大气污染气体排放的政策措施及实践[J].水运管理,2014(2):1-5.

[51] 彭传圣.我国船舶排放控制区的特点及存在的问题[J].水运管理,2012(4):4-8.

[52] 彭传圣.借鉴美国加州经验推动靠港船舶使用岸电[J].港口经济,2016(2):10-13.

[53] 谢永锋.海事卫星通信系统VoIP技术的应用分析[J].电讯技术,2018:650-654.

[54] 祁崇信.国际集装箱多式联运工业性试验项目通过鉴定验收[Z].上海经济年鉴,1992.

[55] 徐长春.水运交通信息网发展概述[J].水运科技情报,1997(5):1-3.

[56] 陈一昌.国外水运科技发展水平概述[J].水运管理,1996(5):36-39.

[57] 李忠奎.冷眼向洋看世界——国外水运交通科技发展特点和趋势[J].

中国交通信息化,2001(lx):70-71.

[58] 中华人民共和国交通部.交通部公路水路交通科技"十五"发展计划[Z].北京,2001.

[59] 中华人民共和国交通部.公路水路交通中长期科技发展规划纲要(2006—2020年)[Z].北京,2006.

[60] 黄镇东.九十年代中国航运事业的发展和展望[J].船舶工程,1992(01):4-6.

[61] D. D. 怀柯夫,戴和祚.中国的远洋运输业[J].中国航海,1983,01(005):48-77.

[62] 贾大山.海运强国战略[M].上海:上海交通大学出版社,2013.

[63] Martin Stopford. Maritime Economics(3rd edition)[M]. London: Routledge, 2009.

[64] 萝莉安·拉罗科.海上帝国[M].北京:中信出版社,2016.

[65] 傅志寰,孙永福,翁孟勇,等.交通强国战略纲要[M].北京:人民交通出版社股份有限公司,2019.

[66] 林红梅.百年中远[M].北京:中国财政经济出版社,2008.

[67] 王玉德,杨磊,鲍辉春,等.再造招商局[M].北京:中信出版社,2008.

[68] 中华人民共和国交通运输部.中国水运建设60年——建设成就卷[M].北京:人民交通出版社,2011.

[69] 中国经济信息社,波罗的海航运交易所.新华·波罗的海国际航运中心发展指数报告[R].2014.

[70] 中国经济信息社,等.2018上海国际航运中心建设蓝皮书[R].2018.

[71] 郑会欣.何时回首谢红尘:董浩云传[M].北京:新星出版社,2017.

[72] 虞和平,胡政.招商局与中国现代化[M].北京:中国社会科学出版社,2008.

[73] UNCTAD. 50 Years of Review of Maritime Transport, 1968—2018[R]. Reneva, 2019.

[74] McKinsey. Container Shipping: The Next 50 years[R]. 2017.

[75] 孙峻岩,贾大山.世界油轮联营体及其运作模式研究[J].水运管理,2004(7):12-15,19.

[76] 黄竞.从干散货与集装箱联营的异同看航运业联营发展趋势[J].水运管理,2002(5):5-8.

索引

b

波罗的海干散货运价指数(BDI) Baltic Dry Index …………………… 091

波罗的海国际航运公会(BIMCO) Baltic and International Maritime

Council ……………………………………………………………… 231

c

长期包运合同(COA) Contract of Affreightment …………………… 092,160

船舶建造能效指数(EEDI) Energy Efficiency Design Index ………… 090,141

船舶能效营运指数(EEOI) Energy Efficiency Operation Index ……… 090,141

船舶自动识别系统(AIS) Automatic Identification System ………………… 113

d

地理信息系统(GIS) Geographical Information System ………………… 113

电子数据交换(EDI) Electronic Data Interchange ………………… 078,108,116

电子数据处理(EDP) Electronic Data Processing ………………………… 108

定位、导航、授时(PNT) Positioning, Navigation and Timing …………… 253

g

国际安全管理规则(ISM CODE) International Safety Management Code …… 163

国际船级社协会(IACS) International Association of Classification
 Society ……………………………………………………………… 013,237

国际航标协会(IALA) International Association of Lighthouse Authorities …… 025

国际海事卫星组织(IMSO) International Maritime Satellite Organization …… 025

国际海事组织(IMO) International Maritime Organization …………… 012,057

国际航道测量组织(IHO) International Hydrographic Organization ………… 013

国际救助公约 International Convention on Salvage ……………………… 163

国际劳工组织(ILO) International Labour Organization ………………… 013

国际海上人命安全公约(SOLAS) International Convention for the Safety
 of Life at Sea ………………………………………………………… 140,162

h

海上自主水面船舶(MASS) Maritime Autonomous Surface Ship ……… 089,117

j

经济合作与发展组织(OECD) Organization for Economic Co-orperation
 and Development …………………………………………………………… 143

l

联合国亚太经社会(ESCAP) U. N. Economic and Social Commission
 for Asia and the Pacific ……………………………………………… 013,025

轮胎式集装箱门式起重机(RTG) Rubber Tyre Gantry Cranes …………… 103

m

码头操作系统(TOS) Terminal Operating System …………… 119
美国海岸警卫队(USCG) United States Coast Guard …………… 237

s

上海出口集装箱运价指数(CCFI) China Container Freight Index ………… 231
上海集装箱码头有限公司(SCT) Shanghai Container Terminal ………… 024
世界贸易组织(WTO) World Trade Organization ……………… 041,057
设备控制系统(ECS) Equipment Control System ……………… 119
甚高频(VHF) Very High Frequency ……………………… 113
水上交通管制系统(VTS) Vessel Traffic System ……………… 114
数字化集装箱航运联盟(DCSA) Digital Container Shipping Association …… 122

q

全球定位系统(GPS) Global Positioning System ……………… 112
全球航运商业网络(GSBN) Global Shipping Business Network ……… 122

x

新加坡港务局(MPA) Maritime and Port Authority of Singapore ………… 117

y

亚太港口服务组织(APSN) APEC Port Services Network ……………… 044
亚太经合组织(APEC) Asia-Pacific Economic Cooperation ……………… 025

Z

智能船舶运行与维护系统(SOMS) Smart Operating and Maintenance
　　System ··· 119
中国船级社(CCS) China Classification Society ································ 013
自动导引小车(AGV) Automatic Guided Vehicle ································ 119